LIVRE

SUR LA VIE ET LA MORT

DE

SAINT DOMINIQUE

Par **THIERRY D'APOLDA**

DE L'ORDRE DES FRÈRES PRÊCHEURS

TRADUIT ET ANNOTÉ

Par **M. l'Abbé A. CURÉ**

ANCIEN AUMÔNIER DE MONSIEUR LE COMTE DE CHAMBORD

PARIS
LIBRAIRIE CATHOLIQUE INTERNATIONALE DE L'ŒUVRE DE SAINT-PAUL
6, RUE CASSETTE, ET RUE DE MÉZIÈRES, 14

1887

LIVRE

SUR LA VIE ET LA MORT

DE

SAINT DOMINIQUE

LIVRE

SUR LA VIE ET LA MORT

DE

SAINT DOMINIQUE

Par THIERRY D'APOLDA

DE L'ORDRE DES FRÈRES PRÊCHEURS

TRADUIT ET ANNOTÉ

Par M. l'Abbé A. CURÉ

ANCIEN AUMÔNIER DE MONSIEUR LE COMTE DE CHAMBORD

PARIS

LIBRAIRIE CATHOLIQUE INTERNATIONALE DE L'ŒUVRE DE SAINT-PAUL

6, RUE CASSETTE, ET 14, RUE MÉZIÈRES

—

1887

AU RÉVÉRENDISSIME PÈRE

Joseph-Marie Larroca

Maître général de l'Ordre des Frères Prêcheurs

A L'OCCASION DU

50ᵉ ANNIVERSAIRE DE SON ORDINATION SACERDOTALE
(26 décembre 1886)

Humble hommage de l'un de ses fils du Tiers-Ordre.

Alexandre-Amédée CURÉ, prêtre,
Ancien Aumônier de M. le Cᵗᵉ de Chambord.

PRÉFACE

> « Dites bien à tous que le Pape ne se contente pas de bénir le chapelet, mais qu'il le dit tous les jours, et qu'il invite ses enfants à le dire comme lui. »
> (Paroles de Pie IX à des pèlerins qui lui faisaient bénir des chapelets.)
>
> « La nécessité du secours divin n'est pas moindre aujourd'hui qu'à l'époque où saint *Dominique* introduisit l'usage du Rosaire de Marie pour remédier aux maux publics de la société. Eclairé d'une lumière divine, il comprit que nul remède ne serait plus efficace et plus opportun pour guérir les maux de son siècle que de ramener les hommes à Jésus-Christ qui est la voie, la vérité et la vie, par le souvenir continuel du salut qu'il nous a procuré, et d'employer pour médiatrice auprès de Dieu la Vierge bénie à qui il a été donné de détruire toutes les hérésies. »
> (Lettres apostoliques de N. S. Père le Pape Léon XIII sur le Rosaire, en date du 30 août 1884.)

Lorsque, pour la troisième fois depuis trois ans, le Vicaire de Jésus-Christ, à qui il est donné de voir d'en haut ce qui importe le plus aux intérêts de l'Eglise, recommande instamment aux fidèles de réciter chaque jour le Rosaire en commun durant le mois d'octobre, et qu'il fait même de cette récitation solennelle une institution permanente aussi longtemps que durera le triste état de choses dont souffre l'Eglise et qu'elle n'aura pas encore pu rendre grâces à Dieu d'avoir remis le Souverain-Pontife en possession de sa pleine liberté (Décret de la Sacrée-Congrégation des Rites du 28 août 1885), n'est-il pas à propos de mettre plus complètement en lumière la grande figure de celui à qui la Très Sainte Vierge a révélé cette dévotion du Rosaire, et qui s'en est servi pour ramener à l'Eglise et à la foi plus de cent mille hérétiques et une multitude innombrable de pécheurs ?

Saint Dominique, malgré l'histoire qu'en a publiée le R. P. Lacordaire, et malgré les travaux de ses disciples sur les origines de son Ordre, est encore peu connu du monde et même des enfants de l'Eglise.

En lisant, quelques années avant sa mort, un bel ouvrage sur les temps primitifs de l'Ordre de Saint-Dominique [1], Monseigneur de Ségur écrivait à l'auteur (10 mai 1875) :

---

1. *Etudes sur les temps primitifs de l'Ordre de Saint-Dominique*, par le R. P. Antonin Danzas, religieux du même Ordre. — 4 vol. in-8. Poitiers, chez Oudin, 1874.

« Je ne savais pas que les origines de notre grande famille dominicaine fussent si angéliques. »

Cette parole, qui exprime si bien l'impression délicieuse que l'on éprouve quand on lit dans les auteurs contemporains le récit des merveilles qui ont précédé, accompagné et suivi la naissance de cet Ordre dédié à la Très Sainte Vierge, et consacré par elle à propager son Rosaire, est vraie, surtout si on l'applique à la vie du saint fondateur lui-même, écrite par ses premiers disciples, et en particulier par le pieux Dominicain allemand, Frère Thierry d'Apolda.

Cette *Vie de saint Dominique,* par Thierry d'Apolda, a servi de base au grand travail des Bollandistes sur le patriarche des Frères Prêcheurs [1]. Elle a été aussi employée très avantageusement par le Révérend Père Lacordaire dans son admirable *Histoire de saint Dominique.* Mais elle n'a été nulle part traduite intégralement en français.

Or, cependant, c'est le récit le plus complet, le plus consciencieux, le plus fidèle que nous

1. Tome Ier d'août.

ayons de tout ce qui concerne saint Dominique et les commencements de son Ordre.

Chargé par son supérieur général de recueillir tout ce qui avait pu échapper aux précédents historiens, Thierry d'Apolda, entré depuis longtemps dans l'Ordre, et qui avait pu, par conséquent, sinon connaître le Saint lui-même, au moins converser avec ceux qui avaient vécu dans son intimité, nous apprend, dans son avant-propos, qu'il avait consacré beaucoup de temps et de peine à composer son ouvrage, et qu'il avait même dû le refaire une seconde fois dans sa vieillesse, bien qu'il fût presque aveugle, parce qu'il avait voulu y insérer des documents précieux qu'il ne connaissait pas auparavant, — preuve du soin scrupuleux qu'il mettait à être exact et complet.

A mesure qu'on avance dans la lecture de cette Vie du bienheureux patriarche Dominique, on se demande comment l'ignorance, les préjugés, la mauvaise foi ont pu travestir à ce point un caractère si pur, si noble et si élevé, une âme si droite, si humble, si douce, et en même temps si intrépide et si ardente pour le salut des âmes et pour la gloire de Dieu. Et l'on sent le besoin, comme le Père Lacordaire et le Père Danzas, de rendre justice à cette mémoire calomniée, et de la faire enfin connaître telle que nous la dépeignent ceux qui l'ont *le mieux connue*.

Pour cela, il importe de s'effacer, de laisser parler ceux qui ont vécu du temps du grand héros chrétien, de leur laisser raconter ce qu'ils ont vu et entendu, comme ils l'ont vu et entendu, avec cet accent inimitable de sincérité et de franchise qui commande la foi et l'inspire.

Qui peut d'ailleurs mieux dire les événements tels qu'ils ont eu lieu, que celui qui y a assisté ou qui les a appris de témoins *oculaires*, encore *vivants* peut-être au moment où il écrivait [1] ?

---

1. Il est possible que Thierry d'Apolda ait connu des contemporains de saint Dominique. Chez les Frères Prêcheurs, à cette époque où la table était si frugale, les veilles si longues, les voyages si pénibles, les cas de grande longévité n'étaient pas rares. Dans la chronique des Provinciaux de Provence par Bernard Guidonis on rencontre çà et là des mentions dans le genre de celles-ci : *Fr. N. quinquagenarius in Ordine* ; *Fr. N. quadraginta novem annos habens in Ordine* ; *F. N. quinquagenarius in Ordine et amplius*. — Sœur Cécile vécut jusqu'en 1290 ; peut-être même alla-t-elle au delà.

C'est donc la traduction fidèle et littérale de la Vie de saint Dominique par Thierry d'Apolda, qui avait grâce et mission pour l'écrire, que nous nous proposons de mettre sous les yeux du lecteur chrétien [1].

Nous dédions ce modeste travail à la gloire de saint Dominique et de sa céleste Mère, la Vierge du Rosaire, Notre-Dame de Prouille.

Puisse-t-il inspirer à tous une plus tendre dévotion envers ce grand saint et envers la protectrice de son Ordre ! Puisse-t-il aussi nous faire recourir plus assidûment au grand moyen de salut que la Très Sainte Vierge a placé entre les mains de son bien-aimé fils saint Dominique, et que nous recommande encore aujourd'hui le Pontife du Rosaire, comme l'avait déjà fait le Pontife de l'Immaculée-Conception !

1. Cette traduction a d'abord paru dans le *Rosier de Marie*, à partir du 3 novembre 1877 jusqu'au 12 août 1882. Nous la reproduisons ici en volume pour en faire hommage au Révérendissime Père Larroca, Maitre Général de l'Ordre des Frères Prêcheurs, à l'occasion de son jubilé sacerdotal. (26 décembre 1886.)

MANDAT

DU MAITRE DE L'ORDRE DES FRÈRES PRÊCHEURS MUNIO[1], AU FRÈRE THIERRY D'APOLDA.

A son bien-aimé en Jésus-Christ, Frère Thierry d'Apolda, de la maison d'Erfurth, province d'Allemagne, Frère Munio, maître de l'Ordre, quoique indigne, salut et accroissement continuel des grâces célestes.

Pour la rémission de vos péchés et pour l'augmentation de vos mérites, je vous enjoins d'entreprendre l'œuvre sainte de composer la légende de notre bienheureux Père saint Dominique, selon la grâce qui vous a été départie, grâce en laquelle j'ai bonne confiance dans le Seigneur. Par cette tâche

---

1. Munio de Zamora, septième général de l'Ordre, de 1285 à 1292. Il succéda à Jean de Verceil, après un interrègne de près de deux ans.

méritoire, vous montrerez que vous n'avez pas reçu les dons de Dieu en vain.

Vous ferez surtout attention que les faits que vous raconterez soient parfaitement avérés, aussi complets que possible et pleins de charme.

Je veux que votre Prieur vous aide de ses secours, de ses conseils, de ses encouragements et de ses consolations selon les circonstances.

Adieu, priez pour moi.

Donné à Orviéto, aux ides d'avril (13 avril) [1].

---

[1]. La date de l'année n'est pas indiquée. Le savant Echard croit que ce fut en 1288, quand Munio se rendait au chapitre général de Lucques, ou qu'il en revenait.

Ce saint religieux, après quelques années de généralat, fut accusé auprès du Pape Nicolas IV de compromettre l'Ordre par sa trop grande indulgence. Le Saint-Père, trompé, fit dire aux définiteurs de le remplacer, et sur leur refus, il le priva lui-même de sa charge (1295).

Retourné en Espagne, Munio refusa l'archevêché de Saint-Jacques. On le nomma alors évêque de Palencia, et le Pape saint Célestin lui en expédia les bulles. Mais, poursuivi de nouveau par ses adversaires, il fut cité à Rome et déposé par le Pape Boniface VIII, successeur de saint Célestin.

Par un rare exemple d'humilité, il demanda à finir ses jours au milieu de ses frères, dans le couvent de Sainte-Sabine, à Rome, et il y mourut en grande réputation de sainteté, l'année même du grand Jubilé, l'an 1300.

Il put encore, avant de mourir, avoir la joie de lire le travail qu'il avait commandé au frère Thierry d'Apolda, travail terminé en 1296.

LETTRE

DE FRÈRE THIERRY D'APOLDA AU MAITRE DE L'ORDRE, NICOLAS [1]

Au Père aimable de ses enfants, Nicolas, vénérable maître de l'Ordre des Frères Prêcheurs [2], Frère Thierry, de la province d'Allemagne, souhaite de parvenir, par la prospérité des mérites temporels, à la récompense des joies éternelles.

---

1. Nicolas Boccasino, de Trévise, plus tard Pape sous le nom de Benoît XI.
2. Nicolas de Trévise, entré à quatorze ans dans l'ordre de Saint-Dominique, venait d'être nommé général par le chapitre de l'Ordre tenu à Strasbourg en 1296. Il succédait au Frère Etienne, de Besançon, huitième général, qui était mort le 22 novembre 1295, après trois ans de généralat. — Créé cardinal en 1299, Nicolas de Trévise dut renoncer à la charge de général, qui fut confiée au Frère Albert Chiavari, de Gênes. Après la mort de Boniface VIII, qui l'avait fait cardinal, il fut appelé à monter à sa place sur le siège de saint Pierre. Malheureusement il ne gouverna l'Eglise que pendant huit mois dix-sept jours. Elu au mois d'octobre 1303, il mourut le 6 juillet 1304. Il est honoré comme Bienheureux dans l'ordre de Saint-Dominique. Son nom est inscrit au martyrologe romain à la date du 7 juillet.

Vous avez daigné m'ordonner de vous présenter le livre que j'avais composé, sur notre Bienheureux Père saint Dominique et sur l'Ordre fondé par lui. Ce livre, que j'ai écrit une première fois de mes propres mains, étant déjà vieux, et lorsque mes yeux n'y voyaient presque plus, et que j'ai mis sur des feuilles volantes et de méchants morceaux, le préambule qui le précède vous apprendra et vous exposera la matière dont il traite.

D'abord, j'ai retrouvé dans les chroniques le temps où avaient vécu les parents de ce saint, et tout ce qui s'était passé dans le commencement, dans la suite et à la fin de sa vie. J'ai pris soin de ranger tout selon l'ordre des temps, de telle sorte cependant, qu'à raison de la convenance de la matière, j'ai souvent placé avant ce qui avait eu lieu après, et j'ai ajouté ensuite ce qui s'était passé auparavant.

J'ai lu les Vies des saints Pères Bernard et François, écrites avec beaucoup de détails, composées en un style élégant, et remarquables par une sincère et insigne piété. La vie de notre admirable Père, si éclatante et si lumineuse, est écrite bien différemment.

Voulant donc que l'établissement de notre Ordre jouît aussi d'une entière certitude, et que la noblesse de notre origine fût connue de nos descendants, j'ai esquissé, de mon mieux, en termes simples, la sainteté de notre Père. J'ai placé mot à mot bien des choses telles que je les ai trouvées dans les auteurs primitifs ; cependant quelquefois j'ai fait de légers changements, à cause de ce qui suivait.

Et lorsque j'eus terminé avec les exemplaires que j'avais sous la main, on m'apporta, à ma prière, quelques écrits que je me procurai à prix d'argent, et pour lesquels je dus refaire tout mon premier travail, afin de les y insérer. C'étaient des pièces d'une grande valeur, des dépositions de témoins assermentés, approuvées par le Pape Grégoire IX, et exprimant très particulièrement les grands mérites et les exemples de sainteté du Bienheureux. En outre, une lettre de notre vénérable Père, Frère Munio, vint m'enjoindre d'entreprendre ce travail et cette étude pour mes péchés.

Je n'ai pas fait ce que j'aurais voulu ni ce que j'aurais dû, mais j'ai fait ce que j'ai pu, comme vous le voyez. Maintenant, Révérendissime Père, c'est à vous à y mettre une main savante, et à faire de cette matière informe un glorieux travail, comme vous savez les faire.

J'avais résolu d'ajouter encore bien des choses à ce travail, d'y changer, d'y orner, d'y mettre en ordre, d'y appliquer de nouveaux soins, si les dépenses m'en eussent été possibles, et si j'en avais eu le temps. Ne le pouvant pas, je me suis abstenu, et je l'ai laissé tel que vous le voyez. Néanmoins, tant que je suis en vie, je ne refuse pas d'y employer mes peines, si on le demande.

Pardonnez-moi, je vous prie, au nom de Jésus-Christ. J'ai été tout d'abord effrayé et désolé quand j'ai su que ma maladresse devait parvenir jusqu'à vos oreilles; je ne croyais pas que cela aurait lieu.

Que l'esprit de Dieu dirige et pénètre votre esprit, pour que vous mettiez votre gloire à imiter et à pratiquer la sainteté décrite dans ce petit livre, et que vous deveniez un consolateur fidèle pour l'Ordre confié à votre gouvernement.

PREMIER PRÉAMBULE

1° Après s'être servi de beaucoup de moyens différents pour appeler ses élus au festin éternel, en dernier lieu, de nos jours, c'est-à-dire à la onzième heure, Dieu a envoyé son serviteur dire aux invités de venir, parce que tout était prêt. Ce serviteur, d'après l'interprétation de saint Grégoire, c'est l'Ordre des Prêcheurs, destiné aux derniers temps pour rappeler aux hommes l'arrivée prochaine du juge [1]. La Sainte Ecriture parle,

---

1. Saint Grégoire le Grand, quoique très antérieur à saint Dominique, appelle souvent les saints prédicateurs répandus par le monde : *Ordo Prœdicatorum*. Dans son homélie sur la parabole des invités (Luc, xiv), par exemple, il se demande : *Sed quis per hunc servum qui a patrefamilias ad invitandum mittitur, nisi prœdicatorum ordo designatur ? De quo videlicet ordine, quamvis indigni adhuc existimus, quamvis peccatorum nostrorum pondere gravamur, et nos tamen in istis diebus sumus...* (In Evang., l. II, homil. xxxvi, 2.)
« Mais ce serviteur envoyé par le Père de famille pour faire
« des invitations, qui désigne-t-il si ce n'est *l'Ordre des Pré-*
« *dicateurs ?* Nous-même, aujourd'hui, bien qu'indigne, bien
« qu'accablé sous le poids de nos péchés, nous faisons partie
« de *cet Ordre* ; et lorsque je viens vous dire quelque chose

en effet, prophétiquement d'un Ordre futur de prédicateurs qui doit être envoyé vers la fin du monde, et qu'elle désigne expressément en ces termes : « Il envoya son serviteur à l'heure de la Cène. » L'heure de la Cène, c'est la fin du monde, et c'est nous pour qui est arrivée la fin des temps. Donc à l'heure de la Cène, c'est-à-dire dans les derniers jours, a été envoyé un Ordre nouveau — nouveau, il est vrai, mais ancien en même temps, — nouveau par son institution, ancien par les autorités qui l'annoncent, — nouveau, le plus nouveau même par le temps, mais le premier par la mission. Après les ouvriers loués dès le matin pour la vigne, moyennant un denier, après ceux de la troisième, de la sixième et

---

« pour votre édification, je fais la même chose, je suis le ser-
« viteur du Père de famille. »

Cette expression ne pouvait manquer de frapper les premiers historiens de l'Ordre. Aussi le B. Humbert de Romans, dans son Commentaire sur les *Constitutions*, développe très au long cette pensée que l'Ordre des Prêcheurs avait été prédit longtemps avant sa fondation, par les auteurs sacrés de l'Ancien et du Nouveau Testament, aussi bien que par les Pères de l'Eglise. (Voir ce traité du B. Humbert à Vienne, au couvent des Frères Prêcheurs : *Expos. Constitut. Ord. Prædic.*, cod. *Viennensis*, fol. 21 b, et fol. 22 a.) — Gérard de Frachet n'est pas moins fécond sur ce sujet que son général Humbert. (Voir les *Vies des Frères*, part. 1. cap. 3. *Quod glosæ multæ et dicta Sanctorum hoc idem sensisse videntur.* Que beaucoup de gloses et de paroles de Saints semblent avoir exprimé le même sentiment.)

de la neuvième heure, il reste maintenant l'heure à laquelle nous sommes déjà, la onzième heure, où les derniers doivent se multiplier.

2° Ce sont les Prêcheurs, dont l'Ordre a été réservé par la divine Providence pour les périls de ces derniers temps, afin qu'à l'approche du jugement de Celui qui a été jugé dans l'humilité, le nombre de ses témoins fût augmenté. Aussi maintenant ils se multiplient dans une vieillesse féconde, pour annoncer par leur patience que le Seigneur notre Dieu est juste. Ce sont les sonnettes attachées au bord de la robe du grand prêtre ; ce sont là les chevaux forts et variés du dernier chariot, sortis du milieu des deux montagnes d'airain pour parcourir toute la terre [1].

Le premier instituteur et l'illustre Père de cet Ordre a été le Bienheureux Dominique. Nous allons, avec la grâce de Jésus-Christ, nous efforcer de retracer, d'un style inculte mais véridique, sa vie pleine de vertus et très agréable à Dieu, sa mort, une partie de ses miracles, et en même temps les commencements de son Ordre, qui s'est levé dans la

---

1. Prophétie de Zacharie, c. vi. v. 3 et 7

partie occidentale du monde et au coucher des temps.

3° Il faut savoir que notre vénérable Père, le Bienheureux Jourdain, second maître de notre Ordre, et très digne successeur de saint Dominique, a composé un petit livre sur les commencements de l'Ordre, où il raconte les faits glorieux et les œuvres admirables de nos premiers Pères et de nos saints Frères, afin que ces Pères si excellents et leurs exemples de sainteté si éminente ne tombassent pas dans l'oubli. C'est de ce petit livre qu'a été tirée la première légende de saint Dominique.

Ensuite, par l'ordre de l'évêque Jean [1], qui fut le quatrième maître de l'Ordre après saint Dominique, le Frère Constantin publia une seconde légende, en y ajoutant beaucoup de choses remarquables.

---

1. Le Bienheureux Jean le Teutonique, avant d'être général, avait été évêque, d'où le nom d'évêque lui est resté. Il était provincial de Hongrie, lorsque le Pape Grégoire IX, sur le bruit de ses vertus, le créa évêque de Bosna (capitale de la Bosnie). A force de sollicitations, il obtint d'être délivré de cette charge. Mais, rentré dans l'Ordre, il fut, malgré sa résistance, élu provincial de Lombardie, puis, bientôt après, général à la place de saint Raymond de Pennafort, qui n'avait gardé le généralat que pendant deux ans (1238-1240). Le Bienheureux Jean le Teutonique exerça son office pendant onze ans et demi (1241-1253). Il mourut à Strasbourg, le 4 novembre 1253.

Après lui, le saint Père Humbert, cinquième maître de l'Ordre, se servant de ces travaux, composa une troisième légende, qui fut augmentée de beaucoup par ce qu'il y ajouta.

C'est lui aussi qui, par sa dévotion et par sa diligence, compila le livre intitulé : *Vies des Frères* [1].

4° Enfin notre bien-aimé Père, Frère Gérard, prieur provincial d'Allemagne, revenant du Chapitre général célébré à Lucques [2], a rapporté de Bologne plusieurs beaux faits de saint Dominique, faits qui ont été écrits sous la dictée de Sœur Cécile de Rome, que le Bienheureux Dominique avait reçue dans l'Ordre. Elle les a racontés tels qu'elle les avait vus et entendus, très sincèrement et avec une bonne foi entière ; elle a vécu jusqu'à l'an du Seigneur 1290, menant une vie très religieuse

---

1. Le B. Humbert n'est pas l'auteur des Vies des Frères, qui furent composées par le Frère Gérard de Frachet, second prieur de Limoges, puis provincial de Provence ; mais il y eut une part considérable, soit par l'ordre qu'il lui avait donné de les écrire, soit par les nombreux matériaux qu'il lui fournit pour les remplir. Elles furent présentées en 1260 au Chapitre général de Strasbourg, qui les approuva et les fit publier. Ensuite on y ajouta plusieurs traits omis dans la première édition. L'auteur mourut à Limoges en 1281, après quarante-six ans de profession.

2. Frère Gérard était provincial quand Thierry écrivait. En 1288, il assista au Chapitre de Lucques, non en qualité de provincial, mais en qualité de définiteur.

et très sainte. Il y a, en outre, la déposition de plusieurs personnages illustres, c'est-à-dire de neuf Frères, dont le témoignage digne de toute croyance, approuvé par l'autorité du Seigneur Pape Grégoire IX, et à qui pour cela une place est due avant tous les autres, fait ressortir l'admirable sainteté de notre Père. Enfin, il se joint à tout cela des révélations de saints qui ne sont pas à mépriser, et d'autres relations d'anciens auteurs, très authentiques et tout à fait dignes de foi, qui font connaître et la dignité de l'Ordre des Prêcheurs et les mérites éminents de son fondateur.

5° Tous ces documents ont fourni la matière du présent opuscule. Il en a été fait une transcription et une compilation fidèle dans ce petit volume, auquel la vérité des faits donnera de l'autorité, puisque sans elle il n'y a pas d'autorité possible. Mais qui oserait refuser cette autorité aux Pères que nous avons nommés, et dont les pensées et, la plupart du temps, les paroles sont reproduites ici textuellement?

Ce petit livre est divisé en huit parties et subdivisé en chapitres, pour qu'on puisse plus facilement trouver ce que l'on cherche et que l'on ait aussi plus de plaisir à lire des récits distincts [1].

Ce qui rend ce petit livre plus volumineux, c'est qu'il contient les gestes de maître Réginald, sa mort et celle de quelques autres Pères, et ce qui se rapporte à l'éloge de l'Ordre, avec plus de détails et de développements.

6° Tout cela, je l'avoue, aurait pu être exprimé et écrit avec plus d'ordre et d'élégance ; mais il faut avoir de l'indulgence pour moi, car personne ne m'a aidé dans ma composition, et même ce travail ne m'a fait interrompre aucune des observances exigées par la règle. J'ai fait cette compilation, recueillie de différents auteurs, pour que la postérité sache avec quelle gloire et quelle religion a été institué l'Ordre des Prêcheurs, et combien les saints Pères qui l'ont fondé ont été remarquables par leur dévotion et leur admirable discrétion.

1. Les Bollandistes, en reproduisant le travail de Thierry d'Apolda, n'ont pas conservé sa division en livres et en chapitres ; ils ont réuni plusieurs chapitres en un seul, avec des titres plus généraux. Mais comme ils ont donné dans leur Introduction la table des livres et des chapitres primitifs, on les retrouve facilement dans leur texte, et c'est d'après cette table que les titres de chaque chapitre sont rétablis ici. Surius a aussi inséré dans ses Vies des Saints le travail de Thierry d'Apolda, mais en l'abrégeant un peu.

Je désire qu'on ne lui donne pas le titre de *Légende,* mais bien de *Livre sur la vie et la mort de saint Dominique, sur ses miracles et sur l'Ordre qu'il a fondé.*

La plupart des choses que j'ai trouvées dans les auteurs primitifs dont j'ai parlé ont été placées ici mot pour mot : je n'ai fait que quelques légers changements pour la continuation du texte et la beauté de la narration.

Je prie Dieu et je désire que les lecteurs en retirent quelque utilité ; je souhaite aussi que tous ceux qui le liront ou qui l'entendront avec piété et dévotion, s'appliquent avec soin à le corriger et à l'amender.

SECOND PRÉAMBULE [1]

7° La charité qui vient d'un cœur pur, d'une bonne conscience et d'une foi sincère, et qui est la fin du précepte, est versée dans les saints par une action mystérieuse de Dieu, qui pénètre l'intérieur de l'homme et le sanctifie. L'Esprit-Saint la répand dans leurs cœurs et féconde, par sa céleste rosée, les forces de l'âme ; les vertus des élus la manifestent pour l'utilité de l'Eglise, et elle se communique à eux selon que le veut le seul et même Esprit créateur de toutes choses, qui opère tout en toutes choses.

La divine opération de cet Esprit créateur ayant poli et perfectionné son saint serviteur Dominique, pour l'édification du corps de Jésus-Christ, le destina à prêcher l'Evangile avec ceux dont l'Apôtre dit qu'ils ont été donnés comme pasteurs et comme docteurs pour

---

1. Ce second préambule ne se trouve pas dans Surius, mais seulement dans les Bollandistes.

la consommation des saints, et son rang parmi eux n'est pas le dernier ; car, non content d'instruire les âmes par ses discours d'où coulait le miel, il les a nourries des bienfaits de sa charité et fortifiées de ses saints exemples. Les beaux panégyriques dont sa sainteté a été l'objet, les mérites éminents de sa vie très parfaite, les prodiges et les miracles innombrables qui ont été racontés de lui de différentes manières par différents auteurs, font bien éclater les louanges de ce prédicateur incomparable, mais ils n'expriment pas entièrement tout ce que l'on voudrait. Il est impossible, en effet, à qui que ce soit de décrire la vie spirituelle d'un homme spirituel, si l'Esprit de vie n'illumine son âme et ne meut sa langue dans l'exposition des mystères.

8° Qui donc décrira la vie de Dominique, sinon dans l'esprit de Dominique, avec l'aide de l'Esprit de Dieu ? Il était, en effet, de ces fils de Dieu qui sont conduits par son Esprit ; il avait cet esprit d'adoption des enfants qui, adorant le Père, sollicite pour nous avec des gémissements, c'est-à-dire des désirs inénarrables, et qui crie avec confiance : « Mon Père, mon Père ! »

Il n'y avait réellement pas de dissimulation

dans son esprit ; il possédait les prémices et le gage de l'Esprit, et sa conscience lui rendait un témoignage fidèle dans l'Esprit-Saint qu'il était enfant de Dieu. Ayant donc résolu de servir Dieu dans son Esprit, selon l'Evangile de son Fils, il aima passionnément la règle de la perfection évangélique et de la vie apostolique, et il voulut la prendre pour épouse, afin d'engendrer des enfants spirituels. Et il ne fut pas trompé dans ses désirs, car cette perfection évangélique, qui était devenue stérile, a enfanté de nombreux enfants, et la vie religieuse apostolique, qui était délaissée, a eu beaucoup de fils, plus même que celle qui s'appuie sur les possessions temporelles : celle qui était stérile est devenue plusieurs fois mère, et celle qui avait beaucoup d'enfants s'est affaiblie.

9° Oui, la vie religieuse opulente s'est affaiblie, et la profession de la pauvreté, cessant d'être stérile, a enfanté beaucoup de fils. Nous sommes les vrais fils de cette mère et de ce Père, si nous nous appliquons à aimer la pauvreté de notre mère et à imiter la sainteté de notre Père. Car, comme il n'y a d'enfants d'Abraham que ceux qui pratiquent sa foi et sa justice, de même ce n'est qu'en imitant la piété de la religion notre mère et la sainteté de la conversation de notre Père, que nous mériterons d'être appelés leurs fils. Par cette imitation, nous deviendrons leurs fils très chers, en ne marchant pas selon la chair, mais selon l'esprit ; car autrement, en prêchant les choses spirituelles et en vivant d'une manière charnelle, nous serions privés de l'héritage paternel, et nous serions foulés aux pieds du mépris comme un sel affadi. Voulant donc marcher comme a marché notre Père, ses traces nous sont décrites, pour que ses œuvres soient manifestées, car elles ont été faites en Dieu, et pour que la voie de la justice nous soit montrée, et que les sentiers de l'équité nous soient tracés, afin que par elle nous puissions parvenir à la patrie de l'héritage paternel, sous la conduite et la protection de Celui qui a conduit ce juste dans des voies droites et admirables, en lui montrant la gloire de son royaume, de Celui qui est en même temps la voie qui mène, la vérité qui brille, la vie qui ne finit pas, Jésus-Christ Notre Seigneur, Dieu béni au-dessus de tout dans les siècles des siècles.

CHAPITRE PREMIER

DE L'ÉTAT HONORABLE ET DE LA PIÉTÉ DES PARENTS DE SAINT DOMINIQUE

10. Au nom du Père, et du Fils, et du Saint-Esprit.

Dominique, humble serviteur de Jésus-Christ, choisi pour annoncer l'Evangile de Dieu, sobre, pieux et juste dans sa conversation, devenu digne de partager le sort des saints dans la lumière, est vraiment une lumière du monde. Il apparut brillant comme l'étoile du matin au milieu de la nue; et par les rayons de son innocence, de sa pudeur, de sa modestie, de sa simplicité, il éloigna de lui toutes les ténèbres d'une enfance frivole, d'une jeunesse désordonnée, d'une concupiscence rebelle.

S'appliquant à l'étude de la sagesse, aux œuvres de miséricorde, à l'accomplissement parfait des observances canoniales, comme une lumière resplendissante, il s'avança semblable à la lune arrivée aux jours de sa plénitude, illuminant les autres et lui-même ; et comme un soleil levant, s'élevant jusqu'à la perfection du jour dans les hauteurs des dons de Dieu, il institua l'Ordre des Prêcheurs, qui, dans le rayonnement de sa vertu, a promené de tous côtés ses regards, éclairant les ténèbres, fécondant ce qui était stérile, réchauffant ce qui était froid, rallumant la flamme dans ce qui était tiède.

Maintenant transfiguré par l'Esprit de Dieu de clarté en clarté, il resplendit glorieux dans la patrie, après avoir déjà resplendi admirablement dans son pèlerinage par la grâce, et, plus humblement, par son origine et sa naissance en Espagne [1].

---

1. Ce mot *humblement* avait fait penser aux Bollandistes que saint Dominique n'était pas de la noble famille des Guzman. Les recherches du Père Brémond ont tranché la question en faveur de la tradition dominicaine. Du reste, ce mot s'explique très bien par le prix beaucoup plus grand que les saints attachent aux dons de la grâce.

L'intention de l'auteur, quelque peu obscur dans ce début, est de faire remarquer la marche ascendante suivie par saint Dominique pour être transfiguré dans le ciel. — Au chapitre d'Osma, où il accomplit si parfaitement les observances canoniales, on peut le considérer comme la *lune* dans son plein, lumière douce et sereine mais peu éclatante ; à la tête de l'Ordre des Frères Prêcheurs, qui va porter partout le flambeau de la lumière évangélique, il est déjà un *soleil* qui se

En quel temps le Seigneur fit-il lever sur les enfants de la terre les rayons de cet astre éclatant ? C'est ce que va nous apprendre la suite.

11. Lorsque le grand seigneur Pape Alexandre III siégeait à Rome sur la Chaire de saint Pierre, et que l'empereur Frédéric, premier du nom, gouvernait le monde, dans une petite ville d'Espagne, nommée Calaroga, au diocèse d'Osma, l'an de l'Incarnation du Seigneur 1170, un homme nommé Félix [1] avait épousé une femme nommée Jeanne.

Selon le monde, ils étaient de condition honorable, et devant Dieu ils se distinguaient

---

lève à l'horizon et qui s'élance à pas de géant vers le milieu du ciel ; en paradis, où il est transporté, il est tout transformé en Dieu et resplendit de la gloire même de Dieu. — De là l'auteur redescend, par une progression inverse, à l'origine terrestre du saint, qui, naturellement, ne peut être que bien *humble* en regard de la gloire qui le couronne dans sa patrie céleste. « *Gloriosus in patria..., admirabilis in gratia..., nativitatis ortu humiliter fulsit.* » — Il s'agit, comme on le voit, des trois ordres différents et superposés de la *nature*, de la *grâce* et de la *gloire*.

1. Félix de Guzman, dont l'historien espagnol Ferdinand de Castillo raconte la généalogie, était le fils puîné de Rodrigue Nunez Guzman, et petit-fils de Nuno Guzman, l'un et l'autre capitaines au service du roi Alphonse, qui conquit Tolède sur les Musulmans. La femme de Félix Guzman, Jeanne d'Aza, mère de notre Saint, appartenait aussi à une des premières familles de Castille. Elle est honorée comme bienheureuse dans l'ordre des Frères Prêcheurs. On célèbre sa fête le 2 août.

par leur piété chrétienne. Prévenus des dons de la munificence divine, ils méritèrent d'être bénis dans les enfants très saints qui furent le fruit de leur union. Jeanne donna, en effet, par la grâce de Dieu, à Félix, son mari, deux fils [1] qui, après avoir fait leurs études et avoir mené une conduite irréprochable, franchirent les degrés du sacerdoce. L'un d'eux se donna au soin des pauvres dans un hôpital : l'humilité, les œuvres de miséricorde et les autres vertus le rendirent célèbre pendant sa vie, et après sa mort on dit qu'il a brillé par ses miracles. L'autre, quittant le siècle, entra en religion ; il y servit Dieu pendant longtemps d'une manière exemplaire : c'était un homme saint et contemplatif qui fit une mort bienheureuse.

Tels sont les fruits que porte une bonne terre. L'un, en s'appliquant aux œuvres de miséricorde, exhale une odeur de grâce ; l'autre, en contemplant la vérité, reçoit un avant-goût de l'éternelle félicité.

12. Le Seigneur ajouta encore aux témoi-

---

[1]. Le nom du premier frère de saint Dominique n'est pas certain ; on croit qu'il s'appelait Antoine. Le second est plus connu, c'est le B. Mannès. Il entra dans l'Ordre fondé par son frère, et y vécut très saintement. Les Dominicains l'honorent comme bienheureux.

gnages de sa miséricorde à leur égard. La mère, en effet, sur le point d'enfanter un fils doué d'une grâce plus excellente encore, eut, avant de concevoir, une vision céleste, où Dieu lui révéla ce que devait être ce fruit de ses entrailles.

Il lui sembla voir dans son sein un chien qui portait dans sa gueule un flambeau, et qui, s'échappant de son sein, embrasait le monde des flammes qui sortaient de sa gueule.

A la suite de cette vision, la grâce de Dieu visita Jeanne, et, inondant le fruit de ses entrailles, il lui fit reproduire un germe qui multipliât en elle les germes de sainteté. Enfin, le temps de ses couches arriva, et elle mit au monde un fils qui fut l'honneur de ses frères et la joie de sa mère. Elle se réjouit dans le Seigneur, en voyant et en portant dans ses bras celui qui lui avait été montré dans sa vision prophétique.

Porté aux fonts baptismaux selon l'usage, l'enfant nouveau-né fut sanctifié par la bénédiction sacerdotale, et marqué de l'onction salutaire du chrême. Il fut baptisé au nom du Père et du Fils et du Saint-Esprit, et par l'inspiration de Celui dont le nom est le Seigneur (*Dominus*), il fut appelé Dominique.

Une noble dame, sa mère spirituelle, eut aussi une vision, où cet enfant béni, Dominique, lui apparut portant sur le front une étoile radieuse, dont la splendeur illuminait le monde entier de ses rayons [1].

13. Examinez maintenant cet enfant glorieux. Il est engendré par Félix, son père. Jeanne, sa mère par la grâce de Dieu, l'enfante, le nourrit, le soigne. Il renaît par le baptême, et reçoit le nom de Dominique. Il sera l'enfant de la grâce, l'amant passionné de la divinité, l'héritier de l'éternelle félicité. Avant sa naissance, un signe véridique le présage ; à sa seconde naissance, le nom qu'on lui donne révèle sa grandeur, et une étoile radieuse fait resplendir son visage. Il répand tant de feux de sa torche enflammée qu'il embrase le monde entier. Son nom glorieux fait trembler ses adversaires. La lumière dont il rayonne illumine les âmes plongées dans les ténèbres du péché, et le fait briller parmi les astres du ciel. Il brûle du feu de la charité ; il jouit d'une autorité

---

[1]. Le nom de la marraine de saint Dominique est inconnu. Le B. Jourdain attribue cette seconde vision à la mère de notre Saint ; mais il est probable qu'il a voulu dire sa mère spirituelle, comme l'interprètent les Bollandistes : ainsi se concilient les deux textes.

incontestée ; la lumière de la science l'entoure de son éclat.

Même dans sa naissance, cet enfant bienheureux représente, annonce, prophétise l'Ordre illustre dont il sera le père et le chef. La torche enflammée dans la gueule du chien, c'est la prédication embrasant le cœur des pécheurs pour la pénitence. La puissance contenue dans son nom[1], c'est l'autorité surnaturelle qui réconciliera les âmes à la grâce. L'étoile radieuse de son front, c'est la clarté de la doctrine qui conduira à la sagesse. Ce serait se tromper grossièrement que de croire que tout cela n'ait pas été disposé de toute éternité pour signifier à l'avance ce que le ciel se proposait dans le temps.

14. Cependant, la mère du Saint nourrit son fils avec soin ; elle l'allaite, elle le sèvre, elle le voit grandir avec joie.

Lorsqu'il était encore au berceau, un essaim d'abeilles vint un jour voltiger autour de sa bouche, — emblème de la divine sagesse qui devait couler plus tard de ses lèvres.

Une fois sevré et éloigné du sein maternel, il commença à s'abreuver aux mamelles de

---

[1]. *Dominus*, le Seigneur. — *Dominique*

la grâce. Aussi, dès qu'il le put, avant même d'être sorti de sa première enfance, il apprit, à l'exemple de ses parents, à visiter les églises et à honorer Dieu.

Encore tout petit enfant, il quittait souvent son lit, et comme sa couche lui semblait trop molle, il étendait sur la terre nue ses membres délicats [1]. Plus tard il conserva assidûment pendant sa vie cette habitude de son enfance.

Il grandit donc sous la garde de ses pieux parents, qui le nourrissaient religieusement ; et tout enfant encore, un vénérable archiprêtre, son oncle, l'instruisit et l'éleva avec le plus grand soin [2]. Dans leur intention religieuse et prudente, ce saint enfant lui était confié surtout pour être formé aux fonctions ecclésiastiques.

---

1. A la lecture de ce trait, un autre enfant, qui devint aussi un saint dans l'Ordre de Saint-Dominique, se mit, à l'âge de cinq ans, à coucher sur la terre nue. Et comme sa mère voulait l'en détourner : « Laissez-moi dormir par terre, lui dit-il ; saint Dominique l'a bien fait, étant plus petit que moi. » Cet enfant devint le vénérable Alonzo de Pons, dont la vie se lit au 28 février, dans le *Sacro Diario Domenicano*, du Père Pouzi.

2. Le nom de cet oncle, frère de Jeanne d'Aza, n'est pas connu. On sait seulement qu'il habitait Gumiel de Yçan, non loin de Calaroga. Saint Dominique avait sept ans quand il lui fut confié, et il resta sept ans sous sa tutelle.

15. La grâce de Dieu vint seconder les saints désirs de ses pieux serviteurs. On vit dès lors en lui un enfant plein de talent, docile, doué d'une belle âme, vrai vase de grâce et trésor de science. Se perfectionnant de plus en plus dans la pratique des choses de Dieu, ce vénérable enfant faisait sa demeure dans les églises, il récitait les psaumes avec les clercs ; il chantait les hymnes, entourait les autels, assistait dévotement aux saints mystères, et servait les prêtres et les ministres de Jésus-Christ.

Ainsi, comme un vase tout neuf, cette âme d'enfant s'imprégnait, dans ces exercices, d'une odeur de sainteté qu'elle devait conserver toute sa vie. Déjà la main de l'Artiste suprême commençait à s'en faire un vase d'élection, pour y verser les dons de sa bénédiction. Enfant prédestiné, il garda son innocence, aima la pureté et observa la discipline. Pudique dans ses sens, il était très réservé dans ses actes. Ces vertus et les autres qu'il pratiqua dans la seconde période de sa vie [1], selon que l'onction divine les lui suggérait, il les observait déjà, même

---

1. De sept à quatorze ans.

étant tout petit enfant ; ses actions n'avaient rien de puéril ; il portait un cœur de vieillard, et sous les traits d'un enfant se cachait la sagesse vénérable d'un homme à cheveux blancs. Dès le berceau, en effet, il montra des dispositions si excellentes, que l'on put hardiment conjecturer qu'une telle enfance donnerait quelque chose de grand, en rapport avec la sainteté de ses premières années.

CHAPITRE II

COMME QUOI IL FUT SUFFISAMMENT INSTRUIT DANS LES SCIENCES PHYSIQUES ET THÉOLOGIQUES.

16. Ses pieux parents, voyant le progrès continuel que ce saint enfant faisait en âge et en grâce, l'envoyèrent étudier à Palencia. Il y avait alors une université aussi remarquable par le grand nombre de ses écoliers que par l'habileté de ses maîtres [1].

Le sage jeune homme se mit donc au travail avec ardeur. Comme il avait été envoyé là pour étudier, il s'appliqua tellement à l'étude, qu'avec l'aide de la grâce, il eut bientôt surpassé beaucoup de ses compagnons d'âge. Laissant de côté les choses frivoles dans lesquelles la jeunesse perd son temps, il s'attacha uniquement aux choses nécessaires.

1. Saint Dominique avait quinze ans quand il fut envoyé à Palencia.

Il fuyait les compagnies dangereuses, surtout celle des femmes, dont le commerce est si nuisible ; il ne se mêlait pas aux jeux, et ne voulait rien avoir de commun avec ceux qui, suivant la légèreté de leur cœur et les concupiscences de la chair, s'adonnent aux curiosités superflues, aux folies mensongères et aux vains spectacles. Il rejetait les joies que lui offrait le monde flatteur et trompeur, et, traversant les impuretés de la chair du pied immaculé de ses affections, il consacra au Seigneur l'honneur de sa virginité sans lui avoir infligé une seule tache. Aussi son intelligence pure et son âme exempte de souillures recevaient abondamment l'effusion des sciences libérales, qui ne se communiquent qu'aux intelligences pures.

17. « Cependant l'angélique jeune homme Dominique, bien qu'il pénétrât facilement dans les choses humaines, n'en était pas ravi, parce qu'il y cherchait vainement la sagesse de Dieu, qui est le Christ. Nul des philosophes, en effet, ne l'a communiquée aux hommes ; nul des princes ne l'a connue. C'est pourquoi, de peur de consumer en d'inutiles travaux la fleur et la force de sa jeunesse, et pour éteindre la soif qui le dévorait, il alla puiser

aux sources profondes de la théologie. Invoquant et priant le Christ, qui est la sagesse du Père, il ouvrit son cœur à la vraie science, ses oreilles aux docteurs des saintes Ecritures ; et cette parole divine lui parut si douce, il la reçut avec tant d'avidité et de si ardents désirs que, pendant quatre années qu'il l'étudia, il passait des nuits presque sans sommeil, donnant à l'étude le temps du repos[1]. » Il écoutait la vérité humblement, il l'embrassait doucement d'une affection pieuse, il la retenait fidèlement dans sa mémoire, et il la mettait efficacement en pratique. Pour mériter de boire à ce fleuve de la sagesse qui donne le salut, ce fervent amateur de chasteté fut dix ans à s'abstenir du vin où se trouve la luxure.

18. « C'était une chose merveilleuse et aimable à voir que cet homme en qui le petit nombre de ses jours accusait la jeunesse, mais qui, par la maturité de sa conversation et la force de ses mœurs, révélait le vieillard. Supérieur aux plaisirs de son âge, il ne recherchait que la justice ; attentif à ne rien perdre du temps, il préférait aux courses

---

[1]. Traduction du Révérend Père Lacordaire, *Vie de saint Dominique*, chapitre II.

sans but le sein de l'Eglise sa mère, le repos sacré de ses tabernacles, et toute sa vie s'écoulait entre une prière et un travail également assidus. Dieu le récompensa de ce fervent amour avec lequel il gardait ses commandements, en lui inspirant un esprit de sagesse et d'intelligence qui lui faisait résoudre sans peine les plus difficiles questions [1]. » Et comme il aimait de tout son cœur le Seigneur qui l'avait créé, il ne négligea pas non plus le prochain, en qui Dieu veut que nous l'aimions.

19. On vit donc briller dans le serviteur de Dieu Dominique une tendre et affectueuse compassion à l'égard des calamités et des misères du prochain ; et ce sentiment de commisération était suivi d'effets réels et manifestes.

Etant encore à Palencia, pendant le cours de ses études, l'Espagne presque tout entière fut désolée par la famine. Les pauvres tombaient de faiblesse, faute de nourriture et de boisson, et personne n'était là pour les restaurer. Les indigents, les malheureux mouraient, et personne ne s'en inquiétait.

[1]. Traduction du Révérend Père Lacordaire, *Vie de saint Dominique*, chapitre II.

Les orphelins, les veuves, les enfants, les faibles poussaient des cris, mais personne ne les entendait. Pendant ce temps, le cœur du jeune Dominique était oppressé, et son âme était émue de compassion sur cette multitude de pauvres. Déjà habitué à entendre les conseils évangéliques et à suivre la perfection, il vendit ses livres et tout ce qu'il avait pour en distribuer le prix aux pauvres.

20. C'est ainsi que ce doux jeune homme, obéissant à la parole de Jésus-Christ, porta secours à la détresse de son prochain, et que son saint exemple provoqua les autres à l'imiter. Le désir de la sagesse s'accrut en lui ; il ne diminua pas les œuvres de la justice, et l'amour de la science ne le détourna pas de la perfection. Il se consomma au contraire dans la vertu ; car il apprit la science qu'il lui importait d'acquérir ; il montra plus de prudence que les vieillards en cherchant les commandements du Seigneur, et il fut heureux en mettant en pratique ce qu'il avait appris.

Voilà, avec d'autres belles choses, ce que l'angélique jeune homme, Dominique, accomplissait, avant même d'être séparé du monde par son habit ou par son genre de vie. Ou pour mieux dire, ce n'était pas lui, c'était la vertu de Jésus-Christ habitant en lui qui faisait tout cela ; car la bénédiction de la douceur de Dieu l'avait prévenu en marquant son bas âge de présages merveilleux, en sanctifiant son enfance innocente par les premières fleurs de la pureté ; elle y ajouta dans son adolescence, où elle fut sa compagne, une preuve nouvelle de la miséricorde divine en lui donnant les bases solides de la double science[1] et l'ornement de mœurs aimables et douces ; et elle ne cessa pas qu'elle ne l'eût consommé en perfection par l'accroissement des bonnes œuvres et de toutes les vertus.

1. Divine et humaine, ou philosophique et théologique.

CHAPITRE III

DU VÉNÉRABLE DIÉGO, ÉVÈQUE D'OSMA, QUI FIT LE BIENHEUREUX DOMINIQUE CHANOINE RÉGULIER DE SON ÉGLISE.

21. Dans ce temps-là, il y avait un homme de vie vénérable, nommé Diégo, évêque de l'Eglise d'Osma, que la connaissance des saintes lettres, la noblesse de la naissance selon le monde, et surtout la sainteté de ses mœurs rendaient recommandable. Il s'était tellement attaché à Dieu par l'amour, que, se tenant lui-même pour rien, et recherchant uniquement ce qui est de Jésus-Christ, il dirigeait tous ses efforts et toutes ses pensées vers les moyens de gagner des âmes en grand nombre, afin de faire ainsi fructifier le talent qui lui avait été confié, et de le rendre à son Maître avec usure.

Il s'attachait donc à rechercher, partout où il pouvait, des hommes d'une vie vertueuse, de mœurs recommandables ; il les attirait à lui par tous les moyens qu'il avait en son pouvoir, et il les plaçait dans son Eglise en leur donnant des bénéfices. Et quand il voyait certains de ses sujets montrer du goût et de l'ardeur pour la perfection, et de l'éloignement pour le monde, il les exhortait par ses paroles, il les invitait par son exemple à embrasser le genre de vie des hommes parfaits et de l'état religieux. C'est ainsi qu'il s'efforça de persuader à ses chanoines, par ses avertissements répétés et ses exhortations incessantes, de consentir à vivre sous la règle du bienheureux Augustin, dans l'observance de la vie régulière des chanoines. Et il s'y prit avec tant d'adresse que, quoiqu'il eût d'abord rencontré des contradictions, il réussit à leur faire admettre son désir [1].

---

[1]. L'auteur attribue par erreur à Don Diégo d'Azevedo une réforme qui appartient à Don Martin de Bazan, son prédécesseur sur le siège d'Osma. Lorsque saint Dominique entra dans les rangs des chanoines réguliers de la cathédrale, Don Diégo en était Prieur. Il fut élu en 1201 pour succéder à Don Martin de Bazan, comme évêque d'Osma. Alors saint Dominique avait déjà vécu six ans avec lui, et ses frères l'avaient même nommé Sous-Prieur.

CHAPITRE IV

DE SON PARFAIT ESPRIT DE RELIGION ET DE SON ADMIRABLE SAINTETÉ

22. Ce vénérable pontife entendit parler de la célébrité et du parfum des vertus du serviteur de Jésus-Christ, Dominique. Après avoir pris des informations et s'être bien assuré de la vérité, il le fit venir et le fit chanoine régulier de son Eglise, s'estimant heureux de se procurer à lui-même un tel fils, et à son Eglise un ministre si capable. Le serviteur de Jésus-Christ, Dominique, se revêtit donc extérieurement de l'habit de chanoine régulier, pendant qu'intérieurement il se revêtait de l'homme nouveau par la grâce de Dieu. Bientôt, s'adonnant dans la crainte de Dieu à l'étude de la sainteté parfaite, il se mit à faire lui-même ce qu'il devait enseigner aux autres. S'appliquant à suivre les traces des parfaits et à gravir le sommet

des vertus, le nouveau chanoine rechercha soigneusement les exemples antiques, pour trouver parmi eux la voie droite où il voulait marcher. Il lut attentivement le livre intitulé : *Conférences des Pères*[1], où se trouve contenu le récit de la perfection des saints ; non seulement il le lut, mais il s'attacha à le comprendre, à le goûter et à le mettre généreusement en pratique. Il y apprit, à l'école de l'onction divine, la pureté du cœur, la voie de la contemplation, la perfection de toutes les vertus, car ce sont les matières dont traite ce livre.

23. Se renonçant et se méprisant lui-même, il se mettait, dans l'humilité de son cœur, au dernier rang de tous ; il comblait les chanoines, ses collègues, de témoignages de respect et d'honneur. Il était, en effet, invité aux noces de l'éternel Agneau, et, pour cela, il se mettait à la dernière place, se regardant comme inférieur et estimant les autres plus saints que lui. Il passait son temps dans l'église, appliqué nuit et jour sans interruption à la prière, aux saintes lectures, à la méditation. Il faisait peu de

[1]. De Cassien.

cas des divertissements extérieurs. Il évitait entièrement les courses inutiles, et, saintement avare de son temps pour la contemplation, il ne se montrait presque jamais hors de l'enceinte du monastère. C'est ainsi que ce serviteur de Dieu parut comme un astre lumineux au milieu des chanoines, et, s'avançant avec une rapidité merveilleuse de vertus en vertus, il attira sur lui l'affection de tous. Tous ses frères admirant une si sublime religion, si promptement acquise, furent unanimes, malgré sa résistance, à le nommer leur sous-prieur.

24. Alors, semblable à la lampe qui brille sur le chandelier, ou à la cité qui est située sur une montagne, il devint pour tous un miroir de vie, un modèle de sainteté. Il était assidu à l'oraison, d'une charité qui l'emportait sur tout, d'une compassion qui le rendait anxieux, absorbé par la contemplation, humblement soumis à ses inférieurs. Son cœur et ses sens veillaient toujours pour Dieu ; souvent il passait la nuit en prière, et sa prière s'échappait en larmes et en soupirs ardents, qui sortaient comme des rugissements de ses entrailles émues. Il ne pouvait empêcher que sa voix et ses sanglots ne

s'entendissent au loin. Il macérait son corps par les jeûnes et l'abstinence prolongée, au point qu'il prenait à peine ce qui était indispensable au soutien de la nature. Le vénérable Diégo, son évêque, dut même l'obliger, à cause de l'infirmité de son estomac, à prendre un peu de vin, ce dont il s'était abstenu depuis dix ans ; il n'en but cependant que très peu et mêlé avec beaucoup d'eau.

25. Il y avait dans son cœur un désir véhément du salut de toutes les âmes, et pour se rendre digne de le procurer efficacement, il sollicitait Dieu constamment par ses prières et ses vœux. Il aspirait à se consacrer tout entier au salut de ses frères, persuadé qu'il ne serait un vrai membre de Jésus-Christ que quand, à son exemple, il se dépenserait sans réserve à gagner des âmes. Il ne fut pas trompé dans ses désirs ; car il mérita de susciter des enfants à son frère défunt [1], c'est-à-dire à Jésus-Christ crucifié, en répandant sa parole et en instituant les Prêcheurs.

1. Allusion à la loi de Moïse (Deut., xxv, 5-10), qui ordonnait au frère d'épouser la veuve de son frère défunt, lorsque celui-ci était mort sans enfants. C'est une objection que les Sadducéens font à Notre-Seigneur à propos de la Résurrection (Matth., xxii, 23).

Et voilà que Dieu, multipliant la graine de la semence, augmente les fruits de sa justice.

26. Son cœur était rempli des plus saintes affections, et il s'émouvait tendrement de tout ce qui pouvait réjouir ou attrister son prochain. Les souffrances des malheureux l'affligeaient, mais surtout le zèle dont il brûlait pour les âmes qui périssaient était une blessure douloureuse pour son âme. En voyant les péchés des peuples et les calamités des misérables, cet homme au cœur de prophète bouillonnait intérieurement, et des flots de larmes, s'échappant de ses yeux, attestaient au dehors la compassion profonde que recélaient ses entrailles ; car Dieu lui avait donné cette grâce insigne d'une parfaite charité. Autant la compassion le faisait souffrir de ce qui manquait aux malheureux, autant il se réjouissait des progrès des bons : c'était comme une huile parfumée qui le consolait en le fortifiant. En attendant, recherchant ce qui est en haut, cet homme divin s'approchait de plus en plus de Dieu. La gloire des saints qu'il contemplait, et le désir de la patrie après laquelle il soupirait, lui faisaient verser des larmes abondantes sur la prolongation de son exil.

CHAPITRE V

DE L'INTIMITÉ ET DE L'AFFECTION MUTUELLE DE L'ÉVÊQUE DIÉGO ET DE SAINT DOMINIQUE.

27. Tant de vertus si éclatantes avaient rendu l'angélique Dominique extrêmement cher au vénérable Diégo, son évêque. Il y avait entre eux similitude d'esprit et conformité de grâces : ils brûlaient du même zèle pour la maison de Dieu, et l'Esprit-Saint les portait avec le même élan à procurer le salut des âmes. Lors donc que Dieu se plut à révéler en eux sa grâce, pour que leur vertu à tous deux parût au grand jour, il les prit pour un ministère qu'il avait en vue, et dans lequel eux-mêmes, quoique saints, ne soupçonnaient pas le dessein de la divine Providence sur eux.

Le roi de Castille, Alphonse [1], pria l'évêque

---

[1]. Alphonse VIII d'après le Père Lacordaire, Alphonse III d'après d'autres auteurs, mais plus communément Alphonse IX, parce que l'on compte huit autres rois qui, avant lui, avaient porté ce nom. Il était le troisième des rois de Castille appelés Alphonse. Monté sur le trône à trois ans, en 1158, il régna jusqu'en 1214. Sa femme, Éléonore, qu'il épousa en

Diégo de se charger d'une mission, comme ambassadeur, dans les Marches. Le prudent pontife, avant de partir pour les affaires du roi, prit avec lui le sous-prieur de son église, son bien-aimé Dominique, afin d'en embellir sa société et de se consoler dans ses saintes conversations. En passant à Toulouse, ils apprirent que les habitants de ce pays étaient dépravés par les mensonges des hérétiques. Le serviteur du Christ, Dominique, en gémit et se troubla dans son esprit ; et, remarquant que son hôte était hérétique, il s'attacha à le gagner par un langage si affable et si sensé qu'il le ramena à la vérité de la foi catholique. Ce fut là la première gerbe qu'il reporta dans l'aire du Seigneur, après l'avoir arrachée au démon.

28. Lorsqu'il eut enfin terminé les affaires du roi, pour lesquelles il avait été envoyé dans les Marches, l'évêque, en ayant fait porter la

---

1176, était fille du roi d'Angleterre, Henri II, et d'Eléonore d'Aquitaine. La mission dont ce roi chargea don Diégo et saint Dominique consistait à aller chercher une femme pour son fils Ferdinand, alors âgé de seize ans. Cette princesse, d'après le Père Giry, Fleury, Baillet, etc., devait être la fille du comte de la Marche, Hugues IX de Lusignan ; d'après d'autres (le Révérend Père Lacordaire, par exemple), c'était la fille du roi de Danemark. Les Bollandistes laissent la question indécise. Le savant Echard ne dit pas non plus si c'est de la Marche du Limousin ou bien du Danemark qu'il s'agit ici.

nouvelle au roi par un messager, partit avec les siens pour la cour de Rome. Il exposa au Souverain-Pontife son désir et lui demanda la permission de renoncer à son siège pour s'appliquer à la conversion des Cumans [1] ; mais il ne put l'obtenir.

Heureux prélat en qui l'humilité allait jusqu'à vouloir renoncer à sa dignité, en qui la charité était si ardente qu'il souhaitait de s'exposer à la mort et aux périls pour le salut du prochain ! Mais la sagesse divine disposait les choses d'après son bon plaisir, de telle manière que le désir du pieux évêque s'accomplit autrement. Forcé de s'en retourner, il n'emporta pas, il est vrai, la grâce qu'il avait demandée, mais il emporta la grâce de l'obéissance et de la charité dont il était rempli, et il n'y eut rien de changé dans son salutaire projet.

En revenant, il visita Cîteaux, où, charmé par la conversation vertueuse et la sublimité religieuse de ces nombreux serviteurs de Dieu, il se fit donner l'habit monastique, et il emmena avec lui quelques-uns des moines, afin de s'initier par leur conversation aux coutumes et à la discipline de l'ordre.

1. Peuple encore sauvage et très cruel, habitant au nord de la Hongrie, au delà de la Theiss.

CHAPITRE VI

DE LA PRÉDICATION CONTRE LES HÉRÉTIQUES, ET D'UN PETIT LIVRE PRÉSERVÉ DE L'INCENDIE.

29. L'élu de Dieu, Dominique, était vraiment heureux d'être admis dans la société et honoré de l'amitié d'un si grand Pontife et d'un homme si apostolique ; car personne ne peut douter qu'il n'ait pris en lui l'exemple de la sainteté et les leçons de la vie religieuse.

En passant par Montpellier, ils trouvèrent douze abbés de l'ordre de Cîteaux que le même Pape Innocent[1] avait envoyés contre les Albigeois. Ils célébraient là un concile avec les évêques et les autres prélats. Ceux-ci, apprenant l'arrivée de l'évêque Diégo, le font venir avec joie, le reçoivent avec honneur, lui demandent conseil et s'en remettent

---

1. Innocent III.

à ses avis, « sachant que c'était un homme saint, juste et mûr, et plein de zèle pour la foi. » Lui, voyant qu'ils ne marchaient pas droit selon la vérité de l'Evangile, doué, comme il était, d'une circonspection merveilleuse et instruit dans les voies de Dieu, leur dit : « Ce n'est pas ainsi, mes frères, qu'il faut vous y prendre, je crois. Il me paraît impossible de ramener ces hommes par de simples paroles ; il faut plutôt les convaincre par les œuvres et les exemples, car ils se vantent impudemment de la sainteté de leur vie. »

30. Les abbés lui dirent : « Quel conseil nous donnez-vous donc, mon Père ? » Il leur répondit : « Faites ce que vous me verrez faire. »

Et aussitôt il renvoya les gens de sa suite avec ses équipages et tout son attirail, qui était très considérable, dans l'intention de s'arrêter dans ces contrées pour y défendre la foi. Les autres, excités par son exemple, en firent autant.

Voyez le miracle divin et le charmant spectacle ! Ce bon Père s'unit, par la parole et par l'exemple, douze autres Pères dont il devient le patriarche, lui treizième, et ils le suivent, d'un commun accord, comme leur maître et leur seigneur.

Il prit avec lui d'autres hommes de vertu et de grâce, compagnons de travail qui lui restèrent fidèlement attachés, entre autres le premier de tous, le plus remarquable par toute espèce de sainteté, l'angélique Dominique, que l'évêque aimait par-dessus tous les autres, et qui brillait par les paroles et par les œuvres comme une étoile éblouissante.

Tous ces hommes commencèrent à aller à pied, supprimant toute dépense et prêchant Jésus-Christ pauvre dans un état de pauvreté volontaire. C'était dans cette forme que Jésus-Christ avait établi son Eglise au commencement, et c'était la figure de l'Ordre des Prêcheurs qui devait être institué de nos jours. Les hérétiques, poussés par l'envie, se mirent à prêcher de leur côté avec plus d'importunité; mais il y avait dans le saint évêque un tel éclat de vertu qu'il s'attirait l'affection même des infidèles et de tous ceux à qui il avait affaire.

31. On faisait alors fréquemment des prédications au milieu du peuple et des conférences avec les hérétiques, sous la présidence de juges délégués. Et dans ces circonstances Dieu ne manqua pas non plus d'accorder à son Eglise des prodiges et des miracles.

Plusieurs des fidèles avaient écrit des livres

pour la défense de la foi ; saint Dominique en écrivit un aussi, contenant l'exposé de sa foi avec l'appui de l'autorité des saintes Ecritures et des raisons divines. Ce livre fut approuvé de préférence aux autres, et tout le monde l'adopta.

Un jour, après une longue discussion qui avait eu lieu à Fanjeaux, pour réfuter les faussetés de l'hérésie et démontrer la vérité de la foi catholique, on le jeta dans le feu en même temps que le livre d'un hérétique. Le livre de l'hérétique fut bientôt consumé et réduit en cendres ; celui du confesseur de Jésus-Christ, Dominique, au contraire, s'élança hors du feu, à une distance considérable. On l'y rejeta une seconde et une troisième fois ; il en sortit toujours sans être endommagé, démontrant ainsi et la sainteté de celui qui l'avait écrit et la vérité de la foi catholique. Tout le monde était dans la stupeur ; seulement les hommes pieux se réjouissaient, et les impies étaient consternés [1].

1. Ce miracle est raconté à peu près dans les mêmes termes dans un ancien bréviaire manuscrit du monastère même de Prouille. Seulement à la fin il y a cette addition : « Que, porté « par la main de la toute-puissance de Dieu, cet écrit fut « projeté sur une poutre voisine, où l'on voit encore trois « trous assez profonds, qui restent en souvenir perpétuel d'un « si grand miracle. »

32. Il y avait dans ces lieux des nobles qui, poussés par le besoin, donnaient leurs filles à des hérétiques pour les nourrir et les instruire, ou plutôt pour en faire le jouet de leurs erreurs empoisonnées. Le serviteur de Dieu, l'évêque Diégo, prenant en pitié leur honte et leur malheur, établit pour les recevoir un

A la demande des consuls de Fanjeaux et des religieuses du monastère de Prouille, la maison où avait eu lieu ce miracle fut achetée pour être transformée en chapelle au siècle suivant. Les lettres-patentes du roi Charles IV qui en donnent l'autorisation sont du mois d'octobre 1325, datées de Pierrefond (*apud Petrum Fontem*). La bulle du Pape Clément VI, qui érigea cette chapelle en 1347, parle des nombreux miracles qui se sont opérés dans ce lieu par l'intercession de saint Dominique, et elle accorde des indulgences à ceux qui contribueront à l'érection de cette chapelle ou qui voudront la visiter.

Dans cette chapelle, auprès de laquelle les religieux de Fanjeaux transportèrent leur couvent en 1355, on faisait l'office de saint Dominique, le jour de sa fête, avec la particularité suivante. Aux premières vêpres de l'office, au lieu du répons : *O spem miram,* les religieux chantaient cet autre répons :

> *Verbum vitæ dum palam promitur*
> *Surgunt hostes, liber conscribitur ;*
> *Favent omnes, sic error vincitur,*
> *Fides extollitur.*
> ℣. *Ter in flammas libellus traditus.*
> *Ter exivit illæsus penitus.*

« Tandis qu'on annonce publiquement la parole de vie, les
« ennemis se lèvent, ce livre est composé, tout le monde
« l'approuve ; c'est ainsi que l'erreur est vaincue, que la foi
« est exaltée.

 ℣. « Trois fois l'écrit est jeté dans les flammes,
  « Trois fois il en sort absolument intact. »

La poutre sur laquelle l'écrit de saint Dominique fut projeté trois fois est encore vénérée dans l'église actuelle de Fanjeaux.

monastère dans l'endroit appelé Prouille, où aujourd'hui encore les servantes de Jésus-Christ offrent à Dieu un service qui lui est agréable [1].

1. La fondation du monastère de Prouille, berceau de l'Ordre des Frères Prêcheurs, a toujours été attribuée à saint Dominique. Cependant on peut aussi en faire honneur, dans un certain sens, à Don Diégo, comme le fait ici Thierry d'Apolda, parce que saint Dominique était encore sous sa dépendance et ne faisait certainement rien sans son conseil et son approbation.

Cette fondation remonte à l'année 1206 et doit son origine à un fait miraculeux que racontent ainsi les Annales manuscrites de Fanjeaux :

« Une nuit, c'était le 22 juillet 1206, fête de sainte Marie-Madeleine, l'homme de Dieu était en prière à Fanjeaux, sur un lieu élevé d'où l'on aperçoit, dans la plaine au-dessous, le petit village de Prouille, au milieu duquel était située la chapelle dédiée à la très sainte Vierge, que le saint Patriarche allait souvent visiter, et où il célébrait avec beaucoup de dévotion le saint sacrifice. Un globe de feu apparut tout à coup au-dessus de cette chapelle, et, après beaucoup de détours et de circuits, s'y reposa. Le lendemain et le surlendemain le même fait se reproduisit pendant la nuit. Le bienheureux Père avertit alors de ce grand miracle la dame du lieu, dont le nom de famille était *de Cavaërs*. Il lui représenta qu'il faudrait consacrer au culte divin le territoire de Prouille, et il délibéra et tint conseil avec elle sur cette question. La dame ayant donné très volontiers son consentement, la même année 1206, le jour de sainte Cécile, 22 novembre, ces neuf dames nobles (dont on a déjà parlé) commencèrent à habiter auprès de la chapelle, dans une habitation construite vaille que vaille ; et le jour de saint Jean l'Évangéliste (27 décembre) le saint homme vint les y enfermer comme dans un monastère : ce fut là qu'elles demeurèrent désormais. »

En mémoire de ce miracle, au lieu même d'où le signe céleste avait été aperçu par saint Dominique (lieu encore appelé dans le langage du pays *Le Segnadou*) fut placée et érigée plus tard une grande croix de pierre, et un oratoire y

Après avoir passé deux ans dans le travail de la prédication, l'immortel pontife Diégo, voulant visiter son Eglise, laissa ses compa-

fut construit, qui servit de but aux processions de la paroisse de Fanjeaux.

Non loin de cet oratoire, on voit encore la maison qu'habitait alors saint Dominique, à Fanjeaux. On la désigne, en patois, sous le nom de *Bourguet Sant Domenge*, c'est-à-dire habitation de saint Dominique.

Tout près de cette maison se trouve dans un réservoir creusé naturellement, dans un roc aride et très élevé, un amas d'eaux qui, perpétuellement stagnantes, ne croupissent cependant jamais. Ce réservoir d'eau, se conservant ainsi merveilleusement, est situé, d'après une tradition incontestée, à l'endroit où notre saint Patriarche avait coutume de prier en répandant d'abondantes larmes. Ces larmes, d'après un historien, devaient être *la source* du monastère de Prouille. (*Ex monumentis Conventûs Tolosani.*)

Le B. Jourdain nous a conservé le nom des neuf jeunes filles converties par saint Dominique, qui entrèrent les premières dans le monastère de Prouille. C'était : Aldaïce, ou Alaïde, Bérengère, Barberienne, Curtolane, Raymondine Passerin, Richarde, Guillelmine de Beaupont, Raymondine Claret, et Gentiana. L'année suivante, 1207, saint Dominique, qui avait pris lui-même la direction de cette famille naissante, y reçut deux nouvelles Sœurs : Messane et Guillelmine de Fanjeaux. Depuis lors, saint Dominique porta le nom de Prieur de Prouille ; et ce ne fut qu'en 1209, lorsque le Saint-Siège le chargea de prêcher la croisade contre les Albigeois, qu'il se déchargea sur un de ses compagnons du gouvernement immédiat de Prouille, dont il demeura cependant toujours supérieur majeur.

Depuis saint Dominique jusqu'à la Révolution, les religieuses de Prouille, devenues très nombreuses et très riches, ne cessèrent d'embaumer ce saint lieu du parfum de leurs prières et de leurs vertus. Le couvent fut détruit de fond en comble en 1793.

En 1855, une grande chrétienne, au cœur encore plus grand que sa fortune, qui était alors très considérable, Mme la Vicomtesse Jurien de la Gravière, entreprit la reconstruction de ce

gnons continuer à prêcher, et il mit à leur tête le très dévot prêtre de Dieu, Frère Dominique, à qui on devait rendre compte de tout. Il avait, en effet, apprécié en lui quelque

monastère dont il ne restait plus pierre sur pierre. L'achat du terrain de Prouille eut lieu le 27 décembre 1855, anniversaire du jour où saint Dominique avait enfermé dans les murs du couvent les neuf premières religieuses qui l'habitèrent. La première pierre du couvent fut posée le 31 mai 1858, après une messe solennelle dite par Mgr de la Bouillerie, évêque de Carcassonne, dans la chapelle provisoire.

Auparavant, le 9 août 1857, la nouvelle fondatrice avait obtenu que le même signe de Dieu qui avait été donné à saint Dominique en 1206 fût donné de nouveau pour encourager l'œuvre qu'elle entreprenait. Sept hommes de Fanjeaux étant au *Segnadou*, à six heures du soir, virent un globe de feu tomber sur la plaine de Prouille, s'étendre, y rester cinq minutes et s'évanouir. Ils n'étaient pas dans le secret de la demande qui avait été faite à Dieu par Mme la Vicomtesse Jurien. Mais ils furent tous émus jusqu'aux larmes en voyant se renouveler le prodige accordé aux prières du Saint. Dans une enquête ordonnée par l'autorité supérieure, ils persistèrent tous dans leur témoignage et rendirent gloire à Dieu.

L'œuvre commencée sous ces auspices s'éleva peu à peu. La fondatrice y dépensa des sommes considérables, jusqu'à ce qu'il plut à Dieu de lui ravir toutes ses ressources et de la réduire à l'indigence pour les dernières années de sa vie.

Après sa mort, les religieuses dominicaines de Nay achetèrent les constructions inachevées et y installèrent une nouvelle communauté, formée de quelques-unes d'entre elles. Il est à espérer qu'elles mèneront à bonne fin l'œuvre si bien commencée par Mme Jurien et inaugurée par un prodige. Les populations des environs vont depuis plusieurs années en pèlerinage à la chapelle de Prouille, pour la fête de saint Dominique et surtout pour la fête du Rosaire. Il s'y fait alors de magnifiques processions, que souvent préside Mgr l'évêque de Carcassonne, et l'on y constate beaucoup de grâces reçues. — Les fondations des saints ont le don d'être fécondes jusqu'à la fin.

chose de grand, et c'est pourquoi il l'aimait d'une affection spéciale. Disant adieu à tous, il partit à pied, et, traversant la Castille avec beaucoup de peine, il arriva enfin à Osma. Là, atteint de la maladie qui devait mettre fin à sa vie temporelle, il commença son éternité en recevant la gloire céleste, et il fut honoré de miracles après sa mort, après s'être rendu illustre pendant sa vie par ses œuvres saintes et ses nombreuses vertus [1].

[1]. Don Diégo mourut en 1207 et fut enseveli dans une église de sa ville épiscopale. On lit sur son tombeau cette inscription : « Ci-gît Diégo de Azévédo, évêque d'Osma ; il mourut « l'ère 1245. » (L'ère d'Espagne avait commencé trente-huit ans avant l'ère chrétienne, dit le Père Lacordaire.)

CHAPITRE VII

DE CE QUI ARRIVA APRÈS LA MORT DE L'ÉVÊ-
QUE, ET DES MIRACLES QUE DIEU FIT PAR
SAINT DOMINIQUE.

33. L'évêque Diégo, aimé de Dieu et des hommes, s'était proposé de revenir reprendre le travail de sa prédication et former, avec l'assentiment du Souverain-Pontife, une phalange d'hommes qui résisteraient toujours, par la parole et par l'exemple, à la perversité hérétique. Il voulait aussi rapporter quelques secours pour l'achèvement du monastère de Prouille [1]. Ce fut le cœur rempli de ces saints désirs, et d'autres encore inspirés par la grâce, qu'il quitta cette vie pour aller vivre dans le Christ.

A la nouvelle de sa mort, tous ceux qui

---

1. Saint Dominique avait bâti en terre seulement les premières constructions de cet archimonastère, plus tard si riche et si magnifique.

étaient restés dans ces contrées pour prêcher, se sentant comme privés de leur chef et de leur prince, s'en retournèrent chez eux. Alors le vrai confesseur de Jésus-Christ, le bienheureux Dominique, qui avait été son fils dans le Seigneur, se leva à sa place, et tous ses Frères, unis à leur Père qui était au ciel, l'aidèrent de leurs mérites et de leurs prières, et ils combattirent avec joie le combat de la foi contre les hérétiques. Semblable au lion de la tribu de Juda dans ses œuvres, il se servait pour combattre non pas d'armes charnelles, mais d'armes spirituelles.

34. Autour de lui se réunit aussi la vaillante armée des croisés, avec ceux qui fuyaient le mal et tous les volontaires de la foi. Les chrétiens catholiques se joignirent à eux et leur servirent de renfort. D'après l'ordre du Souverain-Pontife Innocent III, en effet, on prêchait la croisade contre les hérétiques, et les fidèles prenaient la croix.

Le vaillant Simon, comte de Montfort, prince très chrétien, père des orphelins, défenseur des veuves, tuteur des pupilles, bienfaiteur des pauvres, protecteur des églises, se mit avec eux et défendit constamment la foi catholique contre les hérétiques. Lorsque cet illustre prince vit l'athlète du Christ, Dominique, mener une vie si innocente et si digne d'éloges devant Dieu et devant les hommes, il conçut la plus vive affection pour lui et le prit en grande vénération à cause de sa sainteté. L'homme de Dieu, Dominique, parcourait, en effet, les villages, les châteaux et les cités, prêchant la parole de Dieu.

Il savait merveilleusement tonner contre le vice, attaquer l'hérésie, défendre la foi, exhorter les chrétiens à la vertu. Ses paroles brûlaient comme des torches ardentes, car il était venu dans l'esprit et la vertu d'Elie. Aussi les hérétiques lui en voulaient à cause de sa justice, et frémissaient contre lui; ils tournaient en ridicule la simplicité de ce docteur de la vérité ; ils lui lançaient des crachats, de la boue et d'autres ordures ; ils lui attachaient même de la paille par derrière pour se moquer de lui. Et lui s'en allait joyeux et tressaillant de bonheur, parce qu'il avait été trouvé digne de souffrir des affronts pour Jésus-Christ.

35. « Il arriva en ce temps qu'une discussion solennelle devait avoir lieu avec les hérétiques ; l'évêque du diocèse se préparait à s'y rendre en grande pompe. Alors l'humble héraut du Christ lui dit :

« Ce n'est pas ainsi, Seigneur mon Père,
« ce n'est pas ainsi qu'il faut agir contre les
« enfants de l'orgueil. Les adversaires de
« la vérité doivent être confondus par des
« exemples d'humilité, de patience, de reli-
« gion et de toutes les vertus, non par le
« faste de la grandeur et le déploiement de la
« gloire du siècle. Armons-nous de la prière,
« et, faisant reluire en notre personne des
« signes d'humilité, avançons-nous nu-pieds
« au-devant de Goliath. »

« L'évêque se rendit à ce pieux conseil, et tous se déchaussèrent. Or, comme ils n'étaient pas sûrs de leur chemin, ils rencontrèrent un hérétique qu'ils croyaient orthodoxe et qui promit de les conduire droit à leur but. Mais il les engagea par malice dans un bois plein d'épines, où leurs pieds se blessèrent, et bientôt le sang coula tout le long de leurs jambes. Alors l'athlète de Dieu, patient et joyeux, exhorta ses compagnons à rendre grâces de ce qu'ils souffraient, en leur disant :

« Confiez-vous dans le Seigneur, mes très
« chers frères, la victoire nous est assurée,
« puisque voilà nos péchés qui s'expient par
« le sang. »

« L'hérétique, touché de cette admirable patience et des discours du Saint, avoua sa malice et abjura l'hérésie [1]. »

36. Lorsqu'ils arrivèrent au rendez-vous, les hommes au cœur droit éprouvèrent une grande joie ; les pervers, au contraire, n'éprouvèrent que de la confusion et de la tristesse. Aussi les impies avaient le cœur déchiré, et ils grinçaient des dents contre le serviteur de Dieu ; ils en voulaient à sa vie, et ils formaient contre lui des projets homicides, condamnant d'avance son sang innocent. Mais Dieu se jouait de leur malice, et, au lieu de le livrer entre leurs mains, il le glorifiait par des œuvres merveilleuses.

Un jour, le Saint, dans les fréquentes courses qu'il faisait pour prêcher, passa à gué le petit fleuve appelé l'*Ariège*. Au beau milieu, pendant qu'il relevait ses vêtements, les livres qu'il portait dans son sein tombèrent. Bénissant Dieu de cet accident, il fit connaître à une dame pieuse la perte qu'il avait faite de ses livres. Trois jours après, un pêcheur, qui s'imaginait retirer de l'eau un énorme poisson suspendu à son hameçon, en ra-

---

[1]. Traduction du Père Lacordaire, *Vie de saint Dominique*, chap. vi.

mena les livres mêmes du Saint, tellement intacts qu'on aurait cru qu'ils avaient été conservés au sec dans une armoire. Ce qui rend ce miracle encore plus étonnant, c'est qu'il n'y avait pour les préserver ni étoffe, ni cuir, ni quoi que ce soit; mais il y avait les mérites de Dominique. La pieuse dame renvoya ces livres au Saint, à Toulouse, avec une grande joie.

37. Il arriva aussi que, dans ses courses évangéliques, il eut à passer, dans ces mêmes contrées, une rivière qu'il traversa en compagnie de plusieurs autres. Le batelier, quand on fut à l'autre bord, lui demanda avec instance un denier pour sa peine.

« Je suis, répondit Dominique, un disciple
« de Dieu et un serviteur de Jésus-Christ; je
« n'ai ni or ni argent; mais je vous promets
« pour récompense le royaume du ciel. »

Le batelier, faisant fort peu de cas de cette promesse, insistait avec plus de force. Et il se mit à tirer le Saint par la chape, en lui disant :

« Ou vous laisserez la chape, ou vous me
« paierez mon denier. »

Dominique, levant les yeux au ciel, se recueillit un moment en lui-même, puis, regardant la terre, il montra au batelier une pièce d'argent que la Providence venait de lui envoyer, et lui dit :

« Mon frère, voilà ce que vous demandez, « prenez-le et laissez-moi aller en paix [1]. »

38. Un jour que le serviteur de Jésus-Christ était en voyage, un religieux qui, par la sainteté, était bien de la même famille que lui, mais qui lui était tout à fait étranger par la langue, se joignit à lui. Affligé de ne pouvoir pas se consoler ni s'encourager mutuellement par l'échange des divines paroles, il supplia instamment le Seigneur de faire en sorte que l'un comprît la langue de l'autre. Ainsi, pendant trois jours que dura le voyage, ils purent se comprendre et se consoler l'un l'autre par des entretiens variés, et ils en rendirent grâces à Dieu. — Il était tout à fait convenable, en effet, que le Saint-Esprit accordât le don de parler diverses langues à celui dont la langue pleine de douceur et la doctrine salutaire devaient être pour le monde la clef des cieux, ouvrant les portes éternelles. — Pour celui qui

---

1. Ce trait est raconté, presque dans les mêmes termes, par le B. Humbert, que traduit le Père Lacordaire, *Vie de saint Dominique*, chap. VI.

avait jeté dans le sein du Seigneur toutes ses pensées, c'était une faveur bien méritée de la bonté divine que ce prix du batelier envoyé du ciel. — Enfin, le même Dieu qui avait conservé le corps et l'âme du Saint à l'abri de la concupiscence charnelle, pouvait bien aussi conserver ses livres intacts au milieu des eaux. — Ainsi le prédicateur de la foi est favorisé du don des langues ; le pauvre volontaire de Jésus-Christ est gratifié du prix de son passage ; la fleur de sa pureté est récompensée par la conservation miraculeuse de ses livres.

CHAPITRE VIII

DE L'ADMIRABLE PATIENCE DU SAINT, DE SA CHARITÉ FRATERNELLE, DE SON DÉSIR DU MARTYRE ET DE SES ACTIONS MERVEILLEUSES.

39. Le prêtre de Dieu, Dominique, homme apostolique en tout, resta longtemps dans ces contrées de Toulouse, défendant la foi et combattant l'hérésie, fortifiant l'Eglise par ses paroles, ses exemples et ses miracles. Des témoins iniques s'insurgèrent contre lui ; la synagogue de Satan et des ennemis redoutables en voulurent à sa vie.

Une fois que ces hommes cruels, de leurs langues sacrilèges, lui faisaient des menaces de mort, il leur répondit d'un cœur intrépide :

« Je ne suis pas digne du martyre, je n'ai
« pas encore mérité cette mort. »

Il avait une soif indicible de boire le

calice de la Passion. Aussi, ayant à passer par un lieu où il savait que des embûches lui avaient été préparées, il s'y engagea gaiement et en chantant.

Etonnés de sa constance, les satellites de l'Antechrist lui demandèrent, pour le tenter : « Est-ce que vous n'avez pas peur de « la mort? Qu'auriez-vous fait, si nous vous « avions pris ? » — L'athlète du Christ, brûlant de l'amour du martyre, leur répondit : « Je vous aurais priés de ne pas me donner « la mort trop vite, et de ne pas me tuer « d'un seul coup, mais de me couper les mem- « bres un à un, et, après en avoir mis les « morceaux mutilés devant moi, de finir par « m'arracher les yeux, en me laissant ainsi à « demi mort me rouler dans mon sang. » — O âme bienheureuse, en qui la charité parfaite non seulement chassait la crainte de la mort, mais encore versait un amour inouï de la souffrance et des longues tortures !

40. Imitateur de Jésus-Christ, il était prêt aussi à donner sa vie pour le prochain.

Un hérétique, qu'il s'efforçait de ramener de l'erreur à la foi, lui ayant dit : « Je n'ai « pas d'ailleurs le nécessaire, et c'est d'eux « que je le reçois ; c'est pour cela que je

« suis obligé de m'attacher à eux », le Saint, ému de compassion au fond de ses entrailles, se disposa à se vendre pour lui donner de quoi vivre et délivrer ainsi ce malheureux du péché dont il était l'esclave.

Il avait vraiment pris la croix de Jésus-Christ, celui qui affrontait ainsi généreusement la mort pour son amour, et qui se soumettait sans hésiter à un esclavage perpétuel pour le salut du prochain. C'est que dans son cœur brûlait une charité telle que personne n'en peut avoir de plus grande, et qui lui faisait désirer de ressembler parfaitement à Dieu et devenir conforme à l'image du Fils de Dieu.

41. Il s'attachait donc, de toute la force des deux hommes qui sont en nous, par ses gémissements, ses veilles, ses jeûnes, ses affections, ses prières, ses prédications, ses travaux, le jour et la nuit, en insistant à temps et à contre-temps, pour se rendre digne du don de Dieu, à se dépenser et à se prodiguer pour le salut des âmes, à consommer enfin son sacrifice par la gloire du martyre. C'est pourquoi il avait résolu de passer outremer, s'il parvenait enfin à obtenir de la volonté de Dieu la grâce qu'il ambitionnait si ardem-

ment. Mais le Dieu tout-puissant qui inspire les saints désirs sait exaucer la prière de ceux qui le craignent, et leur accorder avec bienveillance ce qu'ils demandent, sans s'éloigner cependant des dispositions insondables de sa Providence. Comme il gouverne toutes choses par une action mystérieuse, qu'il prend soin surtout de ses fidèles et qu'il aime tendrement ses élus, il plaça ce saint vase d'élection au milieu de sa vaste maison, de manière à le rendre honorable et utile, afin de verser par son entremise le breuvage de la vie de la grâce, et de concourir ainsi au salut d'un grand nombre d'âmes, sans cependant le priver de la couronne du martyre.

De même que le disciple qu'aimait Jésus, saint Jean l'évangéliste, le principal de tous, a bu le calice du Seigneur, quoiqu'il n'ait pas versé son sang, parce que son cœur n'a pas fait défaut à la Passion, de même saint Dominique, à raison du très ardent désir qu'il avait des souffrances, n'a pas été non plus privé de la couronne du martyre.

42. En outre, il crucifiait sa chair tous les jours et il mortifiait ses membres par des austérités excessives, et son esprit par une douleur pleine de compassion pour les âmes

qui périssaient sans cesse. Il y avait dans son cœur un désir étonnant et presque incroyable du salut de tous.

C'est pourquoi il alla loger chez certaines dames nobles, qui s'étaient laissé séduire par les faussetés de l'hérésie, afin de les ramener à l'Eglise. A l'entrée du Carême, il se fit donner à leur insu des cilices, dont il se revêtit avec son compagnon. Et comme on leur préparait un lit pour la nuit, il dit : « Ce « n'est pas sur un lit, c'est sur des planches « que nous coucherons. » Or, leur sommeil était très court, car, selon sa coutume, il passait la nuit à veiller. Ce fut de cette manière que, pendant tout le saint temps du Carême, cet homme innocent fit pénitence avec rigueur pour les péchés des autres; il se contenta de pain et d'eau froide et jeûna ainsi tous les jours jusqu'à Pâques. Aussi, qu'arriva-t-il ? C'est que ces nobles dames, par les mérites du Saint, abandonnèrent leurs erreurs et revinrent à la foi de l'Eglise, avec l'aide de la grâce.

43. Pendant qu'il prêchait dans ces mêmes contrées de Toulouse, Dieu opéra encore pour lui cette autre merveille.

Prêchant un jour au bourg appelé *Fan-*

jeaux[1], après avoir bien prouvé la foi catholique, et démontré de toutes manières la perfidie des hérétiques, il resta à l'église après son sermon, pour y prier selon sa coutume. Et voilà que neuf dames nobles du même pays, entrant à l'église, se jetèrent à ses pieds et lui dirent : « Serviteur de Dieu, « soyez-nous en aide. Si ce que vous avez « prêché aujourd'hui est vrai, voilà bien du « temps que notre esprit est aveuglé par « l'erreur ; car ceux que vous appelez héréti- « ques, nous les appelons *bons hommes*, et « nous avons cru en eux jusqu'à présent, « et nous leur étions attachées de tout notre « cœur. Maintenant nous ne savons plus que « penser. Serviteur de Dieu, ayez donc pitié « de nous, et priez le Seigneur votre Dieu qu'il « nous fasse connaître la foi dans laquelle « nous vivions, nous mourions et nous soyons « sauvées. »

44. L'homme de Dieu, s'arrêtant un instant pour prier en lui-même, leur dit au bout de quelque temps : « Ayez patience et attendez « sans crainte ; je crois que le Seigneur, qui « ne veut la perte de personne, va vous mon-

---

1. A peu de distance du monastère de Notre-Dame de Prouille.

« trer quel maître vous avez servi jusqu'à
« présent. »

En effet, elles virent tout à coup s'élancer du milieu d'elles un énorme chat noir de la grosseur d'un chien, aux yeux démesurés et flamboyants ; sa langue était longue, large, sanglante et pendait jusqu'au milieu du corps ; il avait la queue écourtée et redressée. De quelque côté qu'il se tournât, c'était un spectacle hideux, une infection suffocante. Après s'être tourné çà et là pendant une heure auprès des dames, il s'élança sur la corde qui pendait de la cloche, et, grimpant le long de cette corde, il disparut enfin, en laissant derrière lui des traces infectes de son passage.

Dominique, se tournant alors vers ces pauvres femmes épouvantées, les rassura en leur disant : « Vous pouvez juger, à cette figure
« que Dieu a fait apparaître devant vous, quel
« est celui que vous suiviez en suivant les
« hérétiques. »

Ces femmes, rendant grâces à Dieu, se convertirent parfaitement à la foi catholique ; plusieurs même d'entre elles entrèrent chez les Sœurs de Prouille et y prirent l'habit.

Ainsi le serviteur de Dieu, faisant l'œuvre

d'évangéliste, et embrassant tous les travaux [1], ramena au sein maternel de l'Eglise les premières de ces femmes par l'exemple de sa rigoureuse pénitence, et les dernières par la parole d'une doctrine très fidèle et par la manifestation de la fourberie diabolique.

1. II Tim., IV, 5.

CHAPITRE IX

DE SES NOMBREUX COMBATS CONTRE LES HÉRÉ-
TIQUES ET DE PLUSIEURS MIRACLES QU'IL
OPÉRA.

45. Le bienheureux Dominique resta pendant dix ans dans différents endroits de la province de Narbonne, surtout aux environs de Carcassonne et de Fanjeaux, combattant l'hérésie et relevant la foi catholique. Appliqué à sauver les âmes, il se donnait tout entier au ministère de la prédication, et il supporta joyeusement, pour l'amour de Notre-Seigneur, bien des mépris, des affronts, des ignominies et des angoisses [1].

---

1. C'est pendant ce séjour de saint Dominique à Fanjeaux et à Prouille que la très sainte Vierge lui révéla la dévotion du Rosaire.

Voici ce que rapportent à ce sujet les *Annales de Fanjeaux*, manuscrit rédigé par Comberfort, vicaire perpétuel de cette paroisse. (Depuis saint Dominique, en effet, il n'y eut plus de curé à Fanjeaux, mais seulement des vicaires perpétuels qui

Dans ce temps-là, l'illustre prince Simon, comte de Montfort, qui combattait les hérétiques avec le glaive matériel, et le confesseur régissaient la paroisse. Le premier curé nommé à Fanjeaux le fut après le Concordat en 1802.)

« Saint Dominique, d'après ce manuscrit, venait de prêcher à Fanjeaux avec son zèle apostolique, et il avait converti neuf matrones des principales familles. Pour toute récompense il entendit des menaces de mort et crut prudent de se retirer à Prouille. En effet, à moitié chemin, il fut arrêté par quelques gars de Fanjeaux, qui venaient pour l'assassiner, à l'endroit où se trouve maintenant la *Croix du Sicaire*, que les Pères dominicains firent placer en 1869 en mémoire de ce fait. Une lumière éclatante, qui brilla tout à coup sur la tête de saint Dominique, effraya ces jeunes gens, qui se jetèrent à ses pieds, lui avouèrent leur dessein et lui demandèrent pardon. Il continua donc sa route jusqu'à Prouille, et alla pleurer devant la porte de l'église du village, et, s'adressant à la sainte Vierge, dont il défendait la cause, il se plaignit avec larmes du peu de fruits de son ministère. Aussitôt la Reine des cieux lui apparut et lui fit ce reproche :

« Vous ne vous y prenez pas bien pour convertir les héré-
« tiques ; vous vous arrêtez trop à discuter avec eux, comme
« si vous vouliez les faire changer par vos propres efforts.
« Pour gagner les âmes, vous n'avez qu'à exposer les princi-
« paux mystères de la foi et vous arrêter de temps en temps
« pour faire quelques prières avec les auditeurs. Car il en est
« des vérités de notre religion comme du soleil dans la
« nature : il n'a qu'à se montrer pour répandre la lumière et
« la fécondité. Ainsi vous ne devez qu'exposer les vérités de
« notre religion pour éclairer les esprits et y ajouter quelques
« prières pour gagner les cœurs. »

« Telle fut la première inspiration du saint Rosaire révélé à saint Dominique. Encouragé par cette vision, il remonta à Fanjeaux, mit en pratique l'enseignement qui lui avait été donné, et bientôt le succès répondit à ses efforts. Le miracle de la poutre conservée dans l'église paroissiale de Fanjeaux servit aussi à couronner l'œuvre. (Ce miracle a été raconté dans une note précédente, n° 32.)

« Bientôt après saint Dominique partit pour Toulouse, où la

de Jésus-Christ, Dominique, qui les combattait avec le glaive de la parole de Dieu, se lièrent intimement entre eux et contractèrent une étroite amitié.

prédication du Rosaire fut si bien goûtée qu'il fut obligé de prêcher en pleine campagne, ou sous la porte des églises, pour être entendu de ceux qui étaient dedans et de ceux qui se trouvaient dehors. Mais ce fut principalement à Muret que le Rosaire eut du retentissement.

« Saint Dominique avec les évêques, les abbés des environs, prêchait et récitait le Rosaire dans l'église du lieu pendant que Simon de Montfort alla combattre l'armée du roi Pierre d'Aragon. Bientôt après on vit Simon revenir triomphant : avec une poignée de gens, il avait mis en fuite une armée d'environ quarante mille hommes. Tous les assistants attribuèrent cette victoire à la prière du saint Rosaire, et, de concert avec les évêques et les abbés, saint Dominique organisa la première confrérie du Rosaire dans cette église. — Ainsi la première inspiration du Rosaire fut à Prouille, et la première confrérie à Muret. »

(Lettre de M. le Curé de Fanjeaux publiée dans l'*Année dominicaine*, n° d'octobre 1869, sous ce titre : *Un nouveau témoignage en faveur de l'institution du Rosaire par saint Dominique*.)

La tradition qui fixe à Prouille la révélation du Rosaire par la très sainte Vierge est tellement répandue dans le diocèse de Carcassonne qu'elle n'y fait pas l'objet d'un doute.

Dans son Mandement pour le Carême et le Jubilé de 1886, l'évêque actuel de Carcassonne, Mgr Billard, dit à l'article 13 de son Dispositif pour le Jubilé :

« Le Saint-Père place ce Jubilé extraordinaire sous le pa-
« tronage spécial de Notre-Dame du Très Saint Rosaire et
« exhorte les fidèles à redoubler de confiance envers la sainte
« Vierge invoquée sous ce titre. A cette occasion nous croyons
« devoir recommander à vos libéralités pieuses la souscription
« ouverte pour la construction de la basilique de Notre-Dame
« du Rosaire à Prouille : notre diocèse, fier de posséder *le lieu*
« *béni où Marie révéla le Rosaire à saint Dominique*, sera
« heureux, nous l'espérons, d'apporter un large concours à
« l'œuvre projetée. »

On lit dans l'histoire de ce prince qu'un jour, les catholiques discutant avec les hérétiques, Dominique écrivit sur un cahier quelques preuves de la foi et il les remit à un hérétique pour qu'il réfléchît sur ce sujet.

46. Pendant la nuit, les hérétiques étant assis auprès du feu, cet homme présenta le cahier qu'avait écrit le serviteur de Dieu. Ils se dirent alors : « Mettons ce cahier au feu, « pour savoir de quel côté est la vérité. » On le jeta aussitôt au feu, et, après y être resté un certain temps, il s'élança du foyer, parfaitement intact.

Alors l'un deux, plus obstiné, s'écria : « Jetons-l'y une seconde fois, nous reconnaî- « trons mieux la vérité. » On l'y jeta une seconde fois, et une seconde fois il en sortit sans être brûlé.

Tout le monde était dans la stupeur ; mais l'hérétique, endurci dans sa perfidie, dit encore : « Qu'on le jette au feu une troisième « fois, et alors nous verrons la vérité d'une « manière indubitable. » On jette le cahier au feu une troisième fois, et cette fois encore il n'en éprouve aucune lésion ; il s'élança hors du brasier comme les premières fois.

A la vue de ce prodige, ces misérables ne

se convertirent pas, mais ils se défendirent sévèrement les uns aux autres d'en jamais parler aux fidèles. Il n'y eut qu'un chevalier, qui avait assisté à cette scène, qui, se rendant à l'évidence de la foi, fit part de ce miracle insigne aux catholiques [1].

47. Un soir, le serviteur du Tout-Puissant, revenant d'une conférence avec les hérétiques, en compagnie d'un Frère convers de l'Ordre de Cîteaux, très dévot, arriva à une église et la trouva fermée. Ils se mirent à prier à la porte, et tout à coup, sans que les portes s'ouvrissent, ils se trouvèrent miraculeusement à l'intérieur. Alors, rendant grâce à Dieu, ils passèrent toute cette nuit à célébrer ses louanges.

Tandis que saint Dominique prêchait dans une paroisse, on lui présenta un homme qui était depuis longtemps tourmenté par le démon. L'homme de Dieu, par la puissance de ses oraisons, le délivra du démon ; et il rendit aussi à la santé, par les prières qu'il adressa à Dieu, d'autres malades atteints de diverses infirmités.

---

1. Ce miracle eut lieu à Montréal en 1206. Il est différent de celui qui a été raconté plus haut (n° 31) et qui eut lieu à Fanjeaux la même année. Celui de Fanjeaux fut public et beaucoup plus éclatant.

Un autre possédé, tourmenté par plusieurs démons, lui fut présenté. Le Saint, ayant pris une étole, en entoura d'abord son cou, puis le cou du démoniaque, en ordonnant aux démons de ne plus tourmenter cet homme à l'avenir.

48. Pendant que le prince très chrétien, comte de Montfort, faisait le siège de Toulouse avec les croisés, des pèlerins d'Angleterre, qui se rendaient à Saint-Jacques-de-Compostelle, voulant éviter d'entrer dans la ville à cause de l'excommunication dont elle était frappée, prirent une barque pour traverser la Garonne. Mais leur grand nombre (ils étaient environ quarante) fit chavirer la barque ; ils enfoncèrent tellement dans l'eau qu'on ne voyait plus même leurs têtes. Le saint de Dieu, Dominique, était alors en prière dans une église voisine du fleuve. Aux cris des pèlerins, qui se noyaient, et de l'armée qui les entourait, il accourut en toute hâte, et, voyant le péril que couraient ces hommes, ému de compassion, il se jeta tout de son long par terre, les mains étendues en forme de croix, et pleurant amèrement il cria vers le Seigneur pour qu'il délivrât ses pèlerins de la mort.

Au bout de quelques instants, sa prière finie, il se releva, et se tournant vers le fleuve, avec toute la confiance qu'il puisait en Dieu, il dit à haute voix : « Je vous ordonne au nom « du Christ de venir tous au rivage. » Chose étonnante ! mais qui venait de Celui qui seul fait les prodiges, aussitôt, à sa voix, les naufragés, qui avaient été cachés si longtemps sous l'eau, reparurent au-dessus, à la vue de tous ceux qui étaient présents à ce triste spectacle. Alors on accourut de toutes parts, leur tendant des lances et des piques, et on les retira tous des flots ; ils étaient tous sains et saufs, et ils bénirent la clémence du Sauveur et les mérites de son bienheureux serviteur Dominique [1].

1. Au nombre de ces quarante pèlerins, d'après le Père Jean de Réchac, était le B. Laurent, anglais, qui, admirant la sainteté de l'homme de Dieu qui venait de les sauver, s'attacha à lui et ne voulut plus le quitter. Il reçut l'habit de ses mains et fut envoyé en 1217 à Paris, avec six autres religieux, pour fonder la maison qui devait être plus tard si célèbre sous le nom de couvent de Saint-Jacques. Il mourut, d'après Jean de Réchac, en Écosse, d'après Bzovius, à Paris, en 1235. L'ancien martyrologe dominicain dit de lui qu'il fut illustre par le don de prophétie, par la gloire des miracles et par la sainteté de sa vie. (*Année dominicaine*, 30 janvier.)

CHAPITRE X

DE SA GLORIEUSE RENOMMÉE ET DE SON MÉPRIS DES DIGNITÉS

49. L'illustre Dominique, ce grand prédicateur, rempli de la grâce de Dieu, éprouvé et parfait dans toute vertu, passait donc aux yeux des hommes pour très saint, et il en avait la réputation. Les hérétiques, excités par l'envie, le tournaient en ridicule et blasphémaient ce saint de Dieu. Mais la vénération de tous les fidèles s'accroissait à son égard, et les archevêques, les évêques et les autres prélats des églises de ce pays le regardaient comme digne de tout honneur à cause de son éminente sainteté.

Aussi la dignité épiscopale lui fut offerte par les chapitres de trois églises cathédrales. Mais lui, préférant s'humilier avec les humbles, plaça la pauvreté du Christ au-dessus des trônes et des empires, et il refusa les évêchés de Béziers, de Conserans et de Comminges, et ne voulut pas accepter leurs chaires. Il voulait être libre de tout lien, pour pouvoir être le serviteur de tous.

Riches et pauvres, juifs et païens, comme il y en a beaucoup en Espagne, il se montrait aimable à tous, et tous l'aimaient, à l'exception des hérétiques et des ennemis de l'Eglise, qu'il convainquait dans ses conférences et qu'il combattait dans ses sermons. Il les exhortait aussi, avec une bienveillance toute gracieuse, à se convertir.

CHAPITRE XI

DE L'ABSTINENCE ET DE L'ESPRIT DE PROPHÉTIE PAR LESQUELS S'ILLUSTRA L'HOMME DE DIEU.

50. Demeurant à Carcassonne, dans la maison de l'évêque, il s'appliqua avec ardeur, pendant tout un Carême, à la prédication. Et comme l'évêque, absent, l'avait établi son vicaire, il s'acquittait avec le plus grand soin de sa charge pour le spirituel.

Etant donc sorti un jour du palais de l'évêque qu'il remplaçait, l'homme de Dieu vint à un monastère appelé Castres, où l'abbé l'invita à dîner. Il y entra. Mais comme l'heure du repas se faisait attendre, le Saint, selon sa coutume, entra à l'église pour y prier. Dans la ferveur de la prière, son corps fut élevé de terre, pendant que son esprit était élevé vers Dieu. L'heure du repas étant arrivée, on cherchait partout où pouvait être l'invité. Ne l'ayant pas trouvé dans les différents endroits où on le cherchait, un des clercs qui assistait l'abbé sortit aussi pour se mettre en quête de lui, et, en entrant par hasard dans l'église, il aperçut le Saint miraculeusement élevé entre le ciel et la terre.

51. Hors de lui d'étonnement, il restait là, admirant et attendant l'issue qu'aurait ce phénomène extraordinaire. Enfin, peu à peu, le corps qui planait s'abaissa vers la terre, et, descendant de ses hauteurs, il se remit en communication avec les sens extérieurs. Alors celui qui l'avait vu, s'approchant du Saint, lui dit :

« Seigneur, l'heure du repas est passée, « et mon abbé attend toujours votre pré- « sence. »

Le Saint, comme s'il se fût éveillé d'un doux sommeil, lui dit :

« Me voici, j'arrive, comme vous me l'aviez dit. »

Plus tard, ce clerc, qui avait vu dans le saint de Dieu ce prodige de dévotion et de sainteté que nous venons de rapporter, quitta tout pour suivre le Bienheureux [1].

---

1. Bernard Guidonis, qui fut prieur du couvent de Saint-Vincent de Castres, nous apprend que le chanoine, témoin

L'adorable providence de Dieu, dans ses admirables desseins, avait destiné ce grand homme aux habitants de ce pays, pour rallumer parmi eux la charité refroidie dans un grand nombre de cœurs, et faire rayonner de la lumière de la doctrine évangélique la vérité de la foi, offusquée par les faussetés des hérétiques : c'était un flambeau ardent et luisant dans un endroit obscur.

52. L'illustre prince Simon, comte de Montfort, combattait alors pour la foi catholique, et le comte de Toulouse, qui lui résistait avec l'aide du roi d'Aragon, commençait à prendre le dessus.

Un Frère convers Cistercien, qui était là, s'approchant de saint Dominique, lui dit :

« Maître Dominique, est-ce que tous ces « maux n'auront pas de fin ? »

Et comme Dominique se taisait, le religieux le pressant de nouveau, le Saint finit par lui dire, en présence du Frère Etienne [1] :

« Oui, la malice de ces Toulousains finira,

---

de ce miracle, entra plus tard dans l'Ordre et fut un des fondateurs du couvent de Castres, où il mourut en odeur de sainteté. Il s'appelait Sicard Sabatier (*Sicardus Sabaterii*). Note de l'*Année dominicaine*, nouvelle édition, Lyon, Jevain, 1884. Pour le 3 février, p. 69.

1. Etienne de Metz, un des premiers compagnons du Saint, fondateur du couvent de Sainte-Marie-Madeleine, à Metz.

« mais ce ne sera pas encore de si tôt. Le
« sang d'un grand nombre sera encore versé,
« et un roi périra dans une bataille. »

Ceux qui l'entendaient craignant qu'il ne parlât du roi de France [1] qui venait de reprendre la guerre contre les Albigeois, il leur dit :

« Ne craignez pas pour le roi de France ;
« c'est un autre roi, et bientôt, qui succom-
« bera dans les vicissitudes de cette guerre. »

53. L'année suivante, en effet, le roi d'Aragon périt sur le champ de bataille [2]. Plût à Dieu qu'il n'eût pas succombé en portant les armes jusqu'au dernier moment contre l'Eglise !

Le Saint, illuminé par l'esprit prophétique, connut et prédit longtemps d'avance ces événements. — Ce n'était pas étonnant. — Pendant tout le Carême, il avait jeûné au pain et à l'eau et n'était pas même entré dans son lit. Et lorsque Pâques arriva, il était plus frais et plus vigoureux qu'auparavant. Il se

---

1. Le fils aîné de Philippe-Auguste, Louis VIII, dit le *Lion*, venait de se croiser contre les Albigeois (1213) ; c'est lui qui fut le père de saint Louis, né deux ans plus tard, en 1215.

2. Pierre II, roi d'Aragon, tué à Muret le 13 septembre 1213. Son fils Jacques, à peine âgé de six ans, fut confié, par Simon de Montfort, aux soins de saint Pierre Nolasque, qui retourna avec lui en Espagne.

nourrissait, en effet, à l'intérieur, d'un aliment invisible, et son âme se remplissait de la douceur de Dieu, comme de graisse et de chair [1] : c'était cette surabondance qui réconfortait la faiblesse de sa chair et qui purifiait la sérénité de son esprit, pour lui faire connaître les mystères de l'avenir.

54. « Quelques hérétiques ayant été pris et convaincus dans le pays de Toulouse, furent remis au jugement séculier, parce qu'ils refusaient de retourner à la foi, et condamnés au feu.

Dominique regarda l'un d'eux avec un cœur initié aux secrets de Dieu, et il dit aux officiers de la cour :

« Mettez à part celui-ci et gardez-vous de
« le brûler. »

Puis, se tournant vers l'hérétique avec une grande douceur :

« Je sais, mon fils, qu'il vous faudra du
« temps, mais enfin vous deviendrez bon et
« saint. »

Chose aimable autant que merveilleuse !

Cet homme demeura vingt ans encore dans l'aveuglement de l'hérésie ; après quoi, tou-

---

[1]. Ps. LXII, 5.

ché de la grâce, il revint à la foi et demanda l'habit de Frère Prêcheur, sous lequel il vécut bien et mourut dans la fidélité [1]. »

55. Le comte de Montfort, dont nous avons déjà parlé, avait pour le confesseur du Christ, Dominique, une si tendre affection, et il portait un si grand respect et une si grande vénération à sa sainteté, qu'il voulut que lui-même baptisât sa fille et bénît le mariage de son fils [2].

Du consentement de ses héritiers, il lui assigna aussi, avec une munificence vraiment princière, pour lui et pour ceux qui se joindraient à lui dans l'œuvre du salut, un bourg fort célèbre, nommé Cassamiel [3]. Il eut aussi l'église du bourg de Fanjeaux, et d'autres possessions d'où il pouvait tirer de quoi s'entretenir, lui et les siens.

L'évêque de Toulouse, de son côté [4], homme vertueux et saint, très zélé pour la

---

1. Traduction du Père Lacordaire (*Vie de saint Dominique*, chap. VI.)
2. Amaury, fils aîné de Simon de Montfort, épousa la fille du dauphin de Vienne.
3. Cassanel, dans le diocèse d'Agen.
4. Foulques, moine de l'Ordre de Cîteaux, avait succédé (1206?) à Raymond de Rabastens, déposé par le Souverain-Pontife. Il fut toujours le protecteur et l'ami de saint Dominique et de son Ordre.

foi, qui avait pour saint Dominique une tendre affection, heureux de voir paraître cette nouvelle lumière, lui assigna, du consentement de son chapitre, pour s'acheter des livres et d'autres choses nécessaires, la sixième partie de toutes les dîmes de son diocèse.

56. Alors, aussi, deux hommes vertueux de Toulouse s'offrirent à saint Dominique : c'était Frère Thomas, homme gracieux et éloquent, et Frère Pierre Deselan[1], qui lui fit présent des belles maisons qu'il possédait à Toulouse. Alors ceux qui étaient avec le serviteur de Dieu, Dominique, commencèrent à se conformer à la manière de vivre des religieux. L'Ordre des Frères Prêcheurs n'était pas encore fondé, mais déjà l'idée en existait, et l'on s'occupait de l'établir dans les délibérations.

Bien des personnes avaient eu des révélations de Dieu sur cet Ordre futur, et dans les prédictions que leur inspirait l'esprit prophétique, ils en avaient félicité l'Eglise. Car

---

1. Les historiens modernes l'appellent Pierre Cellani. Plusieurs historiens croient que le Vén. Fr. Thomas était frère du P. Pierre Cellani. Il était, disent les chroniques, rempli d'une grâce extrêmement attrayante et d'une grande éloquence. On croit généralement qu'il fut bientôt retiré de ce monde, et que Dieu l'appela à lui comme les prémices de l'Ordre. (Bernard Guidonis.)

c'est un fait attesté par l'Ecriture que, quand Dieu se prépare à faire quelque chose d'important, il a l'habitude de le manifester par son Esprit, de mainte et mainte manière, aux élus et aux prophètes, ses serviteurs. Ainsi pour cet Ordre choisi entre tous ses élus, il daigna montrer d'avance, d'une manière merveilleuse, plusieurs particularités dont j'ai cru agréable et utile d'insérer ici quelques-unes.

———

CHAPITRE XII

DES RÉVÉLATIONS PAR LESQUELLES L'ORDRE DES PRÊCHEURS FUT ANNONCÉ

57. Donc, un vénérable évêque de l'Eglise d'Orange [1], de l'Ordre des moines blancs [2], homme de grande religion et de beaucoup d'actes de vertu, était honoré par les peuples comme un saint. Il excellait singulièrement par la grâce de la prédication et par la ferveur de la foi, non seulement dans son diocèse, mais aussi dans d'autres lieux.

Prêchant un jour en public, il prononça ces paroles :

« Je vous annonce la parole de Dieu comme
« je sais, mais bientôt viendront à vous de
« vrais prédicateurs, qui en auront la mission,
« la science, le nom et la vie. »

---

1. Probablement Guillaume, d'abord coadjuteur d'Arnulphe, évêque d'Orange, puis son successeur en 1200.
2. De l'Ordre de Cîteaux.

Pour annoncer avec la solennité convenable l'Ordre des Frères Prêcheurs, il ne fallait pas moins qu'un Pontife et un prédicateur enflammé de zèle.

Egalement, le vénérable Père Etienne, prieur de la Chartreuse du diocèse de Lyon, homme d'une grande sainteté, prédit à ses Frères l'Ordre des Prêcheurs, et il leur demanda, avec une tendre affection, d'avoir toujours pour cet Ordre un grand amour et un grand respect. — C'est ce qu'ils firent ; car ils ont toujours accordé à l'Ordre des distinctions et des égards particuliers [1].

58. L'abbé et le fondateur du monastère de

---

[1]. A l'époque où Thierry d'Apolda écrivait, les Chartreux recevaient les Frères Prêcheurs et les Frères Mineurs avec plus de distinction que les autres. Ils admettaient les simples religieux de ces deux Ordres, aussi bien que les abbés et les prieurs des autres instituts, à célébrer chez eux la messe conventuelle, à assister avec eux à l'office, et à prendre part au repas de la Communauté les jours de réfectoire, soit dans la *maison d'en haut*, soit dans la *maison d'en bas*. Les religieux des autres Ordres ne pouvaient célébrer qu'aux petits autels. « *Abbates et Priores conventuales Ordinis approbati celebrare possunt in domibus nostris in conventu, et privati quicumque Fratres de Ordine Praedicatorum et Minorum, tam superius quam inferius et in ecclesia et in refectorio, clerici cum clericis, et laici cum laicis recipi possunt... Item religiosae personae, et etiam saeculares multum authenticae possunt celebrare in privatis altaribus nostris et etiam in domo inferiori.* » (Statut. Cartus. anni 1253, part. II, cap. IX.) — *Celebrare in Conventu*, dans les rubriques cartusiennes et dominicaines, signifie *chanter la messe conventuelle*

Flora [1] écrivit aussi, en plusieurs endroits de ses livres, au sujet de l'Ordre des Prêcheurs. Décrivant cet Ordre et son habit, il avertit ses Frères que lorsque cet Ordre surgirait, après sa mort, ils le reçussent avec beaucoup de dévouement et d'honneurs. Et, en effet, ceux-ci, obéissants, allèrent avec la croix, en procession, au-devant des premiers Frères de cet Ordre qui vinrent chez eux.

Que tous ceux que Dieu a daigné placer dans cet Ordre songent avec quelle dévotion

1. L'abbé Joachim, sous le nom de qui a été publié le livre, plus récent, des *Prophéties sur les Papes* (Cologne 1570, Venise 1589), établit à Flora, en Calabre, un monastère de Cisterciens réformés, beaucoup plus rigides que les anciens moines de l'Ordre. Sa Congrégation, très répandue en Italie, fut réunie à l'Ordre de Cîteaux dans les premières années du seizième siècle. Il mourut en 1202, et il est honoré comme saint, en Calabre, le 29 mai, anniversaire de la translation de ses reliques à l'abbaye de Flora. — Le R. P. E. de Lachau, S. J., a consacré à ce saint abbé plusieurs articles dans *la Terre-Sainte*, journal des Lieux Saints, Jérusalem, Rome et les principaux sanctuaires du monde catholique (rue Bonaparte, 70, Paris). Voir les numéros du 1er et du 15 nov. 1885 et du 1er mars 1886. Il cite, d'après les Bollandistes, l'oraison suivante où on l'invoque au nom même de ses révélations : *O Deus qui gloriam tuam tribus Apostolis in Thabor manifestasti, et in eodem loco Beato Joachim veritatem Scripturarum revelasti, tribue, quæsumus, ut ejus meritis et intercessione, ad eum qui via, veritas et vita est ascendamus.*

« O Dieu qui avez révélé votre gloire sur le Thabor à trois de vos apôtres, et qui avez levé au même lieu, devant le B. Joachim, le voile des saintes Écritures, accordez-nous, nous vous en prions, par ses mérites et son intercession, de nous élever à notre tour jusqu'à Celui qui est la voie, la vérité et la vie, Jésus-Christ, etc. »

et quelle ferveur ils doivent s'y comporter, puisque la divine Providence a fait ordonner par ses serviteurs, même à des étrangers, de l'entourer de tant d'affection ! Qu'ils songent aussi combien ces personnages étaient graves, combien leurs offices étaient relevés, combien leur sainteté était sublime, eux dont le témoignage digne de foi a si bien établi la dignité et l'utilité de l'Ordre des Prêcheurs.

59. A cela s'ajoutent encore d'autres témoignages, non moins vrais, de pieux fidèles.

Avant l'institution de l'Ordre, il y avait un moine qui menait une vie très sainte. Ce moine étant tombé malade, fut ravi en extase, et il resta ainsi sans sentiment et sans mouvement pendant trois jours. — En revenant à lui, il ne voulut dire à personne ce qu'il avait vu.

Quelque temps après, ayant vu les Frères Prêcheurs à l'église, il s'informa soigneusement de leur office, de leur religion, de leur nom ; et après le sermon, les prenant à part, il leur dit, en présence de personnes honorables :

« Je ne dois plus taire maintenant ce que
« Dieu m'a révélé dans sa bonté et ce que
« j'avais gardé dans le silence jusqu'à présent.

« Ayant été une fois ravi en extase, pendant
« trois jours et trois nuits, je vis Notre-
« Dame, la Mère de Dieu, Marie, à genoux,
« les mains jointes, suppliant son Fils pour
« le genre humain, afin qu'il l'attendît encore
« à pénitence.

« Après avoir donné plusieurs fois des
« refus à sa pieuse Mère, comme elle insistait
« toujours, il lui répondit :

« — Ma Mère, que puis-je ou que dois-je
« faire de plus pour les hommes ? Je leur ai
« envoyé les patriarches et les prophètes pour
« les sauver, et ils se sont bien peu corrigés.
« Je suis venu moi-même, j'ai envoyé mes
« apôtres, et ils m'ont mis criminellement à
« mort, moi et mes apôtres. J'ai envoyé des
« martyrs, des docteurs, des confesseurs en
« grand nombre, ils ne les ont pas écoutés
« non plus. Enfin, comme il ne convient pas
« que je vous refuse quelque chose, je leur
« donnerai mes prédicateurs, pour qu'ils soient
« éclairés et amendés par eux, sinon, je me
« vengerai d'eux et je marcherai contre eux. »

60. Dans le temps où douze abbés de l'Ordre de Cîteaux avaient été envoyés par le Pape Innocent III prêcher contre les hérétiques albigeois, quelqu'un, qui avait été res-

suscité des morts, fut interrogé par un de ces abbés sur ce qu'il avait vu.

« J'ai vu, répondit-il, Notre-Dame, la Vierge
« Marie, à genoux, pendant trois jours de
« suite, devant son Fils, et priant pour son
« peuple. Son Fils lui rappelait les bienfaits
« qu'il avait accordés au monde, et le mal que
« le monde lui avait fait en retour.

« — Et comment, disait-il, puis-je épargner
« encore de tels ingrats ?

« — Mon bon Fils, reprenait la Vierge, ne
« les traitez pas selon leurs mérites, mais selon
« votre douceur.

« Enfin, vaincu par les prières de sa Mère,
« le Fils lui dit :

« — Sur votre désir, je vais leur faire en-
« core cette miséricorde. Je leur enverrai des
« prédicateurs qui les exhorteront à la péni-
« tence, et, s'ils se convertissent de leur injus-
« tice, je ne me souviendrai plus de toutes
« leurs iniquités. »

61. L'année de l'Incarnation du Seigneur 1215, lorsque les princes et les prélats, revêtus de dignités ecclésiastiques, se rendaient de toutes les parties du monde au concile général de Rome [1], le serviteur très dévot du

---

[1]. Quatrième concile général de Latran.

Christ, Dominique, se joignit au vénérable et saint évêque de Toulouse, Foulques, qui s'y rendait aussi. Ils étaient tellement unis par la charité et conduits par l'esprit de Jésus, qu'ils brûlaient du zèle le plus ardent pour le salut des âmes. Regardant donc le temps comme favorable, ils résolurent de s'ouvrir au Souverain-Pontife du dessein qu'ils avaient conçu et délibéré depuis longtemps de fonder l'Ordre des Prêcheurs. Lorsqu'ils eurent exposé avec respect et humilité, comme il convenait, devant le Christ du Seigneur, les vœux de leur cœur, le dispensateur de Dieu parut d'abord y opposer quelque résistance.

62. La nuit suivante, le vicaire de Jésus-Christ vit en songe l'église de Latran, qui, ébranlée dans ses jointures, menaçait ruine. Pendant qu'il la regardait, tout triste et effrayé, le serviteur de Dieu arrivait du côté opposé, et il soutenait sur ses épaules tout l'édifice près de crouler.

Etonné de cette vision étrange, le sage Pontife, dans sa prudence, en comprit bientôt la signification, et il accepta joyeusement la proposition qui lui avait été faite et recommanda même ce pieux projet.

Il exhorta le pieux Dominique à retourner

vers ses frères, et, après avoir délibéré avec eux, à choisir une règle déjà approuvée sur laquelle ils établiraient l'Ordre qu'ils voulaient fonder; après quoi il reviendrait le trouver, et il en obtiendrait la confirmation qu'il désirait.

63. Après la célébration du concile, le serviteur de Dieu retourna auprès de ses frères et leur fit part des paroles du Souverain-Pontife. Ceux-ci, ayant invoqué le Saint-Esprit, choisirent à l'unanimité la règle de saint Augustin, qui avait été un prédicateur éminent, eux-mêmes devant être prédicateurs. Ils y ajoutèrent seulement, sous forme de constitutions, quelques coutumes de vie plus austères, auxquels ils s'astreignirent. Et pour ne pas trouver d'empêchement dans leur office de prédicateurs, ils résolurent de renoncer dès lors aux possessions terrestres et de faire l'abandon de tous revenus temporels.

On construisit aussitôt, auprès de l'église de Saint-Romain, de Toulouse, que le bienheureux Foulques, évêque de cette ville, leur avait assignée, un cloître contenant des cellules pour étudier et aussi un dortoir assez commode. Les Frères étaient au nombre de seize environ.

64. Il y avait à Toulouse, en ce temps-là, un maître qui enseignait la théologie, distingué par sa naissance, par sa science, par sa renommée. Un matin, avant le jour, tandis qu'il préparait sa leçon, accablé d'un profond sommeil, il appuya un peu sa tête sur sa chaire [1] et s'endormit. Il lui sembla à ce même moment qu'on lui présentait **sept étoiles**. Etonné au suprême degré, il admirait cet étrange cadeau, lorsque, tout à coup, elles augmentèrent en lumière et en grandeur, de telle sorte qu'elles illuminèrent tout le pays et le monde. S'éveillant de son sommeil, il aperçut l'aurore qui se levait, et appelant ses serviteurs pour porter ses livres, il entra dans l'école.

Et voilà que le bienheureux Dominique avec six de ses compagnons, revêtus du même

---

1. La chaire sur laquelle le Docteur reposa ainsi sa tête n'était pas une chaire de professeur, mais une chaire qu'il avait dans sa maison.
Viollet-le-Duc, qui a parlé des anciennes chaires très au long, dit qu'au moyen âge il y avait beaucoup de sièges divers dans les appartements, mais que dans la pièce principale et dans la chambre à coucher il n'y avait qu'une chaire, que le maître de la maison occupait seul, lorsqu'il recevait ses inférieurs ; il ne la donnait qu'à plus grand que lui. (Dictionnaire du Mobilier français, p. 41, v. *Chaise* ou *chaire, chaière.*) Mamachi, rapportant le songe de Maître Alexandre, dit simplement : *Somno oppressus caput paululum ad sellam demisisset.*

habit, s'approchèrent humblement du maître, lui disant qu'ils étaient des Frères qui prêchaient l'Evangile aux fidèles et contre les infidèles, dans les contrées de Toulouse, et lui apprenant aussi qu'ils étaient venus pour assister à son cours et qu'ils écouteraient ses leçons d'un cœur avide, car ils le désiraient vivement.

Ce professeur eut pendant longtemps ces dits Frères pour familiers et pour amis, et il les instruisit comme ses écoliers. Et se rappelant la vision qu'il avait eue, et dont il fit l'application au bienheureux Dominique et à ses compagnons, étoiles lumineuses qu'il vit bientôt rayonner d'un immense éclat de réputation et de savoir, il conçut pour eux une grande vénération, et il les entoura constamment depuis lors d'un sentiment de très tendre affection.

DEUXIÈME PARTIE

CHAPITRE PREMIER

DE LA CONFIRMATION DE L'ORDRE DES PRÊCHEURS, OBTENUE PAR LA BIENHEUREUSE VIERGE.

65. Lorsque l'homme de Dieu, Dominique, eut parlé à ses frères, d'après l'ordre du Souverain-Pontife, de la règle qu'ils avaient à choisir, il repartit pour Rome, sous la conduite de Dieu qui le dirigeait en tout.

Sur ces entrefaites, le seigneur Pape Innocent III mourut[1] et Honorius[2] lui succéda dans la dignité du Siège apostolique.

Le serviteur de Dieu s'employa auprès du

---

1. 16 juillet 1216.
2. Honorius III.

nouveau Vicaire de Jésus-Christ, pour qu'il confirmât l'Ordre des Prêcheurs contre les ennemis de l'Eglise.

Etant, selon sa coutume, à veiller dans l'église, Dominique vit le Fils de Dieu, assis à la droite de son Père, se lever, dans sa colère, pour exterminer tous les pécheurs de la terre et faire périr tous ceux qui opéraient l'iniquité. Il se tenait dans les airs, le visage terrible, et il brandissait contre le monde plongé dans la malice trois lances : la première pour transpercer les têtes hautaines des orgueilleux, la seconde pour arracher les entrailles des hommes cupides, la troisième pour percer les hommes adonnés aux plaisirs de la chair. Personne ne pouvait résister à sa colère, lorsque la douce Vierge-Mère se présenta et, embrassant ses pieds, le supplia de pardonner à ces hommes qu'il avait rachetés, et de tempérer sa justice par la miséricorde.

« — Ne voyez-vous pas, lui dit son Fils,
« combien d'affronts on m'inflige ? Ma jus-
« tice ne peut plus laisser tant de mal im-
« puni. »

66. « — Vous qui connaissez tout, lui dit
« sa Mère, vous savez qu'il y a un moyen de

« les ramener à vous. J'ai un serviteur fidèle
« que vous enverrez dans le monde pour leur
« annoncer vos paroles, et ils se convertiront
« à vous, qui êtes le Sauveur de tous les
« hommes. J'ai aussi un autre serviteur que je
« lui donnerai pour aide, afin qu'il travaille
« comme lui.

« — Voici que je me suis apaisé, répondit
« son Fils, en regardant votre visage. Mais,
« montrez-moi ceux que vous voulez destiner
« à cette grande mission. »

Alors la Reine sa Mère présenta le bienheureux Dominique à Notre-Seigneur Jésus-Christ.

Et le Seigneur dit à sa Mère :

« — Il fera bien, et avec zèle, ce que vous
« avez dit. »

Elle présenta aussi saint François, que le Seigneur loua également.

Saint Dominique considéra attentivement dans cette vision ce compagnon qu'il ne connaissait pas auparavant, et le lendemain, l'ayant trouvé dans l'église, il le reconnut par ce qu'il avait vu dans la nuit, et se jetant à son cou, il le serra dans ses bras avec une sainte effusion et lui dit :

« — Vous êtes mon compagnon, vous cour-

« rez à mes côtés [1] ; tenons-nous ensemble, « et nul ne pourra prévaloir contre nous. »

Il lui raconta ensuite la vision qu'il avait eue, et, depuis ce moment, ils ne furent plus qu'un cœur et qu'une âme dans le Seigneur, ce qu'ils recommandèrent aussi à leur postérité d'observer à jamais.

67. Toute la suite et la connaissance de cette vision nous ont été transmises par saint François, à qui notre bienheureux Père l'avait communiquée avant la confirmation de son Ordre.

Fortifié et rassuré par elle, le serviteur de Dieu, Dominique, se présenta au Vicaire de Jésus-Christ, pour lui demander, selon le projet et le plan qu'il en avait conçus, la confirmation de l'Ordre des Prêcheurs et tout ce qu'il désirait obtenir, et, par la grâce de Dieu, il obtint, en effet, la satisfaction complète de ses désirs.

Si l'on prend la peine de considérer attentivement la marche de cette grande affaire, on sera saisi d'admiration et d'étonnement en voyant qu'un homme humble et d'une pau-

---

1. Allusion aux deux apôtres saint Pierre et saint Jean, qui couraient ensemble au sépulcre de Notre-Seigneur, *Currebant autem duo simul.* (JOAN., xx, 4.)

vreté extrême, dénué de tout secours humain, ait pu réussir, seul et si facilement, à mener à bien cette sainte entreprise, malgré toutes les difficultés, auprès du Saint-Siège apostolique et de l'auguste assemblée des cardinaux. Mais en réalité, ce ne fut pas l'industrie humaine, mais bien la puissante sagesse de Dieu qui fit toutes ces choses comme elle voulut, par l'entremise de son humble serviteur, selon que l'avait demandé et obtenu l'auguste prière de la Mère de Dieu.

68. Exaltons donc de tout notre pouvoir la puissance, la clémence, la diligence de cette Médiatrice du monde, de la Vierge Mère de Dieu. — Sa *puissance*, car, par un seul mot de supplication, elle a pu arrêter la colère du Juge tout-puissant, qui avait aiguisé son glaive comme la foudre et qui avait saisi dans sa main le jugement; elle l'a empêché de dévorer les impies comme la paille et de les brûler jusqu'au fond des enfers. — Sa *clémence;* qui pourrait en douter, lorsqu'elle intercéda sans relâche avec tant d'humilité, tant de miséricorde, tant d'instances pour ceux qui allaient périr? C'est cette clémence qu'attendent les pécheurs pour ne pas périr; c'est elle qui est prêchée aux justes pour les

faire avancer ; c'est elle qui est annoncée aux pauvres, pour qu'ils aillent enseigner et qu'ils portent des fruits. — Quant à la sollicitude de votre *diligence* envers nous, ô notre Souveraine, nous l'éprouvons non seulement en ce que vous arrêtez la fureur de notre puissant Juge, et que vous intervenez, pleine de clémence pour nous, auprès de votre Fils, mais encore en ce que vous avez procuré pour tous les hommes des moyens de salut, et que vous avez destiné au monde des apôtres si agréables à votre Fils et aussi saints que savants.

69. Ce sont, en effet, des hommes tout à fait choisis que ces saints, Dominique et François. La vénérable Mère les offre à son Fils, en les louant de leur fidélité, et son Fils les accepte, en approuvant le témoignage qui leur est rendu, et les envoyant comme des agneaux au milieu des loups, il les conserve par sa protection.

Bénissons donc, frères bien-aimés, le Père et la Mère avec le Fils et le Saint-Esprit, dont nous voyons sur nous les desseins impénétrables et dont nous éprouvons la tendre bienveillance. — Irrité par les péchés de son peuple, *le Fils se laisse toucher* par les prières de sa douce Mère, et dans sa colère il se souvient de sa miséricorde [1], et il nous laisse une semence divine, sans laquelle nous aurions été comme Sodome et nous aurions péri comme Gomorrhe. Etant sortis de cette semence bénie, jetons de profondes racines dans le sol et faisons croître du fruit sur nos branches, afin qu'on reconnaisse toujours en nous le sentiment de notre propre indignité et le désir de l'immuable éternité. Nous sommes de la race des serviteurs de Dieu, sur laquelle demeurent les bénédictions du ciel, de cette race qu'a bénie le Seigneur pour qu'elle croisse et qu'elle acquière l'héritage de la terre des vivants avec les *doux* qui sont appelés *heureux*, et qu'elle se rende maîtresse des portes de ses ennemis, c'est-à-dire des démons. Embrassons donc avec amour et imitons incessamment les exemples illustres de Pères si glorieux, avec leurs vertus éminentes et leur foi, afin que nous-mêmes, devenant dignes d'être imités, nous méritions d'être comptés avec leur postérité parmi les enfants de Dieu.

70. Tandis donc que le Saint était dans

---

[1]. « Mais priez, mes enfants ; *mon Fils se laisse toucher...* » paroles de la très sainte Vierge aux enfants de Pontmain (17 janvier 1871).

la basilique de Saint-Pierre, répandant ses prières en présence du Seigneur, pour la conservation et la dilatation de l'Ordre, que sa droite propageait par lui, la main de Dieu se fit sentir sur lui, et il vit tout à coup les glorieux princes des Apôtres, Pierre et Paul, qui venaient à lui ; le premier, Pierre, semblait lui remettre un bâton, et Paul, un livre, et ils lui disaient : « Va ! prêche ! tu es choisi « de Dieu pour ce ministère. » — En un instant, il vit ses enfants dispersés dans tout le monde, s'avançant deux à deux, et prêchant aux peuples la parole de Dieu.

CHAPITRE II

DE LA DISPERSION DES FRÈRES DANS L'ÉGLISE DE DIEU, ET DE LEURS PROJETS

71. Il revint donc à Toulouse, où il avait laissé les Frères, et ayant invoqué avec eux le Saint-Esprit, il dit qu'il avait formé dans son cœur le projet de les disperser tous dans le monde, bien qu'ils fussent peu nombreux, afin que, comme une petite poignée de graines, ils portassent une moisson abondante[1]. Il

---

[1]. Les seize compagnons de saint Dominique à Prouille et à Toulouse étaient alors :

Guillaume Claret et Noël de Prouille, qui restèrent à Notre-Dame de Prouille ;

Thomas et Pierre Cellani, qui restèrent à Saint-Romain de Toulouse ;

Matthieu de France, Bertrand de Garrigue, Odéric ou Othier, de Normandie, tous trois français ; — Mannès, Michel de Fabra, Jean de Navarre, tous trois espagnols, et Laurent l'Anglais, qui furent envoyés à Paris ;

Dominique de Ségovie, Suéro Gomez (ou Gnoninocius), Michel de Uzero et Pierre de Madrid qui furent envoyés en Espagne.

Saint Dominique ne conserva avec lui, pour retourner à Rome, que Etienne de Metz qui fut plus tard envoyé fonder le couvent de Sainte-Marie-Madeleine à Metz.

avait compris, en effet, par la révélation des saints Apôtres, que leur dispersion était dans la volonté de Dieu.

Tout le monde s'étonna qu'il eût conçu le dessein d'une dispersion si prompte. Le seigneur Simon, comte de Montfort, ce prince illustre, le vénérable Père, archevêque de Narbonne, et l'évêque de Toulouse et d'autres prélats, raisonnant d'après les vues humaines, s'opposèrent à l'homme de Dieu, Dominique, et le dissuadèrent de disperser si promptement un si petit nombre de Frères. Mais cet homme, plein de l'Esprit de Dieu, leur répondit avec assurance :

« — Mes seigneurs et mes Pères, ne vous « mettez pas en opposition avec moi ; je sais « bien ce que je fais. »

Et il dit aux Frères d'étudier et de prêcher, et d'établir des couvents sans rien craindre, parce que tout leur réussirait heureusement.

72. Grâce à l'autorité de la sainteté qui éclatait en lui, ils acquiescèrent plus facilement à sa parole, comme s'ils eussent entendu Dieu commander par la bouche d'un homme.

Comme déjà, à ce moment, les Toulousains se proposaient de se révolter contre le comte de Montfort, saint Dominique, son ami, en fut instruit d'avance par révélation. Il lui fut montré dans une vision un très grand et très bel arbre, dans les rameaux duquel habitaient une multitude d'oiseaux. Cet arbre fut renversé, et les oiseaux qu'il abritait se dispersèrent. Le Saint, plein de l'Esprit de Dieu, comprit par là qu'une mort prochaine allait frapper le grand et noble prince, son ami ; ce qui eut lieu, en effet.

73. L'an du Seigneur 1217, de l'agrément du saint Père Dominique, Frère Matthieu [1] fut élu abbé afin de gouverner les autres. Ce nom ne fut plus porté dans la suite par aucun

1. Cette élection eut lieu à Notre-Dame de Prouille, le jour de l'Assomption 1217. C'est dans ce sanctuaire qui lui était si cher que saint Dominique avait voulu réunir une dernière fois tous ses Frères, avant de les disperser dans les différents pays dont il les envoyait faire la conquête.

Le nom du B. Matthieu, élu abbé de l'Ordre et envoyé la même année à Paris, a déjà été mentionné à l'occasion du miracle de Castres (n° 50) dont il avait été témoin. Les nouveaux éditeurs de l'*Année dominicaine* (Lyon, Jevain, 1884) ont consacré à ce Bienheureux, oublié par leurs prédécesseurs, une longue et intéressante notice, à la date du 3 février (p. 67-96), où ils racontent ses travaux apostoliques à Paris, ses épreuves et son établissement définitif à Saint-Jacques. Il mourut en odeur de sainteté en 1226 ou 1227, et fut enterré dans le chœur de Saint-Jacques, sous une longue dalle portant son effigie et placée devant la stalle du Prieur, « comme pour signifier que ceux qui occuperaient cette « place dans la suite devaient toujours avoir présent à « l'esprit le souvenir de ses vertus. » (*Année dominicaine*, 3 février, p. 96.)

prélat de l'Ordre, car celui qui préside à tout l'Ordre s'appelle le *maître* de l'Ordre, et les autres prélats inférieurs reçoivent le titre de *prieurs* et de *sous-prieurs*. Mais saint Dominique voulut, pour cette fois, instituer un abbé, parce qu'il s'était proposé de se rendre chez les Sarrasins pour leur prêcher la parole de la foi. Il était poussé, en effet, par la charité de Jésus-Christ, par le salut du prochain et le désir du martyre. C'est pourquoi il laissa aussi croître sa barbe pendant quelque temps.

74. Cependant, le serviteur fidèle et prudent, Dominique, prit soin de semer dans le champ de l'Eglise des graines choisies, capables de produire un fruit abondant, par lequel le Père est glorifié. Il destina donc au pays d'Espagne quatre Frères, savoir : Gnoninocius, Pierre, Michel et Dominique [1]. Ce dernier

---

1. Le Frère que Thierry d'Apolda appelle Gnoninocius est appelé par les historiens espagnols Suéro Gomez. D'abord chevalier de Sancho Ier, roi de Portugal, il s'était enrôlé dans les rangs de la croisade contre les Albigeois, où il fit connaissance avec saint Dominique et où il s'attacha à lui. Il fut ensuite le fondateur du couvent de Santarem, à quelques lieues de Lisbonne, sur le Tage. Il mourut en 1233, honoré du titre de Saint par plusieurs historiens. (Lacordaire, *Vie de saint Dominique*, ch. x.)

Frère Pierre de Madrid et Frère Michel de Uzero n'ont pas laissé de souvenirs notables.

Frère Dominique de Ségovie, un des plus anciens compa-

était très petit de taille, mais très grand en sainteté, en science, en vertu. — Il envoya aussi à Paris Frère Matthieu, élu abbé, avec Frère Bertrand [1] qui exerçait envers lui-même

gnons de son saint homonyme, saint Dominique, était petit de taille, frêle et mince, mais d'une vertu extraordinaire. Le B. Humbert et plusieurs autres historiens racontent de lui qu'une femme sans pudeur étant venue pour le mettre à l'épreuve, il se coucha dans sa chambre sur des tisons brûlants et invita la tentatrice à en faire autant si elle l'aimait. Les espions de la cour, qui attendaient à la porte l'issue de l'épreuve, allèrent raconter ce miracle au roi de Castille, saint Ferdinand, qui ordonna de brûler vive cette malheureuse pour la punir. Elle ne dut la vie qu'à l'intercession du saint religieux dont elle avait calomnié la vertu. (*Castiglio*, l. I, ch. xxix.)

1. Frère Bertrand, appelé de Garrigue, du lieu de sa naissance, près d'Alais (diocèse de Nîmes), ou bien, d'après son historien, M. l'abbé Isnard, curé de Tulette (*Saint Bertrand de Garrigue*, recherches historiques et archéologiques, 1 vol. in-8, chez Lantheaume, Valence, 1885), du village de Bouchet, situé près du Lez en Provence, où l'on montre encore, dans le quartier appelé *des Garrigues*, l'antique villa des Bertrand, fut l'un des premiers qui se mirent à la suite de saint Dominique pour aller prêcher contre les Albigeois, avant même l'établissement de l'Ordre des Frères Prêcheurs. Homme très mortifié et très humble, qui pleurait constamment ses propres péchés, il ne cessa d'y penser que quand saint Dominique lui eut ordonné de pleurer plutôt pour les pécheurs. Alors il commença à dire habituellement la sainte messe pour leur salut, jusqu'à ce qu'un prodige le contraignit à la dire aussi pour les âmes du Purgatoire. Il fut très souvent compagnon de saint Dominique pendant ses voyages. Le Saint le mit à la tête du premier couvent de l'Ordre à Toulouse, puis il l'envoya, avec six autres frères, fonder celui de Paris. En 1221, lors de la division de l'Ordre en huit provinces, saint Bertrand fut chargé de la province de Provence, où il fonda plusieurs couvents. Il mourut vers 1230, au couvent des religieuses de Notre-Dame du Bosquet (actuellement

une rigueur inexorable : c'était un mortificateur passionné de sa chair, et pour beaucoup de choses il s'était réglé lui-même d'après la forme et le modèle de saint Dominique, dont il avait été plusieurs fois le compagnon de voyage.

75. Ces derniers, munis des lettres du Souverain-Pontife, furent envoyés à Paris pour y publier la confirmation de l'Ordre des Prêcheurs. Avec eux étaient deux Frères destinés aux études, Frère Jean [1] et Frère Laurent, à

Bouchet) où il s'était arrêté pour prêcher une retraite. Il fut enterré dans le cimetière de l'abbaye, puis, vingt-trois ans plus tard, transféré dans l'église où il opéra beaucoup de miracles. Ses restes transportés à Orange y furent brûlés par les protestants au XVIe siècle. — Son culte ayant toujours été maintenu de temps immémorial dans le diocèse de Valence, Mgr Gueullette l'approuva juridiquement en 1870 et un décret de la Sacrée-Congrégation des Rites, du 12 juillet 1881, confirmé le 14 par le Souverain-Pontife Léon XIII, l'a ratifié. Un office avec oraison et leçons spéciales a été accordé pour sa fête qui se célèbre le 6 septembre dans l'Ordre des Frères Prêcheurs et dans les diocèses de Valence et de Nîmes.

1. Frère Jean de Navarre était né à Saint-Jean Pied-de-Port. Il reçut l'habit de l'Ordre le 28 août 1216, jour de la fête de saint Augustin. C'est lui qui, quand saint Dominique envoya ses premiers compagnons à Paris et en Espagne, refusa de se mettre en route sans argent comme eux. Saint Dominique, après l'avoir inutilement exhorté à la confiance en Dieu, eut compassion de lui et lui fit remettre douze deniers. Il est le seul des premiers compagnons du Saint qui ait été témoin dans le procès de sa canonisation, et on apprend de sa déposition même qu'il avait souvent habité et voyagé avec lui. (Lacordaire, *Vie de saint Dominique*, chap. x.)

Frère Laurent d'Angleterre a été mentionné plus haut, n° 48, note.

qui le Seigneur accorda beaucoup de révélations sur l'habitation et l'emplacement des maisons, et sur la réception d'un grand nombre de Frères, révélations que l'événement vérifia par la suite. Il y en eut aussi trois autres envoyés à part : Frère Mannès [1], propre frère de saint Dominique, homme contemplatif et saint, Frère Michel d'Espagne et Frère Othier, convers [2]. Se trouvant tous réunis à Paris aux calendes d'octobre [3], ils louèrent une maison

1. On célèbre sa fête le 30 juillet. Les religieux bernardins du monastère de Saint-Pierre-de-Gumiel, dans la chapelle desquels il fut enseveli, l'ont revendiqué comme un des leurs et ont même prétendu qu'il avait été abbé de Citeaux et général de l'Ordre. Quoi qu'il en soit, il est certain qu'il fut un des compagnons de son frère saint Dominique à Toulouse. Castiglio croit qu'étant mort en Espagne, lorsque son Ordre n'y possédait pas encore de maison, il fut enterré, à cause de cela, au couvent voisin de Gumiel, où peut-être était déjà le tombeau de sa famille.

2. Frère Michel de Fabra fut le premier lecteur ou professeur de théologie qu'ait eu l'Ordre. Il enseigna au couvent de Paris et fut ensuite confesseur et prédicateur de Jacques le Conquérant, roi d'Aragon. Il était auprès de lui lors du siège de Majorque en 1228, et il aida beaucoup à la prise de cette ville. Des prisonniers maures convertis déclarèrent aux chrétiens que leur ville n'avait été conquise que par la très sainte Vierge et par le Frère Michel. Il fonda le couvent de Majorque et celui de Valence, où il fut enterré dans le cimetière des Frères. Une lumière céleste qui se montrait chaque nuit sur son tombeau le fit exhumer de là et transporter dans la chapelle du couvent dédiée à Saint-Pierre martyr. (*Castiglio*, l. I, chap. XXVIII.)

Frère Othier, ou Odéric de Normandie fut le premier frère convers de l'Ordre.

3. 1er octobre 1217.

devant la porte de l'évêque : ce fut là qu'ils habitèrent d'abord.

76. L'année suivante, sur les instantes prières du seigneur pape Honorius, la maison de saint Jacques fut donnée par maître Jean [1], doyen de Saint-Quentin, et par l'Université de Paris, aux Frères de l'Ordre des Prêcheurs. Ils y entrèrent pour l'habiter le 8 des ides d'août [2], jour de la Transfiguration de Notre-Seigneur, c'est-à-dire le jour de saint Sixte, pape.

La même année où le saint Patriarche avait dispersé ses enfants, comme nous l'avons dit, guidé par le Seigneur, il partit pour Rome, où Dieu daigna opérer par lui des prodiges pour l'honneur de son nom et pour l'affermissement de l'Ordre, nouvellement fondé, des Prêcheurs ; la suite va nous le faire connaître.

1. Jean de Barastre.
2. 6 août 1218.

CHAPITRE III

DE LA GRACE DE LA PRÉDICATION, DE LA VÉNÉRATION DES PEUPLES POUR LUI, ET DE LA RÉSURRECTION DE DEUX MORTS.

77. En arrivant à Rome, le père et le fondateur de la nouvelle religion, le confesseur et le prêtre de Jésus-Christ, Dominique, se mit à exercer avec ferveur, dévotion et humilité l'office de la prédication, pour lequel il avait été choisi de Dieu et institué par le Siège apostolique, et cela dans le lieu même qui était le principal théâtre de l'autorité apostolique. La grâce était répandue sur ses lèvres, et le Seigneur était dans sa bouche, et l'on entendait sa parole avec une grande avidité ; car ses discours et ses prédications ne consistaient pas dans les paroles persuasives de la sagesse humaine ou d'une vaine philosophie, mais dans la dévotion du cœur et dans

la manifestation de l'esprit et de la vertu. Le Seigneur coopérait aussi avec lui et confirmait ses discours par les prodiges qui les suivaient.

78. Il y avait une dame romaine, veuve, nommée Gutadonia, qui se portait avec une grande dévotion vers le bienheureux Dominique. Elle n'avait qu'un seul fils, tout petit encore et infirme. L'homme de Dieu devant un jour prêcher dans l'église de Saint-Marc, cette matrone, qui désirait beaucoup entendre la parole de Dieu de sa bouche, laissa son fils pour venir au sermon.

En retournant à la maison, après le sermon, elle trouva son fils mort. Comprimant aussitôt dans le silence la douleur excessive que lui causait la mort de son fils, et mettant sa confiance dans la puissance de Dieu et dans les mérites de saint Dominique, elle prit ses servantes et emporta son enfant mort à l'église de Saint-Sixte, où le confesseur du Seigneur demeurait alors avec ses Frères. Et comme, à ce moment, on préparait la maison pour y recevoir les Sœurs, d'autres personnes y entraient à l'occasion des ouvriers.

Elle y entra et le trouva debout à l'entrée du Chapitre, comme s'il attendait quelqu'un.

En le voyant, elle mit le mort à ses pieds et, se prosternant devant lui, elle le supplia avec larmes de lui rendre son fils vivant.

79. Le miséricordieux Dominique, compatissant du fond du cœur à la douleur de cette pauvre mère, se retira un peu à l'écart, et se prosternant, après avoir fait une courte prière, il se releva et s'approcha du mort en faisant sur lui le signe de la croix. Puis, prenant le mort par la main, il le releva vivant et le rendit sain et sauf à sa mère, en lui ordonnant de ne révéler cela à personne au monde.

Elle, dans la joie immense qu'elle éprouvait, raconta, à son retour, tout heureuse et toute fière dans le Seigneur, le bienfait de Dieu qu'elle avait reçu dans la résurrection de son fils, si bien que ce récit parvint jusqu'aux oreilles du Souverain-Pontife. Celui-ci, se réjouissant et se félicitant que de tels dons du Très-Haut eussent été manifestés de son temps, avait résolu de faire prêcher là-dessus devant tout le peuple. Mais Dominique, véritable amateur de l'humilité, s'y opposa, en protestant que, si cela se faisait, il passerait la mer et ne paraîtrait plus jamais dans ces régions. Le vicaire de Jésus-Christ renonça donc à son projet. — Mais plus le Saint était humble de cœur, cherchant à s'abaisser et à se rendre méprisable, plus la bienveillance du Très-Haut croissait à son égard pour l'exalter et le rendre glorieux.

80. A partir de ce moment, comme il n'avait pas cherché sa propre gloire, Dieu inclina de plus en plus vers lui l'affection et la bienveillance du Souverain-Pontife et des cardinaux, qui déjà ne l'aimaient pas peu, auparavant, de telle sorte qu'ils eurent pour lui un amour bien plus grand encore, et qu'ils le comblèrent d'honneurs. De plus, Dieu porta tous les cœurs, par la dévotion qu'il leur inspira, à un si grand respect pour lui, que les grands seigneurs et les gens du peuple avaient pour lui une affection qui allait jusqu'au culte, qu'ils le suivaient comme un ange, et que chacun s'estimait heureux quand il pouvait seulement le toucher ou recevoir quelque chose de ce qui lui avait appartenu.

Aussi on lui coupait tellement sa chape et son capuce qu'ils parvenaient à peine à couvrir ses genoux [1] ; et lorsque les Frères vou-

---

1. A l'époque de saint Dominique le capuce et le scapulaire étaient cousus ensemble et ne faisaient qu'un. On donnait indifféremment la dénomination de *scapulaire* au *capuce* et

laient empêcher qu'on lui coupât ainsi ses vêtements : « Laissez-les, leur disait le Saint, « satisfaire leur dévotion. » Car il se réjouissait de cette foi du prochain. C'est pourquoi il ne craignait pas de paraître ridicule avec son habit écourté.

Dans ces circonstances, des hommes éprouvés assistaient notre saint Père : c'était Tancrède, Othon, Henri, Grégoire et Albert [1] dont

celle de *capuce* au *scapulaire*. Cela explique pourquoi Thierry d'Apolda dit ici que « son capuce et sa chape lui couvraient à peine les genoux. »

1. Frère Tancrède, plus tard prieur de Saint-Sixte, était un chevalier de grande naissance, attaché à la cour de l'empereur Frédéric II. Etant à Bologne en 1218, lorsque saint Dominique y envoya quelques Frères, il fut appelé à l'Ordre par une vision de la très sainte Vierge et de deux Frères Prêcheurs. Le lendemain, en reconnaissant à l'église de Sainte-Marie de Mascarella un des deux Frères qu'il avait vus en songe, il se décida à prendre l'habit et vint rejoindre saint Dominique à Rome.

Frère Henri était un jeune noble romain, à qui ses parents voulurent absolument faire quitter l'Ordre. Saint Dominique l'envoya pour cela loin de Rome. Ses parents se mirent à sa poursuite et arrivèrent au bord de l'Anio, lorsqu'il venait de le passer. Tremblant de tomber entre leurs mains, il fit une prière à Dieu par les mérites de saint Dominique. Aussitôt le fleuve se gonfla tellement qu'ils ne purent le franchir, et Henri revint à Rome quand ils se furent retirés.

Frère Othon ou Odon le Romain fut ensuite prieur des Sœurs de Saint-Sixte, lorsqu'elles y furent transférées par saint Dominique. — Dans la relation que sœur Cécile a laissée du miracle de la multiplication du vin chez les Sœurs de Saint-Sixte, Frère Tancrède est mentionné comme prieur des Frères, et Frère Odon comme prieur des Sœurs. (Voir plus loin, n° 141.)

Frère Grégoire et Frère Albert. Ces deux vénérables sont

nous insérons ici les noms, parce qu'ayant eu l'honneur d'être associés à la vie d'un tel Père ils ont été les fondements sacrés, les pierres vivantes et précieuses de l'Ordre des Prêcheurs. Lorsque nous lisons leurs noms bénis, nous sommes pénétrés de vénération pour leur mémoire.

81. Dans le même lieu, tandis que les Frères travaillaient à bâtir, un architecte qu'on avait pris à gages fut écrasé dans une crypte sous une voûte qui s'écroula, et qui, l'accablant de tout son poids pendant un temps considérable, lui enleva jusqu'au dernier souffle de vie. Les Frères accoururent à ce triste accident, et ils furent plongés dans une désolation extrême à la vue de cette horrible blessure terminée par la mort. Mais le pieux Père, le miséricordieux Dominique, affligé jusqu'au fond des entrailles du danger de cette mort inopinée, et ne pouvant supporter la désolation de ses fils en

---

mentionnés dans Malvenda, à l'année 1218, et dans *l'Année dominicaine* au 1er janvier. Ils étaient des premiers religieux de Saint-Sixte. Ayant été élevés par saint Dominique, ils en prirent si bien l'esprit de piété, d'obéissance, d'oraison et de zèle qu'on voyait reluire dans ces saints enfants toutes les vertus de leur bienheureux Père. Le Frère Albert, n'ayant un jour trouvé qu'un pain à la quête, le donna à un ange caché sous l'habit d'un pauvre, qui le lui demanda. Notre père saint

larmes, fit retirer de dessous les décombres le corps du défunt et se le fit apporter; alors, par le suffrage de ses prières, il le rendit en même temps à la vie et à la santé, et il fit renaître la joie dans le cœur de ses fils désolés.

Dominique eut révélation de leur mort prochaine et il les avertit trois jours auparavant. Ils passèrent ce temps dans des actes fervents de charité, de contrition, d'espérance, et ce fut dans ces dispositions que, munis des derniers sacrements, ils moururent en la paix du Seigneur. (*Année dominicaine*, t. I, page 46.)

CHAPITRE IV

DE LA COMMISSION APOSTOLIQUE CONFIÉE AU BIENHEUREUX DOMINIQUE DE RÉUNIR LES RELIGIEUSES DE LA VILLE.

82. En ce temps-là, le seigneur pape Honorius avait résolu, de l'avis des cardinaux, de réunir, s'il était possible, dans une seule communauté toutes les religieuses dispersées dans les différents quartiers de la ville, afin de les gouverner plus facilement et de les garder plus sûrement. En effet, la surveillance des Sœurs est une charge moins lourde lorsqu'elles sont réunies en communauté.

Et par respect pour l'antique sanctuaire de saint Sixte, comme à raison de la convenance du lieu, il avait décidé de les y réunir et de les y installer toutes.

Remarquant, d'autre part, que le serviteur de Jésus-Christ, Dominique, était extrêmement religieux, dévot et gracieux en tout, il crut bien de lui confier l'exécution de cette pieuse mesure.

Le Saint, obéissant, n'opposa aucune résistance à la volonté apostolique, mais il demanda cependant très humblement qu'on lui accordât des coopérateurs capables de l'aider dans cette grande affaire qui dépassait ses forces.

83. Le seigneur Pape lui donna donc pour l'assister trois cardinaux, le seigneur Ugolin, d'Ostie, qui fut ensuite Souverain-Pontife [1], le seigneur Etienne de Fosseneuve et le cardinal Nicolas, évêque de Tusculum [2], qui, tous trois, l'aidèrent de leurs conseils et de leur appui dans l'exécution de sa commission.

Mais lorsque, avec toute sorte de modestie et de discrétion, il essaya d'accomplir les ordres du Pape, les religieuses, habituées depuis longtemps à leur liberté, et passionnées pour elle, refusèrent unanimement d'obéir à la volonté du Saint-Père et aux exhortations de ses envoyés, et elles s'entêtèrent dans leur audacieuse folie et dans leur obstination féminine.

1. Grégoire IX (1227-1241).
2. Aujourd'hui Frascati.

CHAPITRE V

DES RELIGIEUSES DE SAINTE-MARIE
AU DELA DU TIBRE

84. Or il y avait dans la ville un célèbre monastère de religieuses, appelé de Sainte-Marie, au delà du Tibre, où l'on conservait une image de la Vierge-Mère, très vénérée et digne de tout respect, image où l'on croit que le bienheureux évangéliste saint Luc a représenté avec la plus scrupuleuse exactitude les traits, la taille et les vêtements de cette auguste Mère de Dieu à jamais digne de mémoire. Cette délicieuse image, par je ne sais quel hasard, avait été enlevée de cette église, mais elle y avait été reportée miraculeusement par la grâce de la Vierge. Et, comme de juste, les religieuses de ce monastère et toute la population de Rome ont pour elle une vénération et une affection indescriptibles.

85. S'étant rendu dans ce lieu, le bienheureux Dominique détermina l'abbesse et toutes les Sœurs, excepté une, à faire la volonté apostolique. Il reçut donc entre ses mains leur obédience à toutes. L'abbesse et les Sœurs promirent qu'elles sortiraient de là, si leur chère image voulait rester ailleurs avec elles — cette condition fut acceptée avec joie par l'envoyé apostolique, le serviteur de Jésus-Christ, Dominique ; — que si cette image vénérée retournait à son église, comme autrefois, elles seraient aussi dispensées de leur obéissance. Cela étant réglé ainsi, il leur défendit de sortir de la clôture, soit pour visiter leurs parents, soit pour voir d'autres personnes.

86. Les alliés, les parents, les amis des religieuses, apprenant ce qui s'était fait et à quoi elles avaient consenti, furent extrêmement irrités et mécontents ; ils s'emportèrent même jusqu'à la fureur, et, se précipitant en tumulte, ils leur reprochèrent avec colère d'abandonner un lieu si auguste sur la parole d'un inconnu, et de s'être résolues à passer dans une autre église. Aveuglés et hors d'eux-mêmes par la colère, ils allèrent jusqu'à vomir contre le saint de Dieu des injures sacrilèges

et des blasphèmes, le traitant d'étranger, de misérable, d'inconnu. Aussi, plusieurs de ces femmes, troublées et épouvantées, se livrèrent à la tristesse et se repentirent mal à propos du bien qu'elles avaient fait. Le Saint, plein de l'Esprit de Dieu, connut tout cela, quoique absent, par l'Esprit qui le gouvernait et qui le lui révéla.

87. Après avoir attendu quelque temps, un matin, il se rendit au monastère, et lorsqu'il eut fini son sermon, après sa messe, il leur dit avec beaucoup de douceur :

« Mes filles, vous avez déjà regretté la
« résolution que vous aviez prise de devenir
« saintes, et vous en avez gémi comme si
« c'eût été mal ; vous voulez vous écarter de
« la voie du Seigneur et lui tourner le dos.
« Maintenant donc, comme les sacrifices que
« nous faisons volontairement, et les offrandes
« qui viennent spontanément de notre volonté
« nous rendent agréables et gracieux aux
« yeux du Seigneur, s'il y en a parmi vous
« qui craignent Dieu et qui écoutent la voix
« de son serviteur, qu'elles se lèvent, comme
« il a été convenu, qu'elles viennent à moi et
« qu'elles offrent de nouveau entre mes mains
« leur obéissance au Seigneur. »

88. Alors l'abbesse et toutes les autres, comme la première fois, promirent entre ses mains une obéissance volontaire ; celles qui s'étaient retirées en arrière, à l'instigation de Satan, revinrent par les mérites du Saint.

Celui-ci, dans sa prudence, chargea quelques convers, hommes religieux et prévoyants, de fournir au monastère tout ce qui serait nécessaire, les Sœurs restant toujours en clôture ; et lui, homme religieux et discret, prit toutes les clefs et s'empara de toute l'autorité dans le monastère. Il ne permit plus désormais qu'elles parlassent même à leurs proches ni à aucune autre personne sans témoin. De plus, dans sa sagesse et sa fidélité à accomplir les injonctions apostoliques, il ordonna, de l'avis des trois cardinaux qui l'assistaient de leurs conseils et de leur appui, qu'à la quatrième férie où commence le jeûne [1], ils se réuniraient eux-mêmes à Saint-Sixte pour que là l'abbesse et toutes ses religieuses fissent aux cardinaux et à lui l'abandon volontaire de leur charge et de tous leurs droits sur le monastère ; ce qui eut lieu.

1. Le mercredi des Cendres, 28 février 1218.

CHAPITRE VI

DE LA RÉSURRECTION D'UN JEUNE HOMME, APPELÉ NAPOLÉON, FILS DU FRÈRE DU CARDINAL ÉTIENNE.

89. Pendant que ce très saint homme, avec ces vénérables Pères, était assis au milieu du chapitre, et que la dame abbesse et ses religieuses étaient présentes, pour que l'on comprît bien par un miracle immédiat que toute cette œuvre était de Dieu, voilà qu'un homme, qui se lamentait et qui s'arrachait les cheveux, se mit à crier d'une voix horrible en sanglotant :

« — Hélas ! hélas ! »

Tout le monde s'épouvante et lui demande ce qu'il a.

Il répond :

« — C'est le neveu de Monseigneur Étienne
« qui vient de tomber de cheval et de se tuer. »

Or, le jeune homme s'appelait Napoléon [1].

---

[1]. Napoléon Orsini. Depuis ce temps, il paraît que les princes Orsini ont pour tradition de nommer leur premier-né *Dominique-Napoléon*.

Le seigneur cardinal Etienne, son oncle, en entendant cette nouvelle si imprévue et si désolante, se pencha, oppressé et défaillant, sur le bienheureux Dominique. Les autres accoururent et le soutinrent, et le Saint, se levant, l'aspergea d'eau bénite au nom du Seigneur.

90. L'homme de Dieu sortit ensuite et courut à l'endroit où le corps du jeune homme était gisant, tout brisé et horriblement déchiré. Il ordonna qu'on le transportât dans une chambre séparée et qu'on l'y enfermât. Puis il dit à Frère Tancrède et aux autres Frères de tout lui préparer pour la messe. Les cardinaux et ceux qui étaient avec eux, l'abbesse et ses religieuses, allèrent donc au lieu où le saint prêtre Dominique allait immoler l'hostie salutaire. Au saint autel, il célébra, selon sa coutume, avec un très grand respect, et il versa une grande abondance de larmes sous le souffle du Saint-Esprit.

Au moment où, tenant le corps du Seigneur Jésus-Christ dans ses mains très pures, il le levait, en haut, sous les yeux et au grand étonnement de ceux qui étaient là, lui-même fut élevé de terre à la hauteur d'une coudée, le poids de son corps terrestre étant miraculeusement soulevé en l'air par l'esprit de dévotion et de grâce.

91. L'oblation salutaire étant terminée avec beaucoup de dévotion, le bienheureux Père s'approcha du corps du défunt pour implorer la miséricorde du Seigneur. Il était suivi des cardinaux avec leurs gens, de la dame abbesse avec ses religieuses, tous pleins de tristesse et de confiance, ignorant absolument ce que le Seigneur allait faire pour la gloire de son nom.

L'homme de Dieu, se tenant auprès du corps inanimé, toucha de sa main très sainte la tête, les pieds et les autres membres brisés par la chute, il les arrangea doucement et les remit en ordre. Ensuite, il se mit en oraison en se tournant vers le brancard. Une seconde et une troisième fois, il fit de même, touchant et remettant en place le visage déchiré et défiguré, ainsi que les autres membres, puis, se relevant de son oraison, il fit le signe de la croix sur le mort.

92. Alors, se tenant debout à la tête du défunt, et tendant ses mains vers le ciel, il fut élevé de terre à plus d'une coudée, et resta suspendu en l'air par la vertu divine ; il cria à haute voix :

« — O jeune Napoléon, je te dis, au nom
« de Notre-Seigneur Jésus-Christ : Lève-toi. »

Aussitôt, à la vue de tous ceux qu'un si étonnant spectacle avait attirés, le jeune homme se leva sain et sauf, et dit au bienheureux Dominique qui l'avait ressuscité :

« — Père, donnez-moi à manger. »

Le bienheureux Dominique lui donna à manger et à boire, et le rendit sain et joyeux, sans aucune trace de blessure, à son oncle, le seigneur Etienne, vénérable cardinal des Saints-Apôtres. Le mort était resté depuis le matin jusqu'à la neuvième heure [1]. Il fut ressuscité, autant que je puis le croire et le conjecturer, le 16 des calendes de mars, le jour de saint Valentin martyr [2].

---

1. La *neuvième heure*, ou l'heure de *None*, est l'heure à laquelle on peut commencer les Matines du jour suivant. Aux équinoxes, elle correspond à trois heures de l'après-midi.

2. Le 14 février. — D'après Echard, Thierry d'Apolda aurait mal calculé le jour, car en l'an 1218 le mercredi des Cendres tombait le 28 février et non le 14, Pâques étant le 15 avril cette année-là. C'était donc le 28 et non le 14 février qu'eut lieu ce miracle.

Le Père Lacordaire raconte de la même manière cette résurrection prodigieuse, d'après la relation de la Sœur Cécile. (*Vie de saint Dominique*, chap. xi.)

CHAPITRE VII

DU PASSAGE DES FRÈRES PRÊCHEURS A SAINTE-SABINE, OU ILS DEMEURENT MAINTENANT

93. Jusqu'à ce moment, les Frères Prêcheurs demeuraient, à Rome, à Saint-Sixte, où le Tout-Puissant Jésus daigna opérer toutes ces grandes et admirables choses, et beaucoup d'autres encore, par son bien-aimé confesseur le bienheureux Dominique. Mais le Souverain-Pontife, Honorius, qui aimait particulièrement ce saint Père et qui lui était tout dévoué, donna aux Frères, pour l'habiter, l'église de Sainte-Sabine, que, par la grâce apostolique, ils possèdent encore aujourd'hui. Ils transportèrent dans ce lieu leurs livres et tout ce qu'ils avaient eu jusque-là à Saint-Sixte. C'est dans cette église de Sainte-Sabine que reposent les corps des saints martyrs Alexandre, pape, Eventius et Théodule [1].

1. Leur fête se célèbre le 3 mai, jour de l'Invention de la

94. Saint Alexandre est le septième qui, après l'apôtre saint Pierre, ait occupé le siège de Rome, et le premier de son nom. Il eut à souffrir, sous l'empereur Adrien, les chaînes, les prisons, le chevalet, le feu et les ongles (de fer) ; leurs pointes aiguës, enfoncées dans tous ses membres, le firent mourir.

Egalement, les prêtres Eventius et Théodule, après avoir supporté longtemps la prison, furent torturés par le feu et, à la fin, décapités.

Ce sont les glorieux titres de ces martyrs qui décorent le lieu qu'habitent les Frères.

Il y a cependant aussi sous ce nom de Sainte-Sabine un titre insigne [1] dont le seigneur Hugues [2], homme vénérable, Père très religieux et Frère très docte de cet Ordre, a été revêtu comme cardinal ; sa doctrine et ses écrits éminents sont un enseignement pour l'Eglise jusqu'à nos jours. Envoyé aussi comme légat *a latere* du Saint-Siège en Allemagne, il s'est acquitté du ministère de

---

Sainte-Croix. On y joint la mémoire de saint Juvénal, évêque de Narni.

1. Titre cardinalice.
2. Hugues de Saint-Cher.

sa légation avec toute la science de la discrétion et toute la religion possible, sans avarice, et le souvenir de sa justice y est conservé jusqu'à présent [1].

[1]. Le cardinal Hugues, né à Saint-Cher ou Saint-Chef (comme on dit actuellement), en Dauphiné, était entré dans l'Ordre de Saint-Dominique en 1225. Il prit l'habit le jour de la Chaire-de-Saint-Pierre, 22 février 1225. Il était déjà provincial de France en 1227 ou 1228. Il fut le premier cardinal dominicain. Le Pape Innocent IV le nomma, malgré sa résistance, archevêque de Lyon, puis, presque aussitôt, cardinal-prêtre du titre de Sainte-Sabine. Il mourut à Orviéto le 19 mars 1262. Il disait quelquefois qu'il aimerait mieux mourir lépreux dans son couvent que cardinal en dehors du couvent. Il a composé des commentaires extrêmement précieux sur presque toute l'Ecriture-Sainte.

CHAPITRE VIII

DU PASSAGE DES RELIGIEUSES DE SAINTE-MARIE-AU-DELA-DU-TIBRE A SAINT-SIXTE

95. Maintenant aussi, un homme qui porte le même titre, le même nom[1], qui est orné de la même science, de la même religion, de la même piété, un Père vénérable sous tous les rapports, rend ce même lieu respectable à tous.

Lorsque les Frères y furent passés, comme nous l'avons dit, avec tout ce qui leur appartenait, par les soins de notre bienheureux Père Dominique, il fixa lui-même le temps où les Sœurs devaient entrer en possession de l'église de Saint-Sixte, que les Frères avaient habitée jusque-là [2].

---

1. Le cardinal Hugues de Billom. — Né en Auvergne ; il était alors évêque d'Ostie. Il mourut en 1297 et fut enterré à Sainte-Sabine, dont il était titulaire. Par égard pour sa modestie, l'auteur ne le nomme pas, mais il le désigne suffisamment comme l'homonyme et le successeur du fameux Hugues de Saint-Cher.
2. Cette expression *habiter une église* semblerait inintelligible aux lecteurs s'ils ne savaient que, au Moyen-Age, les

96. Donc, l'année de l'Incarnation du Seigneur 1219, le 12 des calendes de mars [1], qui était alors le premier dimanche de Carême, la dame abbesse et ses religieuses vinrent, d'au delà du Tibre, prendre possession de l'église

couvents s'appelaient souvent *églises*. On lit par exemple dans la Vie du B. Hermann-Joseph, Prémontré : « *A Frisia ad propriam Ecclesiam est reversus ad serviendum Fratribus in refectorio* (Bolland. April. t. II, p. 687, édit. Palmé). De la Frise, il revint à son église (à son couvent) pour servir les Frères au réfectoire. » — On lit dans la Vie du B. Lanfranc, « qu'il alla à Caen, en compagnie d'un novice, *qui... procedente tempore, ejusdem Ecclesiæ Cadomensis prior extitit* (B. Lanfranci Vita, auct. Milone Crispino), qui avec le temps devint prieur de cette même église de Caen (de ce même couvent). » — Dans le *Dictionnaire d'Epigraphie* (Encyclopédie Migne) on trouve les épitaphes de plusieurs religieuses de Notre-Dame aux Nonnains de Troyes, contenant des mentions du même genre, par exemple : « *Cy gist Marie de Troyes, Nonnain de cette église* (de ce couvent), *laquelle trépassa l'an de grâce 1315, le jour de la chaire de Sainct Pierre en febvrier* (page ou plutôt colonne 1136). » — Dans les *Us de Cîteaux*, on trouve quelquefois le mot *ecclesia* employé comme synonyme de monastère. Dans le procès de canonisation de saint Dominique, Jean d'Espagne disait : « *Quod cum esset cum dicto fratre Dominico, apud Tolosam, in conventu ecclesiæ supradictæ* (c'est-à-dire *sancti Romani*). Etant avec le dit Frère Dominique, à Toulouse, dans le couvent de l'église susdite, c'est-à-dire de saint Romain. »

1. Le 18 février 1219, c'est-à-dire 1220 ; car, d'après Echard et Mamachi, Thierry d'Apolda commence l'année à l'Annonciation, 25 mars, ou à Pâques ; il attribue, par conséquent, à l'année écoulée (ici à l'année 1219), les trois ou quatre premiers mois de l'année courante (1220). Dans la désignation du jour il y a eu erreur, soit de la part de Thierry d'Apolda, soit de la part des copistes, parce que le 18 février ne coïncide pas cette année-là avec le premier dimanche de carême.

de Saint-Sixte, et commencèrent à y habiter pour servir Dieu à perpétuité.

Parmi elles se trouvait une jeune fille, nommée Cécile, alors âgée de dix-sept ans, qui, la première de toutes, au seuil même de la porte, reçut du saint Père l'habit de l'Ordre, et qui fit pour la troisième fois profession d'obéissance entre ses mains. Après elle, l'abbesse et les autres religieuses, et tant d'autres encore prirent l'habit et firent profession, qu'il y en eut en tout quarante-quatre.

Cependant les Romains ne voulaient pas que cette glorieuse image de la Mère de Dieu, qui était restée chez les religieuses de Sainte-Marie-au-delà-du-Tibre, fût emportée de là, parce qu'il leur était plus facile d'y aller pour la voir. C'est pourquoi, la nuit suivante, le Père, prévoyant, accompagné de deux cardinaux, à savoir le seigneur Nicolas, évêque de Tusculum, et le seigneur Etienne, dont il avait ressuscité le neveu, et escorté d'une multitude de personnes qui le précédaient et le suivaient en portant des flambeaux, tout le monde marchant pieds nus, porta lui-même sur ses propres épaules, avec le plus grand respect, cette image si chère et si vénérée de la Vierge-Mère, et les Sœurs, qui l'attendaient, également pieds nus, en prière, la reçurent avec des larmes et des transports de joie ; et elle est restée jusqu'aujourd'hui chez elles.

97. C'est cette image vénérable que le saint Pape Grégoire, pour repousser un fléau imminent, fit porter respectueusement une année, pendant le temps pascal, tout autour de la ville, en procession et au chant des litanies. — Et voilà que, cédant à la vertu de la Vierge qui opérait par son image, toute l'infection de l'air s'enfuit en quelque sorte, comme si elle n'eût pu supporter sa présence ; et ainsi l'air reprit une admirable sérénité et une pureté parfaite par la grâce de la Vierge Marie, Mère de Dieu. — Et l'on entendit alors des voix dans l'air, auprès de l'image, redisant ces paroles : *Regina cœli*, etc., « Reine du ciel, réjouissez-
« vous, alleluia ; parce que celui que vous
« avez mérité de porter, alleluia ! est res-
« suscité comme il l'avait dit, alleluia ! » — Et le bienheureux Grégoire ajouta aussitôt : « Priez Dieu pour nous, nous vous en sup-
« plions, alleluia [1] ! »

---

1. « Ora pro nobis Deum, *rogamus*, alleluia. » Il est à remarquer que Thierry d'Apolda cite le *Regina cœli* avec le mot *Rogamus*, qu'on trouvait à la fin, dans les vieux livres.
D'après le P. Souèges (*Actes de saint Dominique*), l'image

Le bienheureux serviteur de Jésus-Christ et les deux cardinaux déposèrent donc respectueusement au milieu des vierges de Saint-Sixte cette image de la Vierge Mère de notre Dieu et Seigneur Jésus-Christ, auprès de laquelle les grands et les riches du peuple viendront en suppliants se prosterner devant son visage [1], et adorer, dans les bras de la Mère, le Fils qui est élevé au-dessus de tout Dieu béni dans les siècles des siècles. Ainsi soit-il.

que saint Grégoire aurait fait transporter en procession pour faire cesser la peste, ne serait pas celle de Sainte-Marie au delà du Tibre, mais bien celle de Sainte-Marie Majeure, à laquelle la tradition commune attribue en effet ce miracle. — Sur l'histoire de l'Image de la Madone de Saint-Sixte, on a fait plusieurs ouvrages. A notre époque le R. P. Joachim Berthier, religieux très savant de la province de Lyon, a fait à ce sujet des recherches dont le résultat est d'une grande importance. Le monastère des SS. Dominique et Sixte, à Rome, célèbre chaque année la translation de cette sainte image.

1. *Vultum tuum deprecabuntur omnes divites plebis.* (Ps. XLIV, 14.) L'Eglise applique à la très sainte Vierge, dans ses offices, ces paroles que le Psalmiste écrivait prophétiquement de l'Eglise et de sa divine mission auprès des peuples.

CHAPITRE IX

DE L'INSTRUCTION DES SŒURS ET DES MIRACLES QUI FURENT OPÉRÉS CHEZ ELLES

98. Ce monastère fut le premier monastère de Sœurs institué par le premier fondateur et l'illustre Père de l'Ordre des Prêcheurs [1].

Il les instruisit avec la plus grande diligence et les conserva sous sa religieuse surveillance. Il faisait souvent, pour leur consolation, des sermons et des conférences auxquels assistaient les Frères, et il leur expliquait la discipline de l'Ordre ; car, par une prérogative de grâce singulière, la vertu affluait en lui avec abondance. En leur pré-

---

1. Après le monastère de Prouille, toutefois, qui, comme l'auteur lui-même l'a dit (n° 32), avait été fondé dès le commencement de la prédication du Saint en Languedoc, pour recevoir les jeunes filles nobles et pauvres qui couraient le risque de perdre la foi en restant chez les hérétiques. — Saint-Sixte fut le premier monastère de religieuses Dominicaines à Rome, mais les religieuses de Prouille existaient déjà depuis douze ans lorsque Saint-Sixte fut fondé.

sence et au milieu d'elles, la vertu du Très-Haut produisit par lui plusieurs miracles évidents.

Ainsi, le second dimanche de Carême, le bienheureux Dominique prêchait à Saint-Sixte, et une multitude de peuple était présente. Voilà qu'une femme démoniaque se mit à interrompre le sermon par ses cris :

« — Ribaud, ribaud [1], s'écriait-elle à plu-
« sieurs reprises, tu m'as enlevé par tes trom-
« peries quatre personnes qui étaient à moi.

« Elles étaient à moi et tu me les as enle-
« vées. Ribaud ! ribaud ! » répétait-elle.

99. Comme le peuple murmurait de ce que le sermon fût interrompu, saint Dominique dit au démon à plusieurs reprises :

« — Tais-toi, ! tais-toi ! »

Le démon répondit par la bouche de la possédée :

« — Tu ne nous chasseras pas d'ici ; celle-
« ci est à nous, et nous n'en sortirons pas.
« Nous sommes sept qui sommes entrés en
« elle de telle et telle manière. »

Et ils commencèrent à raconter, en hurlant chacun avec une voix différente, la manière dont ils l'avaient possédée.

[1]. *Ribaud*, vieux mot français, qui signifie vilain, misérable, grossier.

Le tumulte du peuple s'accroissant toujours, l'élu de Dieu éleva la main et fit le signe de la croix en disant :

« — Au nom de Jésus-Christ, je vous « ordonne de sortir, sans plus lui faire de mal « à l'avenir. »

Aussitôt elle fut prise d'une horrible distension de corps, et elle vomit un amas de charbons, à la suite desquels vint une si grande abondance de sang qu'elle semblait presque morte. Le Saint la fit conduire hors de l'église et en fit prendre soin jusqu'à ce qu'elle fût entièrement guérie. Il lui imposa le nom de *Sœur Aimée,* et dans la suite elle vécut longtemps dans les bonnes œuvres, saine et bien portante.

Ce miracle eut lieu huit jours après l'entrée des Sœurs dans l'église de Saint-Sixte. — En le voyant ainsi prêcher au peuple, et commander, avec tant de puissance et d'autorité, aux démons, elles furent frappées de stupeur et de crainte.

100. Une autre fois, le très doux Père, inquiet de la santé de ses filles, s'étant présenté au tour, demanda à la tourière Constance si les Sœurs *Théodora, Thédramia* et *Nympha* se portaient bien. Constance lui dit

qu'elles étaient tourmentées par la fièvre, et que déjà Sœur Théodora était au lit, en proie à son accès de fièvre. Alors, le Père compatissant lui dit : « Allez leur dire que je leur « ordonne de ne plus avoir la fièvre. » — Celle-ci y alla et ordonna aux malades, de la part du saint Père, de ne plus avoir la fièvre. Aussitôt elles furent délivrées de toute infirmité, se levèrent et sortirent, bien portantes, sous les yeux des autres Sœurs, toutes stupéfaites d'un si grand prodige opéré par le vénérable Père, grâce à la vertu de Jésus-Christ. Constance revint auprès du Père qui l'attendait et lui dit ce qui était arrivé ; et lui, rendant grâces à Dieu, s'en alla [1].

---

1. On voit que, dès l'époque de saint Dominique, le monastère de Saint-Sixte était un lieu malsain. Cette insalubrité s'accrut encore de ce que la population qui habitait cette église abandonna cette région pour se transporter dans des quartiers où l'air fût meilleur et où le domicile fût plus à l'abri des coups de l'ennemi. Aujourd'hui Saint-Sixte est presque abandonné ; le peuple romain ne le visite guère que le mercredi après le troisième dimanche de carême, et le 6 août, jour de saint Sixte. Les Sœurs ont quitté l'ancien monastère en 1555, et se sont transportées à la nouvelle maison qu'on avait bâtie pour elles *Via Magnanapoli*. Elles y sont encore à présent, mais la Révolution, en les privant de leurs richesses, ne leur a laissé qu'un coin de leur demeure. Elles y vivent dans la pauvreté qu'elles ont vouée à Dieu, et dans le dénuement auquel les nouveaux maîtres de Rome les ont réduites ; sacrifice d'autant plus méritoire qu'elles appartiennent toutes à de grandes familles. Bientôt, qui sait ce que Dieu permettra ?

CHAPITRE X

DE SA SOLLICITUDE POUR LE SALUT DES AMES ET POUR LA DILATATION DE L'ORDRE

101. C'est ainsi que le Bienheureux, prêchant à Rome, semblable à un cep qui reste attaché à la vigne, produisait des fruits abondants dans les âmes, à tel point qu'il instituait deux illustres monastères, l'un de Frères Prêcheurs, l'autre de Sœurs, pleins de personnes très religieuses et très dévotes. Il était saint, en effet, et en vivant avec un saint on devenait saint. Ainsi, comme il l'avait toujours désiré, les progrès qu'il faisait dans la sainteté n'allaient jamais sans être accompagnés de fruits de salut chez le prochain.

Et cependant, cette dilatation par la charité ne suffisait pas à son cœur. La charité de Dieu, en effet, avait été répandue dans son cœur par l'Esprit-Saint, qui habitait en lui, et il désirait embrasser tous les hommes dans les entrailles de Jésus-Christ. — Cette affection très pure qui remplissait son âme et ces saints désirs qui forment un sacrifice si agréable à Dieu, lui faisaient chercher à gagner les âmes et à les unir à leur Créateur.

102. C'est ce qu'il demandait au Seigneur par ses prières pleines de larmes, c'est ce qu'il recherchait par ses dévotes prédications, c'est ce qu'il procurait par ses travaux très parfaits, et c'est ce que le Seigneur accomplissait en lui par de glorieux miracles. Il désirait se dépenser et se consumer pour les âmes, à l'exemple du Sauveur, qui s'est livré lui-même pour nos âmes.

Rien n'était assez pénible, rien n'était assez effrayant pour le faire reculer quand il s'agissait du salut du prochain. Rien n'était assez cher, rien n'était assez précieux pour entrer en balance avec la charité et pour ne pas lui être sacrifié.

Aussi, dans la sollicitude miséricordieuse qu'il éprouvait pour le salut d'un grand nombre, et dans le soin vigilant qu'il mettait à dilater son Ordre, il envoya de Rome à Bologne les Frères Jean et Bertrand vers le commencement de l'année 1218, ensuite le Frère Chrétien avec un convers. En s'y établissant, ils eurent à endurer de grandes angoisses de pauvreté.

CHAPITRE XI

DE MAÎTRE RÉGINALD, QUE LA BIENHEUREUSE VIERGE OIGNIT ET A QUI ELLE MONTRA L'HABIT DES PRÊCHEURS.

103. La même année, l'évêque d'Orléans vint à Rome, et avec lui maître Réginald, doyen[1], homme louable sous tous les rapports, célèbre par sa renommée, placé par sa science au rang des plus doctes, et qui avait même enseigné le droit canon à Paris pendant cinq ans.

Dans un entretien confidentiel qu'il eut avec un cardinal, il lui dit qu'il avait le projet de tout quitter pour parcourir le monde et prêcher Jésus-Christ pauvre, pauvre lui-même.

Mais il n'avait pas encore bien combiné de

---

1. Doyen du chapitre de Saint-Aignan à Orléans. Thierry d'Apolda l'appelle *Reynaldus*, d'où notre nom français *Reynaud*, *Renaud*.

quelle manière il pourrait accomplir ce qu'il s'était proposé.

Le cardinal lui dit :

« — Justement, selon le désir de votre
« âme, un Ordre nouveau vient de s'élever,
« qui a pour but de professer la pauvreté
« volontaire avec la prédication ; et main-
« tenant le fondateur de cet Ordre demeure
« dans la ville, appliqué à l'office de la pré-
« dication. »

104. Joyeux de cette nouvelle, le sage doyen fit appeler le serviteur de Jésus-Christ. Charmé de son air de sainteté, et attiré par ses paroles bienveillantes et sincères, il délibéra, dès ce moment, dans sa prudence, d'entrer lui-même dans l'Ordre.

Bientôt l'adversité, qui est l'épreuve de tous les saints projets, tomba sur maître Réginald, qui fut saisi d'une grave maladie. Le mal s'aggravant, la nature s'affaissait, prête à succomber, et les médecins désespéraient de le sauver. Mais saint Dominique, confiant dans la puissance de Dieu, s'efforçait par ses prières de lui obtenir la guérison. Pendant que le serviteur de Dieu priait ainsi et que maître Réginald était éveillé et consumé par l'ardeur de la fièvre, voilà que la Reine du ciel, la Vierge Marie, Mère de Dieu, accompagnée de deux vierges d'une beauté merveilleuse, apparut visiblement au malade et lui dit :

« — Demande-moi ce que tu veux et je te
« le donnerai. »

105. Comme il délibérait en lui-même sur ce qu'il demanderait, une des jeunes filles qui étaient venues avec la Reine lui suggéra de ne rien demander, mais de s'en remettre pour ce don à la volonté de sa Souveraine. Obéissant à ce salutaire conseil, il se soumit en tout à la volonté de la Reine.

Alors celle-ci, étendant sa main virginale, lui fit une onction sur les yeux, les oreilles, les narines, la bouche, les mains avec une liqueur salutaire qu'elle avait apportée, et elle prononçait en même temps certaines paroles appropriées à chaque onction.

Aux pieds, la Vierge dit :

« — J'oins tes pieds pour la préparation
« de l'Evangile de paix. »

Et aux reins :

« — Que tes reins soient ceints du cordon
« de la chasteté. »

La Vierge Marie lui montra aussi tout l'habit de l'Ordre des Prêcheurs, en lui disant :

« — Voici l'habit de ton Ordre. »

Alors la céleste vision disparut aux yeux du malade, et toute infirmité disparut de son corps, tellement que les médecins s'étonnèrent, après avoir jugé que sa vie était désespérée.

106. Tout ce que la sainte Vierge faisait corporellement pour maître Réginald, le serviteur de Dieu, Dominique, en était instruit spirituellement, car c'était par son intercession et ses mérites que cela se faisait.

Trois jours après cette onction si salutaire, tandis que Réginald était assis avec le bienheureux Dominique, la très clémente Vierge-Mère se montra à eux et réitéra heureusement, comme elle l'avait promis, l'onction qu'elle avait déjà faite au maître. — Il y avait là aussi un frère de l'Ordre de l'Hôpital, homme religieux et dévot, qui attesta avoir vu la bienheureuse Vierge oignant de sa main tout le corps de maître Réginald.

Cette sainte onction purifia tellement son corps de toute concupiscence charnelle, et le régla si bien que, désormais, comme il l'avoua lui-même, il ne ressentit même plus un premier mouvement de la chair.

Le saint Père Dominique, adjuré par le

maître de ne pas révéler ces faits avant sa mort, ne voulut, en effet, les révéler à personne ; mais quand le maître fut mort, il les fit connaître aux Frères [1].

1. Peut-être les raconta-t-il déjà du vivant de maître Réginald, mais en taisant son nom, car lorsque saint Dominique fit le voyage de Paris en revenant d'Espagne (en 1219), le bienheureux Jourdain attesta avoir entendu ce récit de sa bouche dans une conférence publique, à laquelle il était présent. Le bienheureux Réginald était alors à Bologne. — Ce serait seulement plus tard que le Saint aurait divulgué le nom de celui qui avait reçu cette onction merveilleuse.

CHAPITRE XII

ÉLOGE DE MAÎTRE RÉGINALD ET DE L'ORDRE

107. Après cela, le vénérable Réginald reçut de la main du saint Père Dominique l'habit qui lui avait été montré divinement, et il s'adjoignit à l'Ordre des Prêcheurs et à la société des pauvres de Jésus-Christ.

C'est là l'homme gracieux, riche en science, prévenu de la grâce, énergique en vertu, remarquable par sa sainteté, distingué par sa piété, et très pur par sa chasteté, à qui la Vierge très pure Marie fit elle-même une onction, le soignant de ses propres mains, ce qu'elle n'avait fait à aucun autre que son divin Fils. C'est à lui que la Vierge-Mère désigna de sa bouche l'habit de l'Ordre des Prêcheurs, habit plein d'attrait, brun par la rigueur de la pénitence [1], blanc par la force

---

1. Au commencement de l'Ordre, la chape était souvent de couleur foncée qu'on appelait le *noir naturel*. La nuance

de la pureté, tunique tissée de plusieurs couleurs, robe nuptiale tombant jusqu'aux pieds, manteau sacerdotal, vêtement d'honnêteté cléricale, donné non par les anges, mais par la bonté condescendante de la Vierge Mère.

108. Maintenant avec quelle dévotion, quelle piété, ne faut-il pas porter cet habit religieux d'un Ordre si sacré ! De quelle vénération, de quel honneur ne faut-il pas l'entourer ! Le Seigneur daigna lui-même le déclarer dans la suite, de cette manière.

Un régent ès arts, à Salamanque, ville d'Espagne, où les études étaient alors florissantes, était venu un dimanche matin, avec beaucoup d'écoliers, dans la maison des Prêcheurs, pour entendre le sermon. Tout à coup la pluie se mit à tomber avec tant d'abondance qu'ils ne purent sortir de la maison.

n'était point partout la même ; dans certaines contrées l'étoffe tirait sur le roux ou le gris, dans d'autres elle tirait davantage sur le noir. Le B. Humbert le marque expressément dans son Commentaire sur les Constitutions : « *Alius cappam nigram, alius rufam, alius griseam... gerit.* (Comm. de Constit. Ord. Præd. cod. mss. Vindobon., fol. 3.) Tout en faisant des vœux pour l'uniformité, le Bienheureux donne une raison assez bonne de cette diversité : « Notre « pauvreté, dit-il, ne nous permet pas d'avoir toujours l'uni- « formité dans nos vêtements ; les uns en ont de meilleurs, « d'autres de plus mauvais, selon qu'ils les reçoivent en « aumône des étrangers. » (Ibid., fol. 4.)

Le sous-prieur ayant invité ledit maître à dîner, mais n'ayant pu le retenir, lui mit la chape d'un Frère, pour préserver ses habits de la pluie. Alors, en présence des nombreux écoliers et docteurs qui étaient dans le chapitre, le sous-prieur dit : « Je déclare aujour-
« d'hui, et je vous prends tous à témoins, que
« maître Nicolas a pris notre habit. » — Le maître se mit à rire et à plaisanter, et il partit ; et pendant tout le jour il courut dans les rues et dans les maisons des écoliers, portant le saint habit avec des moqueries et des éclats de rire. Aussi, la nuit suivante, il fut pris d'une grosse fièvre continue, qui le fit beaucoup souffrir.

109. Il fut, ainsi que les médecins, extrêmement effrayé ; son âme se consumait comme l'araignée, et dans sa terreur il adressa à Dieu des prières pleines d'anxiété.

Or Dieu lui fit entendre une voix qui lui disait clairement : « Crois-tu que j'aie résolu
« de faire honorer et respecter seulement les
« personnes de l'Ordre des Frères Prêcheurs ?
« Non ; sache bien que j'entends que leur
« habit même et leurs vêtements ne soient
« pas privés de la vénération et de l'honneur
« qui leur sont dus. Parce que tu les as

« déshonorés, tu ne resteras pas impuni, à
« moins que tu ne fasses pénitence. »

Cette voix, il l'entendit résonner à ses oreilles, non pas dans le sommeil, mais dans la veille et au milieu de la prière la plus fervente ; aussi tout en lui trembla à cette voix.

Ayant donc appelé les Frères, il reçut de leurs mains avec un grand respect l'habit qu'il avait porté en plaisantant, par manière de jeu, et il le revêtit solennellement avec dévotion pour satisfaire là où il avait péché.

110. Heureux, en vérité, ceux qui ont mérité d'être revêtus de ces vêtements multiples de la grâce, que la femme forte a tissés aux gens de sa maison, pour que, couverts des armes de la lumière, ils marchent honorablement et qu'ils ne soient pas exclus des noces de l'Agneau.

C'est véritablement un bonheur et une gloire pour l'Ordre des Prêcheurs, le principal de tous les Ordres, le plus semblable à l'Ordre angélique ! En effet, il loue, il bénit, il prêche ; et c'est aussi, comme tout le monde le sait, l'office des anges. De plus, à la manière de l'Ordre angélique, il purifie de la souillure des péchés, en conseillant et en offrant aux coupables la pénitence. Il illumine l'ignorance des infidèles et des hommes dépourvus de la vraie sagesse, en prêchant la science du salut. Il perfectionne ceux qui s'avancent vers la patrie, en leur montrant une voie plus excellente.

111. C'est là cet Ordre où la vie religieuse est si bien ordonnée, cette profession qui est si agréable à Dieu ; voulue dans les conseils éternels et désignée par les antiques écrits des saints. — La Vierge Mère l'a demandé à son Fils pour qu'il fût appliqué au salut du peuple dans les derniers temps. Elle le soutient de son patronage, elle l'élève par ses bienfaits, elle le glorifie par ses miracles, elle l'assiste dans les tribulations, elle le conserve dans les tentations, et sa bonté et sa puissance l'arrachent à tous les périls. Et puis, par une marque de tendresse spéciale et par un privilège de grâce singulière, elle a revêtu les fils de cet Ordre sacré des livrées d'un habit très précieux, et elle les a ornés, de préférence aux autres, d'un costume particulier. Eux qui portaient le vêtement des chanoines réguliers, maintenant ils se glorifient plus que tout autre d'avoir reçu d'en haut le vêtement inappréciable de la très glorieuse Vierge-Mère. Qui, en effet, parmi les saints,

à l'exception du Saint des saints, a jamais mérité d'être honoré d'un vêtement reçu de la Reine des cieux? Garde donc, Frère très cher, garde avec un très grand soin cet habit royal et virginal dont tu es revêtu ; qu'il reste pur en tout temps, pour que tu aies la blancheur de la chasteté dans ton corps, la lumière de la vérité dans tes œuvres, et la pureté de la sincérité dans ton cœur.

CHAPITRE XIII

D'UNE RÉVÉLATION TRÈS SAINTE ET TRÈS DIGNE DE TOUTE CROYANCE

112. Regarde et imite le glorieux Père Dominique, miroir de pureté, amateur jaloux de la chasteté, rose d'innocence virginale, dont la pureté sert de canal à la Vierge-Mère pour faire passer dans l'Ordre des Prêcheurs toute cette sainteté que son Fils lui donne.

Un jour que, selon sa coutume, il avait passé la nuit en prière dans l'église des Frères de Sainte-Sabine, à Rome, au milieu de la nuit, tandis que tout était plongé dans le sommeil, il entra dans le dortoir et s'arrêta à une des extrémités pour prier. En levant les yeux pour regarder de l'autre côté, il vit trois vierges d'une beauté merveilleuse, dont l'une, celle qui était au milieu, l'emportait encore sur les autres par le charme incomparable que respirait son visage.

L'une de celles qui étaient à ses côtés portait un bénitier magnifique et très riche ; l'autre présentait un aspersoir à la Reine qui marchait au milieu. La Reine, passant avec les vierges à travers le dortoir, aspergeait chacun des Frères reposant dans leurs lits, et elle les bénissait en faisant sur eux le signe de la croix. Mais, arrivée à l'un des Frères qui reposaient, elle lui refusa entièrement cette grâce de l'aspersion et de la bénédiction, afin que nos descendants apprennent quelle discipline religieuse et quelle garde attentive de la pudeur veut trouver en nous, même dans notre sommeil, la Mère de miséricorde qui nous visite en tout temps.

113. Le bon Père considéra donc, en voyant cela, quel était ce Frère, et, se levant de son oraison, il alla au-devant de la Reine, jusqu'au milieu du dortoir, là où la lampe était suspendue ; et se jetant à ses pieds, il la supplia humblement en disant : « Je vous en « conjure, Madame, faites savoir à votre ser- « viteur qui vous êtes. » Tout en faisant cette demande, il la connaissait déjà bien en esprit. — Dans ce temps-là, l'antienne *Salve Regina* se récitait seulement à genoux dans le couvent des Frères et des Sœurs à Rome.

La dame répondit à son serviteur en disant :
« Je suis cette Reine de miséricorde que
« vous invoquez dévotement tous les soirs ; et
« lorsque vous dites : *Eia ergo, advocata
« nostra* (eh bien donc, ô notre avocate), je
« me prosterne devant mon Fils en le sup-
« pliant pour la conservation de cet Ordre. »

Alors le fidèle serviteur prenant confiance :
« Quelles sont, lui dit-il, ô Madame, ces
« vierges si belles qui vous accompagnent ? »
— Elle lui répondit : — « Ce sont Cécile et
« Catherine. » — Et lui de nouveau : — « Pour-
« quoi, Madame, avez-vous passé ce Frère en
« vous détournant ? — Parce qu'il n'était pas
« vêtu comme il faut », répondit-elle. —
Et ayant achevé le tour des Frères, qu'elle
aspergea et bénit, elle disparut.

114. Or, le saint homme retourna au lieu où
il s'était arrêté auparavant pour prier. Et
voilà que tout à coup, la main de Dieu s'étendant sur lui, il fut ravi en esprit devant Dieu,
et il vit le Seigneur assis, et la glorieuse
Vierge sa Mère assise à sa droite, revêtue
d'une chape de couleur de saphir. Et regardant autour de lui il vit toutes les familles
des Pères spirituels qui ont engendré à Jésus-
Christ, par les saintes religions, des fils et des

filles spirituels, amener des multitudes innombrables, qui se glorifiaient en présence du Très-Haut ; et comme il n'y voyait aucun de ses fils, rougissant et attristé du fond du cœur, il se mit à pleurer amèrement[1]. Dans l'effroi que lui causait l'éclatante majesté du Seigneur, il se tenait à distance et n'osait pas s'approcher du glorieux visage et du trône sublime de la Vierge. Notre-Dame lui fit signe de la main de venir vers elle. Mais lui, effrayé et tremblant, n'osa point s'approcher jusqu'à ce que le Seigneur de majesté l'eut appelé à son tour.

115. Alors, enfin, il s'approcha plein de componction, l'esprit humilié, le cœur contrit, et tout baigné de larmes amères, il se prosterna dévotement et humblement aux pieds miséricordieux du Fils et de la Mère. Le consolateur de ceux qui pleurent, le Seigneur de gloire, lui dit : « Lève-toi. » — Et lorsqu'il fut debout devant le Seigneur, celui-ci lui demanda : « Pourquoi pleures-tu si amèrement ? »

---

1. Il n'était encore mort que fort peu des fils de Saint-Dominique ; mais il pensait probablement que son Ordre ne serait pas plus favorisé à l'avenir que dans le présent. Pour le détromper, la très sainte Vierge lui montre tous ceux de ses religieux qui viendront sous son manteau dans la suite des temps.

— Il répondit : « C'est parce que je vois, en pré-
« sence de la gloire, des religieux de tous les
« Ordres, et que des enfants de mon Ordre je
« ne vois personne, hélas ! » Le Seigneur lui
« dit : « Veux-tu voir ton Ordre ? » — Il
répondit : « Je le désire, Seigneur, mon
« Dieu. »

Le Fils de Dieu, posant sa main sur l'épaule de la Vierge sa Mère, lui dit : « J'ai confié ton « Ordre à ma Mère. »

Et comme il s'attachait encore avec une pieuse insistance au désir de voir son Ordre, le Seigneur lui dit de nouveau : « Veux-tu « absolument le voir ? » — Il répondit : « Je le « voudrais bien, mon Seigneur. »

A ce moment, la Mère-Vierge, voyant le bon plaisir de son Fils, ouvrit largement la chape dont elle était revêtue, et l'étendit sous les yeux mouillés de larmes de son serviteur Dominique : c'était un vêtement d'une ampleur et d'une immensité telles qu'il embrassait et contenait dans ses doux replis toute la patrie céleste.

116. Sous cet abri de toute sûreté, dans cet asile de piété, le contemplateur des choses sublimes et le confident des secrets de Dieu, Dominique, vit une multitude innombrable de

Frères de son Ordre, placés sous la garde d'une protection particulière, et embrassés dans les bras d'un amour spécial. Aussi son deuil se changea-t-il en joie, et ses lamentations en cris d'allégresse. Le cœur tressaillant, il se prosterna et rendit grâces au Fils de Dieu et à la glorieuse Vierge sa Mère.

Alors, revenant à lui-même, il donna avec la cloche le signal des matines, et les Frères se levèrent aussitôt. A la fin des matines, ayant convoqué les Frères au chapitre, il leur fit un grand et beau sermon pour les exhorter à l'amour de la Vierge-Mère, parce qu'il avait été rassasié du lait de ses consolations.

117. Après cela, il interrogea doucement le Frère qui avait été privé de la grâce de la bénédiction, et il le trouva entièrement exempt de faute, mais il apprit seulement qu'en se réveillant dans son lit il s'était trouvé découvert.

Oh ! quelle est donc pour nous la nécessité de la modestie extérieure, et comme nous devons garder notre pureté, puisque, même à notre insu et malgré nous, nous détournons de nous ces yeux miséricordieux qui regardent avec clémence ceux qui observent toujours soigneusement les voies qu'ils suivent. Quelle **vénération** ne devons-nous pas avoir, quel amour et quelles louanges ne devons-nous pas donner à cette Vierge si excellente, la très digne Mère de Jésus-Christ et notre Mère très bénigne à qui nous sommes confiés par la divine Majesté, sous les ailes de qui nous sommes protégés, de la main de qui nous sommes bénis, qui nous inonde de la rosée de ses grâces, qui nous dilate, nous conserve, nous sauve par son intervention ! C'est elle qui a présenté à son Fils notre bienheureux Père Dominique comme un serviteur très fidèle ; elle qui lui a apparu fréquemment, qui lui a parlé avec douceur, qui l'a assisté à ses derniers moments, qui l'a emporté avec son Fils sur une échelle éblouissante de blancheur, et qui l'a couronné avec les anges.

CHAPITRE XIV

DE QUELQUES MIRACLES

118. Ce saint homme, notre très pieux Père Dominique, voulait visiter les affligés et consoler les pauvres.

Il y avait à Rome, dans une tour auprès de la porte de Latran, une solitaire, femme d'une grande religion et d'une grande sainteté, nommée *Bonne* et réalisant vraiment le sens de son nom. Elle souffrait d'une infirmité très grave : de sa poitrine et de ses seins sortait une multitude innombrable de vers. Et cette femme supportait cette horrible maladie avec tant de patience et de reconnaissance que, quelquefois, quand il lui tombait des vers, elle les ramassait et les replaçait sur sa poitrine. Le dévot Dominique la visitait, il entendait sa confession et la communiait fréquemment.

Un jour qu'il l'avait communiée, et qu'assis auprès de sa petite fenêtre il lui adressait des paroles de consolation et d'édification, il lui demanda, entre autres choses, de lui faire voir son horrible mal ; elle le lui montra. La poitrine de la recluse était pleine de vers en cet endroit. Ce que voyant, l'homme de miséricorde, compatissant à cette violente douleur, dit : « Je vous en prie, donnez-moi un de ces « vers, vous me ferez un grand cadeau. »

119. Elle ne le voulut pas, à moins qu'il ne promît de rendre le ver. Ayant fait cette promesse, elle prit sous les yeux du Saint un ver de sa poitrine et le lui remit par la fenêtre : c'était un grand ver qui avait la tête noire. Le Père très saint ayant tendu la main pour le recevoir, et tournant ce ver avec son doigt pour l'examiner, il se changea tout à coup en une très belle pierre précieuse. A cette vue, les Frères qui étaient avec lui, stupéfaits, furent frappés d'admiration, et ils lui dirent de ne pas rendre ce joyau. Mais la sainte femme commença à pleurer et à supplier qu'il lui rendît sa pierre précieuse. Le Saint la rendit, comme il l'avait promis, en la plaçant sur la fenêtre. Elle, sous les yeux de l'homme de Dieu et de ceux qui étaient avec lui, la remit dans sa poitrine, d'où elle l'avait prise, et là elle se changea tout à coup de nou-

veau en ver. Alors, faisant une prière sur la servante de Dieu, le Père la bénit avec le signe de la croix, et la quitta. Tandis que saint Dominique descendait de la tour qu'elle habitait, ses seins tombèrent de sa poitrine avec les vers ; les vers périrent, et sa poitrine se consolida et se reforma peu à peu, et toute la douleur de cette affreuse pourriture lui fut enlevée.

Quelques jours après, le Saint, lui faisant visite, la trouva bien portante et joyeuse, et elle raconta aux Frères comment, par la grâce de Dieu et par les mérites du Saint, elle avait été délivrée de son horrible maladie.

120. A Rome, derrière l'église de Sainte-Anastasie, le Saint visitait souvent, en se rendant à Saint-Sixte, une recluse nommée Lucie, qui avait un bras tellement rongé par un mal cruel, que la chair et la peau étaient consumées, et que tout l'os jusqu'au coude apparaissait entièrement à nu. Un jour que la pieuse femme, pour lui obéir, lui avait montré son mal, le saint Père, plein de compassion pour sa douleur, fit sur elle le signe de la croix, la bénit et s'en alla. Elle recouvra aussitôt, par les mérites du saint Père, une

santé parfaite. Il y avait là Frère Bertrand et un grand nombre d'autres qui le virent [1].

1. Il y avait autrefois dans le cloître de Sainte-Sabine des peintures aujourd'hui couvertes de badigeon ; l'une de ces peintures était encore en partie reconnaissable ; elle représentait l'église de Sainte-Anastasie telle qu'elle était au Moyen-Age. On avait voulu, apparemment, représenter le miracle rapporté ici par Thierry d'Apolda. Le couvent de Sainte-Sabine est transformé maintenant en lazaret, et les galeries du cloître en salles pour les cholériques.

TROISIÈME PARTIE

CHAPITRE PREMIER

DE L'ARRIVÉE DU FRÈRE RÉGINALD A BOLOGNE

121. Cependant, ce vénérable maître Réginald, qui avait reçu des mains de la très sainte Vierge la guérison des deux hommes qui sont en nous [1], quoique déjà lié à l'Ordre par la profession, fit, du consentement du saint Père Dominique, le voyage d'outre-mer, avec l'évêque d'Orléans, pour accomplir son désir, et il en revint. Il arriva à Bologne l'année du Seigneur 1218, le 12 des calendes de janvier [2], jour de saint Thomas, apôtre. Il commença aussitôt à se livrer tout entier à la prédication ; son langage était de feu,

---

1. Guérison de la maladie pour le corps, et de la concupiscence pour l'âme.
2. 21 décembre 1218.

et sa parole, comme une torche ardente, enflammait le cœur de tous ceux qui l'entendaient, tellement qu'il ne se trouvait presque personne qui fût assez dur pour se soustraire à sa chaleur. Bologne tout entière était en feu, alors, parce qu'il semblait s'y être levé un nouvel Elie.

122. Dans ces jours-là, il reçut beaucoup de sujets dans l'Ordre à Bologne, et le nombre des Prêcheurs commença à s'acroître. Parmi ceux qui s'adjoignirent à eux, un bon nombre brillèrent et resplendirent comme des étoiles dans le monde entier, par la lumière de la prédication. Dieu, qui connaît l'avenir, avait montré d'avance que cette lumière brillerait d'abord et surtout à Bologne. Car, avant que les Frères n'arrivassent à Bologne, une femme dévote et chère à Dieu se mettait souvent à genoux pour prier, en face de l'endroit où devaient être les Frères et où ils sont maintenant. Et, comme les hommes se moquaient d'elle et la traitaient de folle, elle leur dit : C'est « vous plutôt qui êtes des malheureux et des « insensés. Si vous saviez quels grands hom- « mes il y aura là, et quelles grandes choses, « vous y adoreriez Dieu avec moi ; car ceux « qui seront ici illumineront le monde entier. »

Aussi, tandis qu'auparavant les Frères avaient demeuré auprès de l'église de Mascarella, peu après l'arrivée du Frère Réginald, sur la prière du Seigneur Hugolin, évêque d'Ostie, qui ensuite devint pape [1], l'évêque de Bologne accorda et assigna aux Frères Prêcheurs l'église de Saint-Nicolas. Elle avait pour chapelain un prêtre nommé Rodolphe, homme bon et dévot, qui entra dans l'Ordre des Frères Prêcheurs.

1. Grégoire IX, pape de 1227 à 1241.

CHAPITRE II

DES GLORIEUX FAITS DE FRÈRE RÉGINALD A BOLOGNE

123. Ce lieu fortuné de Bologne, qui fut le domicile de notre Père, fut honoré par Dieu, avant l'entrée des Frères, et prophétiquement, de concerts angéliques, de lumières surnaturelles et de splendeurs célestes. C'est dans cet asile des coupables, et cette maison de refuge, qu'un certain clerc suffisamment instruit, mais extrêmement épris des vanités du siècle, vint se réfugier pour se sauver, après l'avertissement de Dieu.

Il se vit, dans une vision, surpris en pleine campagne par une violente tempête qui l'entourait de tous côtés. Il courut chercher un refuge dans une maison, et la trouvant fermée, il frappa, demandant à être reçu. L'hôtesse lui dit : « Je suis la Justice, et c'est ici que j'ha-« bite, cette maison est à moi ; mais parce que « tu n'es pas juste, tu n'y entreras point. »

Triste, il alla frapper à une autre maison qu'il voyait, et demanda qu'on l'y reçût. « Je
« suis la Vérité, lui répondit l'hôtesse, et je ne
« te reçois point, parce que la Vérité ne
« délivre pas ceux qui ne l'aiment pas. »

Voyant une troisième demeure, il demanda également qu'on le reçût, et celle qui était à l'intérieur lui dit : « Je suis la Paix, et il n'y a
« point de paix pour les impies, mais seule-
« ment pour les hommes de bonne volonté.
« Cependant, comme mes pensées sont des
« pensées de paix, et non d'affliction, je te
« donnerai un bon conseil. Un peu plus loin
« habite ma sœur, la Miséricorde, qui aide tou-
« jours les malheureux : va la trouver et exé-
« cute ses ordres. »

124. Tandis qu'il y allait, la divine Miséricorde, venant à sa rencontre, lui dit : Si tu
« désires être préservé de la tempête qui te
« menace, va à Saint-Nicolas, où habitent les
« Frères Prêcheurs. Tu y trouveras l'étable de
« la pénitence, la crèche de la continence,
« l'herbe de la doctrine, l'âne de la simplicité,
« avec le bœuf de la discrétion, Marie qui
« t'illuminera, Joseph qui te perfectionnera,
« et Jésus qui te sauvera. »

A son réveil, ayant médité ces choses, il

suivit le conseil de la Miséricorde. Se rendant chez les Frères, il leur demanda dévotement miséricorde, et il l'obtint [1].

Il y avait alors parmi les Frères une grande ferveur de charité pour toute œuvre de vertu, une suavité de dévotion exquise, une vigilance continuelle à l'oraison, une observance très étroite de la règle, un zèle ardent pour les âmes dans les prédications et les confessions assidues, une vie très belle paraissant dans les exemples et les mœurs saintes, une rigueur très sévère dans la répression des vices, car alors pour une transgression légère il n'y avait pas de légère pénitence.

125. Un frère convers fut surpris à avoir reçu un morceau d'étoffe grossière sans permission spéciale. Le vénérable Père Réginald

---

1. C'est ainsi qu'on demande toujours l'habit de l'Ordre. Quand le postulant se présente au Chapitre, le Prieur lui dit : « *Quid petis ?* Que demandez-vous ? » Et il répond : « *Misericordiam Dei et vestram*, la miséricorde de Dieu et la vôtre. »

Ce récit est emprunté, presque mot pour mot, aux *Vies des Frères*, de Gérard de Frachet, de même que beaucoup d'autres récits suivants.

Le R. P. Ceslas Bayonne a donné de ces *Vies des Frères* une traduction qui a paru dans l'*Année dominicaine*, 1874 et suiv. Son frère le R. P. Hyacinthe Bayonne, et lui, morts tous deux à un mois de distance en 1885, ont publié sur l'Ordre de Saint-Dominique des travaux très intéressants, et ils en ont laissé encore bien d'autres inachevés.

le châtia rudement en plein chapitre, et il fit brûler cette étoffe dans le cloître, en présence des Frères. Mais comme ce malheureux murmurait, et qu'au lieu de reconnaître sa faute il refusait de s'humilier par la pénitence, l'homme de Dieu commanda aux Frères de le contraindre à recevoir la discipline. Alors, levant les yeux au ciel, il dit en versant des larmes : « Seigneur Jésus-Christ, qui avez
« donné à votre serviteur Benoît la puissance
« de chasser le démon du cœur d'un de ses
« moines par la discipline [1], accordez-moi, je
« vous prie, de chasser, par la vertu de cette
« discipline, la tentation du diable de l'âme
« de ce Frère. » — Et il se mit à le châtier en le frappant si fort que les Frères en étaient émus jusqu'aux larmes. — Ce ne fut pas en

---

1. Saint Grégoire le Grand raconte qu'un religieux toujours distrait à l'oraison avait été fortement réprimandé par saint Benoît, mais inutilement. Le Saint, voulant se rendre compte de ce qui le distrayait ainsi, vint un jour le surveiller, et il vit qu'à côté de lui se tenait un petit enfant noir qui le tirait par le bord de son vêtement, c'est pourquoi il ne pouvait rester en place. Le lendemain, après l'oraison, le saint patriarche sortit de l'oratoire et trouva le moine qui se tenait dehors. « Il le frappa de verges pour le guérir de son aveuglement, et à dater de ce jour le moine ne subit plus l'influence du petit enfant noir et resta tranquillement à l'oraison. L'antique ennemi n'osa plus tyranniser sa pensée, comme s'il eût reçu lui-même les coups. » *Dialogues* de saint Grégoire traduits par E. Cartier, Poussielgue, Paris 1875, l. II, chap. IV.

vain. Le coupable, touché de componction, et tout en pleurs, lui dit : « Je vous rends « grâces, Père, car vous avez vraiment chassé « le démon hors de moi. J'ai parfaitement « senti qu'un serpent sortait de mes reins. » — Ainsi converti, il fit ensuite des progrès et devint un bon et humble Frère.

126. Un autre Frère, qui voulait quitter l'Ordre, fut arrêté au moment où il allait sortir de la maison, et amené devant le vénérable Père Réginald au chapitre, à Bologne. Reconnaissant sa faute, en sa présence, il s'humilia pour recevoir la discipline. Alors l'homme de Dieu, se tournant vers le Frère, le châtia fortement en disant : « Sors, démon. » — Puis se tournant vers les Frères : « Priez, leur disait-il, mes Frères. » — Il voulait chasser le démon par la prière et la mortification. — Quand il eut fait cela assez longtemps, le Frère s'écria : « Ecoutez-moi, Père. » — Et lui : « Que voulez-« vous, mon fils ? » — « Le diable est vraiment « parti, dit le Frère, et je vous promets la « stabilité. » — Les Frères se réjouirent, et lui, affermi, resta dans l'Ordre [1].

---

1. Ces deux faits sont aussi empruntés aux *Vies des Frères*, de Gérard de Frachet. (Voyez *Année dominicaine*, 1876, p. 51.)

CHAPITRE III

DE LA CONSOLATION DES FRÈRES APRÈS LE TROUBLE, ET DE QUELQUES HOMMES ILLUSTRES

127. Lorsque l'Ordre était encore comme un petit troupeau, il s'éleva dans le couvent de Bologne une tentation violente, tellement que plusieurs, trompés par l'esprit de défiance, se demandaient mutuellement à quels Ordres ils pourraient passer, vu que cet Ordre nouveau n'était encore à leurs yeux qu'un arbuste dont les racines manquaient de vigueur. Déjà même deux d'entre eux avaient obtenu du légat de ce temps-là des lettres à ce sujet. Lorsque le grand Réginald les eut lues au milieu des Frères, il y eut une désolation immense et le trouble ne fit que s'accroître. Alors, l'homme de Dieu, Réginald, levant les yeux au ciel, parla du fond du cœur à Dieu, tandis que le Frère Clair, homme pieux et d'une grande autorité, attendu qu'il avait

enseigné les arts et le droit canonique, et qu'il était aussi versé dans le droit civil, prit la parole pour consoler les Frères et pour les encourager par de nombreuses raisons.

128. A peine avait-il achevé son discours, que maître Roland [1], qui alors enseignait à Bologne, et dont la réputation était célèbre, enflammé par l'Esprit de Dieu et fuyant le monde, s'en vint tout seul trouver les Frères, et sans aucun préambule, comme hors de lui-même, il demanda d'être reçu. Le grand Réginald, dans l'excès de sa joie, n'attend pas qu'on apporte un autre habit ; il ôte son scapulaire, et l'en revêt ; puis, au son de la cloche [2], et pendant que les Frères chantent le *Veni Creator*, une foule d'hommes, de femmes et d'étudiants accourt, et toute la ville est en émoi. Les Frères pouvaient à peine chanter, dans le transport de leur joie et l'abondance de leurs larmes. Alors la dévotion première

---

[1]. Roland de Crémone, savant physicien, dit Gérard de Frachet, et, dans la suite, le premier des Frères qui ait professé la théologie à Paris. (*Année dominicaine*, 1874, p. 237.)

[2]. Gérard de Frachet nous apprend que cette cloche des Frères de Bologne n'avait pas coûté plus de vingt sous, monnaie impériale : *Quæ viginti solidos imperialium solummodo constiterat*. Naturellement, ce n'étaient pas de gros sous de cuivre.

revint, toutes les illusions, toutes les tentations s'apaisèrent; et ces deux Frères, s'avançant au milieu de l'assemblée, confessèrent qu'ils avaient mal agi, et, renonçant à leurs lettres, ils promirent la stabilité.

129. La nuit suivante, le Seigneur Jésus-Christ apparut au Frère Rodolphe. A sa droite était sa Mère et à sa gauche le bienheureux Nicolas. Celui-ci, lui plaçant la main sous la tête, lui dit : « Ne crains rien, Frère, parce « que tout ira bien pour toi et pour ton Ordre : « Notre-Dame a soin de vous. » — Aussitôt il vit sur l'eau qui coule auprès de la ville un vaisseau rempli d'une multitude de Frères, et le bienheureux Nicolas lui dit : « Vois-tu ces « Frères? Ne crains donc pas; car il y en a « tant, qu'ils rempliront le monde entier. » — Le Frère fut bien consolé, car il avait été très troublé par les émotions de la veille.

On se délecte au souvenir de ces hommes illustres, comme aux accords de la musique dans un banquet ou à l'odeur des suaves parfums. — Quant à Frère Réginald, on a déjà vu, par ce qui a été dit, combien il fut grand, et on le verra encore par ce qui suit.

130. Frère Clair, conformément à son nom, se fit remarquer constamment par la bonté et

la sainteté de sa vie. Il était distingué par sa science [1], ayant enseigné les arts et le droit canon, et il brillait aussi par sa connaissance du droit civil. Il n'était pas moins éminent par son autorité, car il fut Prieur provincial de la province de Rome, et pénitencier et chapelain du Seigneur Pape.

Frère Roland de Crémone, qui enseignait à Bologne, et qui, touché par la considération de la vanité des délices et de la gloire dont il était abondamment pourvu, était venu dans l'Ordre, fut le premier d'entre les Frères qui donna des leçons de théologie à Paris. Il servit Dieu dans la sainteté pendant de longues années, illustre par sa réputation, sa science et sa vie.

Frère Monéta également, qui alors enseignait les arts, et qui était très renommé dans toute la Lombardie, ayant été vivement touché par la prédication du vénérable Père Réginald, amena à l'Ordre, quoique encore séculier lui-même, un bon nombre de sujets. Une fois qu'il eut revêtu l'habit de l'Ordre, il serait difficile d'expliquer par écrit ce qu'il devint en toute

---

1. L'auteur emploie en latin le mot *claruit*, qui se rapporte à *clarus*; c'est ce qui explique le jeu de mots naïf qu'il fait sur le nom de *Clair*.

sorte de sainteté, et combien il fit de bien par la parole, par la doctrine et par la réfutation des hérésies. — Ce sont là les hommes glorieux, nos Pères et nos Frères, que le grand Réginald, à Bologne, acquit au Seigneur, avec beaucoup d'autres, par la parole de l'Evangile.

CHAPITRE IV

DU PAIN ET DU VIN QUI FURENT APPORTÉS DU CIEL PAR LES ANGES

131. Ma plume s'est arrêtée à ces doux et embaumés souvenirs des fils, et j'ai suspendu pendant ce temps le magnifique et ravissant récit des mérites du Père. Maintenant je reporte l'œil de mon âme vers la racine délicieuse d'où est sortie toute cette suavité.

Pendant que toutes ces choses se faisaient par le vénérable Frère Réginald à Bologne, le Dieu tout-puissant daignait opérer en différents endroits des choses admirables par les mérites du saint Père Dominique.

A Rome, lorsque les Frères réunis à Saint-Sixte au nombre de cent vivaient avec lui sous la pauvreté évangélique, il envoya un jour deux Frères, Jean de Calabre et Albert de Rome, pour demander l'aumône. Ils travaillèrent à quêter depuis le matin jusqu'à Tierce, sans recevoir absolument aucune aumône.

Comme ils s'en revenaient, une femme dévouée à l'Ordre les rencontra et leur dit, en leur donnant un pain : « Je ne veux pas que « vous retourniez tout à fait à vide. » — A peine l'avaient-ils reçu, qu'un homme, très beau et d'une blancheur éblouissante, les accosta et les pria instamment de lui donner l'aumône. Ceux-ci s'en excusèrent, disant qu'ils ne pouvaient pas la faire quand ils n'avaient rien pour eux-mêmes. Cependant, comme il les priait avec plus d'instance, ils lui donnèrent le pain pour l'amour de Dieu. Aussitôt qu'il eut reçu ce pain il disparut à leurs yeux.

132. A leur retour, le bon Père, qui déjà avait connu par une révélation du Saint-Esprit tout ce qui était arrivé, alla au-devant d'eux et leur dit d'un air joyeux : « Eh bien, mes en- « fants, vous n'avez rien ? » — Ils lui racontèrent ce qui s'était passé, et lui parlèrent de ce pauvre à qui ils avaient donné leur pain. Il leur dit : « C'était l'ange de Dieu ; mais le Sei- « gneur nourrira ses serviteurs : allons prier. » — Et étant entré dans l'église, il en sortit au bout d'un moment, et il dit aux Frères de venir dîner. Quelques-uns d'entre eux dirent : « A quoi bon y aller, puisque nous n'avons

« pas de quoi servir ? » — Mais lui, sachant ce que ferait le Seigneur, leur dit : « Le Seigneur « nourrira ses serviteurs. » — Et comme, dans leur foi pusillanime, ils tardaient et hésitaient encore, il appela le frère Roger, cellérier, en lui ordonnant de réunir les Frères pour dîner, parce que le Seigneur pourvoirait à leurs besoins.

133. Enfin, la table ayant été couverte et les tasses mises [1], au signal donné, les Frères entrèrent au réfectoire et le Père bénit les tables. Tous s'étant assis, Frère Henri de Rome fit la lecture à table. Or, saint Dominique ayant joint les mains sur la table, se mit à prier ; et voilà que, comme il l'avait promis, la Providence divine intervint pour nourrir ses serviteurs ; car deux jeunes hommes très beaux apparurent au milieu du réfectoire, portant des pains très blancs dans deux nappes blanches, descendant par devant et par derrière ; et, commençant par les derniers, l'un à droite, l'autre à gauche, ils offrirent un pain entier à chacun des Frères. Arrivés à saint

---

1. *Scyphis appositis.* Au lieu de verres, les anciens se servaient souvent de *tasses de terre* qu'ils tenaient à deux mains suivant les Constitutions : *Ut ambabus manibus bibant et sedendo.*

Dominique, ils lui mirent aussi un pain entier comme aux autres, puis, inclinant la tête, ils disparurent.

134. Alors, saint Dominique dit aux Frères : « Mangez, Frères, mangez ce pain que le Seigneur nous a envoyé. » — Puis, s'adressant aux servants de la table : « Servez du vin aux « Frères », leur dit-il. — Ceux-ci lui répondirent : « Père saint, nous n'en avons point. » — Lui, plein de l'Esprit-Saint, leur dit : « Allez « au baril, et versez-nous du vin que le Sei- « gneur y a mis. » — Ils y allèrent, comme on le leur ordonnait, et ils trouvèrent le baril plein d'un vin excellent, jusqu'en haut, et ils en puisèrent pour le verser aux Frères. Et le saint Père leur dit : « Buvez, Frères, du vin « que le Seigneur vous a donné. » — Ils mangèrent donc et burent autant qu'ils voulurent, ce jour-là et les suivants. — Le troisième jour, quand ils eurent mangé, saint Dominique ordonna de donner aux pauvres tous les morceaux qui restaient, et il ne voulut pas qu'on en conservât quoi que ce fût[1]. Après quoi, ce Père très fidèle exhortant ses fils à

---

[1]. Sans doute dans la crainte qu'on n'en fît des reliques. Cependant les Frères de Saint-Sixte donnèrent de ce pain et de ce vin miraculeux aux Sœurs qui habitaient encore le

mettre leur espérance en Dieu, et à ne jamais désespérer dans aucune nécessité, leur prêcha un très beau sermon.

135. Une autre fois, dans la même maison, le procureur des Frères, s'approchant du saint Père, lui annonça qu'on manquait de pain. Le cœur tressaillant de joie, il bénit Dieu et ordonna au Père de placer sur les tables le peu de pain qu'on avait partagé en morceaux. Il y avait alors dans le couvent environ quarante Frères, qui, au signal donné, entrèrent au réfectoire. Après la bénédiction, chacun se mit à rompre avec joie la bouchée de pain placée devant lui, lorsque deux jeunes hommes, semblables d'extérieur et de visage, entrèrent avec des nappes suspendues à leur cou et remplies de pains. Ils les déposèrent en silence devant le saint Père, puis ils se retirèrent immédiatement, sans qu'on pût rien savoir de plus sur eux. Alors, le saint homme, étendant sa main autour de lui : « Maintenant, dit-il, mes Frères, mangez. » — O admirable bénignité de Dieu, qui prépare à ceux qui le craignent une si délicieuse nourriture !

monastère de Sainte-Marie au Transtévère, et celles-ci les conservèrent plusieurs années. (Relation de la Sœur Cécile. Mamachi, *Annales, pièces justificatives*, colonne 251.)

CHAPITRE V

DE QUELQUES PROPHÉTIES
ET D'UN JEUNE HOMME REÇU DANS L'ORDRE

136. Dans la même maison, le saint Père, inspiré par l'Esprit-Saint, annonça, en présence de tous les Frères réunis dans le chapitre, que deux d'entre eux mourraient corporellement et deux autres spirituellement. En effet, la réalité suivit de près la prédiction.

En premier lieu, Frère Grégoire, très bel homme et extrêmement gracieux, et trois jours après, Frère Albert, que le Père avait envoyé quêter et qui avait donné le pain à l'ange, moururent dans le Seigneur, après avoir reçu dévotement les sacrements. — Deux autres, en sortant de l'Ordre, se perdirent.

137. Frère Jacques avait été saisi d'une maladie grave, et le mal s'accroissant tous les jours, il en était venu à la dernière extrémité.

la nature n'ayant plus aucune force. Après lui avoir donné l'extrême-onction, les Frères étaient réunis autour de lui pour protéger son âme par leurs prières à sa sortie du corps ; ils étaient très affligés de la perte de ce Frère, qui leur était alors très nécessaire, parce qu'ils n'en avaient aucun autre qui fût aussi connu dans la ville. Le bon Père, touché au plus haut point de la désolation de ses enfants, les fit éloigner tous, et fermant la porte sur lui, il se mit en prière et il eut la force de retenir l'âme qui s'en allait ; puis, appelant les Frères, il leur remit en mains le Frère guéri, et il le rendit à son office en parfaite santé.

C'est le Frère Jacques lui-même qui a publié ce fait qui s'était passé sur lui ; c'est lui aussi qui était procureur lorsqu'eut lieu le miracle de la multiplication des pains que nous avons raconté.

138. Le serviteur de Jésus-Christ, Dominique, reçut un jeune Romain très beau, nommé Henri, noble de naissance, mais plus noble encore de mœurs. Les parents indignés s'efforcèrent de l'arracher de l'Ordre. Sachant cela, le Père, prudent, lui donna des compagnons et l'envoya dans un autre couvent. Il **avait déjà passé le fleuve auprès de la voie**

Nomentane, lorsque ses parents se présentèrent à l'autre rive du fleuve pour l'arrêter dans sa fuite. Le novice se recommanda à Dieu et aux mérites de saint Dominique, pour qu'il daignât l'arracher de leurs mains. Or, par la permission de Dieu, l'eau se mit à grossir à tel point qu'il fut impossible à ceux qui le poursuivaient de la passer à cheval. Stupéfaits à cette vue, ils s'en retournèrent et laissèrent le jeune homme affermi dans l'Ordre. — Les Frères, voyant qu'ils s'en retournaient stupéfaits, aimèrent mieux s'en revenir aussi. Arrivés au fleuve qu'il fallait traverser, l'eau revint à sa place, et leur laissa le passage libre.

CHAPITRE VI

D'UN TRIPLE MIRACLE GLORIEUSEMENT ACCOMPLI

139. Un jour, le très saint Père Dominique vint un peu plus tard chez les Sœurs, et les ayant réunies toutes à la grille [1], il leur dit, en présence des Frères : « Mes filles, j'arrive « de la pêche, et le Seigneur m'a donné un « grand poisson. » — Il disait cela de Frère Gaudion, qu'il avait reçu dans l'Ordre, et qui était le fils unique d'un certain seigneur Alexandre, citoyen romain et homme magnifique. Il leur fit ensuite une grande conférence, qui leur causa beaucoup de consolation. Après quoi, il leur dit : — « Ce sera une bonne « chose, mes filles, que nous buvions un « peu. »

---

1. Thierry d'Apolda dit : *à la fenêtre*; mais cette fenêtre était probablement grillée, autrement la Sœur Nubia n'aurait pas eu besoin d'aller au tour pour prendre la coupe, il eût suffi de la passer de la main à la main.

A son ordre, Frère Roger, le cellérier, apporta donc une coupe pleine de vin jusqu'au bord. Il la bénit, en but le premier, et après lui tous les Frères qui étaient présents, au nombre de trente [1]. Ils burent tous tant qu'ils voulurent, sans que le vin fût diminué, et la coupe resta pleine.

140. Alors le Saint, appelant la sœur Nubia, lui dit : — « Allez au tour, prenez la coupe, « et donnez à boire à toutes les Sœurs. »

Elle y alla avec une compagne, et prit la coupe pleine jusqu'au bord ; et quoiqu'elle fût si pleine, il ne s'en répandit pas une seule goutte, bien qu'elle eût à passer dans bien des mains et dans bien des places. La prieure but la première, ensuite toutes les autres Sœurs, le bon Père leur répétant souvent : — « Buvez à votre aise, mes filles. » — Les Sœurs étaient alors cent quatre. — Et lorsque les Sœurs et les Frères eurent tous bu de ce breuvage de la charité, la coupe resta cependant pleine et sans aucune diminution.

141. Cela fait, le saint Père dit : — « Le

---

[1]. Sœur Cécile, dont le Révérend Père Lacordaire reproduit la *Relation*, dit : « vingt-cinq, tant clercs que laïques » ; mais la différence est insignifiante, le nombre n'étant cité qu'approximativement.

« Seigneur veut que j'aille à Sainte-Sabine « consoler mes fils. » — La prieure et les enfants du Bienheureux s'efforçaient de le retenir en lui disant : — « Père saint, l'heure « est passée, il est près de minuit, et il n'est « pas expédient que vous vous retiriez. » — Lui, cependant, refusait d'acquiescer à leurs prières, et disait : — « Le Seigneur veut « absolument que je parte, il enverra son « ange avec nous. » — Il prit donc pour compagnons Frère Tancrède, prieur des Frères, et Frère Odon, prieur des Sœurs, et se mit en chemin.

Comme ils sortaient, voilà qu'un jeune homme d'une grande beauté se trouva devant la porte, tenant un bâton à la main comme prêt à marcher, et il se mit à les précéder dans le chemin.

142. Alors le Père saint, rangeant ses compagnons entre le jeune homme et lui, se mit à la troisième place et les suivit. En arrivant à la porte des Frères, ils la trouvèrent bien fermée aux verroux. Le jeune homme qui leur avait montré le chemin s'appuya sur un côté de la porte, et elle s'ouvrit aussitôt ; il entra le premier, ensuite les Frères, et après eux le bienheureux Dominique. Puis le jeune

homme qui les avait introduits sortit, et la porte se retrouva fermée comme auparavant. — Frère Tancrède dit au bienheureux Dominique : — « Père saint, qui est ce jeune « homme venu avec nous ? » — Il répondit : — « Mon fils, c'est un ange que le Seigneur « a envoyé pour nous garder. » — Les Frères, en voyant au chœur pour les Matines le saint Père et ses compagnons, se demandaient tout étonnés comment ils étaient entrés, les portes closes.

143. Il y avait au couvent un jeune novice, citoyen romain, nommé Jacques, qui, ébranlé par une forte tentation, avait résolu de quitter l'Ordre lorsqu'on ouvrirait les portes de l'église. Le vénérable Père, sachant cela par une révélation divine, l'avertit doucement, dans un esprit de bienveillance, de ne pas se séparer d'une si sainte compagnie. Le jeune homme, insensible à ses avis et à ses prières, se leva, s'ôta l'habit de dessus le corps, et lui dit qu'il avait absolument résolu de sortir. Le très miséricordieux Père, touché de compassion pour sa violente tentation, lui dit : — « Mon fils, attendez un peu ; après cela vous « ferez ce que vous voudrez. »

144. Et le pieux Père se prosterna en

prières, suppliant le Seigneur pour son fils qui allait périr. — On vit bientôt ce que valait la prière du juste et combien il avait facile d'obtenir de Dieu ce qu'il voulait. En effet, il n'avait pas achevé sa prière, que le jeune homme se jeta en larmes aux pieds du Saint, le conjurant de lui rendre l'habit qu'il avait rejeté, et promettant de servir toujours le Seigneur dans l'Ordre. Le bon Père, lui parlant avec douceur, lui rendit l'habit et l'exhorta à la persévérance. Soutenu par les mérites de son intercession, ce Frère vécut ensuite pendant longtemps dans l'Ordre avec édification.

Le matin, les Frères retournant (à Saint-Sixte) racontèrent aux Sœurs tout ce qui s'était passé, et le Père, dans son amour de la vérité, reconnut avec simplicité que cela était ainsi. — « Mes filles, dit-il, l'ennemi de
« Dieu voulait ravir une brebis du Seigneur ;
« mais le Seigneur l'a délivrée de ses mains [1]. »

---

1. La relation de Sœur Cécile, que le Révérend Père Lacordaire a traduite (*Vie de saint Dominique*, chap. XII), rapporte les mêmes faits presque dans les mêmes termes.

CHAPITRE VII

DU POUVOIR QU'IL EUT DE DIEU DE COMMANDER AUX DÉMONS

145. Le saint homme étant entré avec plusieurs Frères dans le couvent des Sœurs, y prêchait constamment sur les fourberies de l'ennemi. Or, voilà qu'un jour Satan se présenta sous la forme d'un lézard à deux têtes, horrible, affreux, énorme. Il se mit à courir, au bord de l'eau, du côté où elles étaient assises [1], élevant et abaissant tour à tour,

---

1. Sœur Cécile, qui raconte le fait, nous apprend que le sermon se faisait à côté des moulins à eau. « Un jour après la messe, dit-elle, le B. Dominique vint à la grille et dit aux Sœurs de se réunir toutes auprès des canaux où étaient les moulins, pour qu'il pût leur prêcher la parole de Dieu... Et comme, dans ce moment, les moulins étaient en réparation, il entra dans le cloître des Sœurs, en compagnie de plusieurs Frères, et ils se rendirent au lieu où les Sœurs s'étaient réunies. Elles s'assirent auprès du canal, et le B. Dominique commença à leur parler avec force des fourberies de l'ennemi. » (Mamachi, Pièces justificatives, p. 258.) Cela explique comment saint Dominique était entré, et comment il ordonna au lézard de se jeter à l'eau.

avec une très grande rapidité, sa queue et une de ses têtes, et s'élançant sur les Sœurs comme s'il voulait les attaquer. Le saint Père, reconnaissant qui c'était, s'enflamma contre lui du zèle de Dieu, et secouant la tête d'un air terrible, il lui dit : « Ennemi, « ennemi ! » — et se tournant vers les Sœurs : « N'ayez pas peur, leur dit-il, il ne peut pas « vous nuire. » Déjà quelques-unes, dans leur épouvante, s'étaient levées pour fuir. — « Ennemi du genre humain, dit-il, je t'ordonne « de te jeter immédiatement dans cette eau. » Aussitôt, à la vue de tout le monde, il se plongea dans l'eau et ne reparut plus.

146. Après son voyage en Espagne, le Père saint apporta aux Sœurs des cuillers de cyprès, une pour chaque Sœur [1].

Un jour, pendant qu'assis à la fenêtre avec plusieurs Frères, il prêchait aux Sœurs, l'ennemi du genre humain, sous la figure d'un passereau, se mit à voler tout près de terre, au-dessus des Sœurs, en l'air, de manière qu'on pouvait le prendre avec la main, et il gênait le prédicateur.

---

1. Saint Dominique ne rapporta que des cuillers, parce que, à cette époque, l'usage des fourchettes à table n'était pas encore introduit ; on ne s'en servait guère que dans les cuisines pour tirer les aliments du feu ou du bouillon.

Le Saint, à cette vue, dit à Sœur Maximilla :
« Levez-vous, prenez-le et apportez-le-moi. »
— Elle se leva, le prit sans difficulté et le tendit par la fenêtre au Saint, qui commença aussitôt à le plumer en disant : « Ennemi !
« ennemi ! » Lorsque, à la grande hilarité de tous, il lui eut arraché toutes ses plumes, malgré ses piaulements lamentables, il le jeta à terre en disant : « Va, ennemi du genre
« humain, vole maintenant si tu peux. Tu feras
« beaucoup de bruit, mais tu ne pourras pas
« faire de mal [1]. »

Le passereau entra par la fenêtre et s'élança vers le vase d'airain qui pendait à des chaînes devant l'autel de la bienheureuse Vierge, et où brûlait une lampe pleine d'huile. Il ébranla les chaînes d'un grand coup et renversa le vase ; la lampe en sortit, et sans se briser ni s'éteindre, elle resta en l'air, renversée, le bec en bas et le fond en haut. — Les Sœurs, levant la tête au bruit, virent la lampe en l'air, sans soutien, se maintenant d'une manière admirable ; elle ne s'était pas éteinte,

---

[1]. Janssenboy, dans sa *Vie de saint Dominique*, dit que le pauvre diable de passereau fut réduit à la condition de l'*homme de Platon* (L'homme est un animal à deux pieds et sans plumes).

et pas une goutte d'huile ne s'en échappa. Le son même qui était dans le plat sous la lampe, pour plus de sûreté, ne fut pas répandu ; tout resta intact et parfaitement en ordre, comme le saint Père l'avait prédit de sa bouche prophétique. A cette vue, il rendit grâce à Dieu avec les Frères. Quant au passereau volage, il ne reparut plus ; et l'homme de Dieu ordonna de remettre la lampe à sa place.

147. Il arriva, au même endroit [1], que l'homme de Dieu ayant veillé en oraison jusqu'au milieu de la nuit, sortit de l'église et s'assit pour écrire à la lueur d'une chandelle, à l'extrémité du dortoir. — Et voilà que le démon, apparaissant sous la forme d'un singe, se mit à faire des grimaces et à se contourner le visage en marchant devant lui. Le Saint lui fit signe de la main de rester immobile et lui donna à tenir la chandelle allumée devant lui. Tout en la tenant, il continuait ses grimaces et les contorsions de sa face.

---

1. Thierry d'Apolda ne suit évidemment pas l'ordre rigoureux des faits, car l'histoire du singe arriva à l'époque où les Frères étaient encore à Saint-Sixte : Sœur Cécile le dit expressément. Sans cette remarque, on ne comprendrait pas comment saint Dominique passait la nuit à Saint-Sixte, au lieu de la passer à Sainte-Sabine ; surtout on s'expliquerait difficilement comment cette scène se passa au dortoir.

Cependant la chandelle étant venue à finir, le doigt du singe commença à brûler, et lui de se lamenter comme s'il eût été torturé par la douleur, quoique, brûlant des feux de l'enfer, il ne craigne pas la flamme corporelle. Le Saint, néanmoins, lui fit signe de rester encore ; de sorte qu'il fut obligé de se tenir immobile jusqu'à ce que tout son doigt (l'index) fut brûlé jusqu'à la jointure de la main, ce qui le fit se tordre de plus en plus et jeter des cris de douleur. — Après s'être ainsi joué de celui qui voulait le jouer, le vaillant homme de Dieu le frappa fortement d'un fouet qu'il portait toujours sur lui, et lui dit : « Re-« tire-toi maintenant. » — Or, les coups résonnèrent comme s'il eût frappé sur une outre sèche et pleine de vent. — Le singe se jeta sur la paroi voisine, et il ne reparut plus ; seulement il laissa derrière lui une puanteur qui fit bien voir qui il était. — Il mérite vraiment d'être couronné parmi les puissances angéliques, celui qui a su réprimer et confondre avec tant de puissance la malice des démons.

148. Ces faits, et beaucoup d'autres exemples de prodiges merveilleux que la vertu du Très-Haut daigna opérer par son glorieux serviteur Dominique, eurent lieu

dans la ville de Rome, au temps du pape Honorius, qui confirma l'Ordre des Prêcheurs, et qui portait au saint patriarche une bienveillance exceptionnelle et le jugeait digne de tout honneur. Sœur Cécile, jeune fille de dix-sept ans, fut la première qui reçut l'habit de l'Ordre des mains du saint Père Dominique ; transférée, plus tard, à Bologne pour y établir le couvent de Sainte-Agnès, elle y vit encore dans une vieillesse **vénérable** [1] et une très haute sainteté. C'est elle qui a raconté fidèlement ces traits qu'elle a vus de ses yeux et entendus de ses oreilles.

1. Sœur Cécile vivait encore quand Frère Thierry d'Apolda commença son travail vers 1288, mais elle n'était plus quand le termina, en 1295 ou 1296.

CHAPITRE VIII

DES MIRACLES QUI FURENT OPÉRÉS PAR LE SERVITEUR DU CHRIST EN VOYAGE

149. Après avoir établi en Espagne deux couvents [1], le Bienheureux, qui cherchait

---

[1]. Les deux couvents établis en Espagne par saint Dominique sont ceux de Ségovie et de Madrid.

L'historien espagnol Ferdinand Castiglio raconte au long le voyage du Saint, qui, d'après ses calculs, doit avoir eu lieu, non pas en 1216, comme l'avait écrit l'auteur de l'*Enchiridion des Temps*, ni en 1218, comme l'avait cru saint Antonin, mais dans les premiers jours de mars de l'année 1219. Le R. P. Lacordaire a donné un abrégé de ce récit dans sa *Vie de saint Dominique*, chap. XIV.

Castiglio raconte entre autres choses que saint Dominique avait pour compagnon un Frère de l'Ordre de Saint-François, à qui un gros chien, rencontré sur la route, enleva un jour un bon morceau de son habit. Comme ils étaient en pleine campagne, et qu'ils n'avaient rien pour raccommoder l'habit, saint Dominique prit un peu de boue pour rattacher les morceaux, et quand la boue fut sèche, ils trouvèrent l'habit intact, sans aucune trace de déchirure. (Castiglio, 1ᵉ Partie, ch. XL.)

De même le Saint rendit muette une femme qui avait murmuré contre eux, parce qu'ils prenaient trop peu de chose dans son auberge. Ce ne fut que quand le Saint repassa au même endroit que, se jetant à ses pieds, elle obtint par ses larmes que la parole lui fût rendue.

Le premier couvent fondé par saint Dominique en Espagne fut celui de Ségovie, qui fut renouvelé plus tard sous le priorat du fameux Thomas de Torrecremata, confesseur de Ferdinand

toujours les intérêts de Jésus-Christ et non les siens, se rendit dans d'autres contrées.

Voyageant du côté de Toulouse avec plusieurs Frères, il arriva qu'un jour ces pauvres de Jésus-Christ n'eurent à dîner qu'un seul verre de vin pour se refaire. Or, comme quelques-uns de ces Frères avaient vécu très délicatement dans l'état séculier, le pieux Père, touché de compassion pour leur détresse, ordonna que l'on mît ce peu de vin qu'ils avaient dans un grand vase et que l'on versât beaucoup d'eau par-dessus, pour le servir aux Frères. Il y avait là huit Frères qui burent à leur suffisance de cette eau changée en vin, et en vin excellent, et ils rendirent grâces au Seigneur. Et il resta encore une assez grande

---

d'Aragon et d'Isabelle la Catholique, et premier grand-inquisiteur d'Espagne.

Le second couvent fondé par saint Dominique fut celui de Madrid. Il le destina à des religieuses de son Ordre, qu'il soumit à la même règle que celles de Prouille et de Saint-Sixte de Rome. Il l'avait mis, en le fondant, sous le patronage de saint Dominique de Silos, son patron, mais on y substitua dans la suite son propre nom. Sous le règne de Henri III (1390-1406), lorsque la princesse Constance de Castille, petite-fille de Pierre le Cruel, et fille de l'Infant Don Juan qui mourut en prison, alors prieure de ce couvent, y eut fait transporter les corps de son père et de son aïeul, pour leur donner une sépulture plus honorable et leur assurer plus de prières, il reçut le nom de *Saint-Dominique-le-royal*, qu'il a toujours gardé depuis. Il fut comblé de faveurs et de richesses par les rois de Castille depuis saint Ferdinand jusqu'à nos jours.

quantité de ce vin, servi par le don de Jésus-Christ.

150. Allant un jour de Toulouse à Paris, le saint Père s'arrêta à Rocamadour, et y passa la nuit en veillant dévotement dans l'église de la bienheureuse Marie. Il avait pour compagnon de voyage, de conversation et de dévotion, Frère Bertrand [1], homme saint, qui fut le premier provincial de Provence. Le lendemain, en continuant leur route, ils rencontrèrent des pèlerins allemands qui, entendant l'homme de Dieu réciter avec son compagnon des psaumes, des prières et des leçons, s'attachèrent à eux par dévotion. En arrivant à un pays, ils invitèrent les saints et, selon leur coutume, ils les traitèrent copieusement ; et ils firent la même chose pendant quatre jours de suite.

151. Le quatrième jour, le bienheureux Dominique dit à son compagnon en gémissant : — « Frère Bertrand, la conscience
« me reproche que nous moissonnons le
« temporel de ces pèlerins, sans pouvoir
« semer en eux le spirituel. S'il vous plaît,
« mettons-nous à genoux, et prions le Sei-
« gneur de nous donner la faculté de com-

1. Voir n° 74

« prendre et de parler leur langue, pour que
« nous puissions leur annoncer Jésus. » —
Après avoir prié, à la grande surprise des
pèlerins, ils parlèrent intelligiblement la langue allemande, et pendant quatre jours qu'ils
marchèrent avec eux, ils s'entretinrent du Seigneur Jésus, jusqu'à ce qu'enfin ils arrivèrent
à Orléans. Là, les Allemands prirent congé
d'eux et les laissèrent sur la route de Paris, en
se recommandant humblement à leurs prières.

152. Le lendemain, l'humble Père dit au
Frère : — « Frère, voici que nous arrivons à
« Paris, et si les Frères apprennent le miracle
« que Dieu nous a accordé, ils nous prendront
« pour des saints, tandis que nous sommes
« des pécheurs ; et si le bruit en vient aux
« séculiers, nous serons exposés à beaucoup
« de vanité. Au nom de l'obéissance je vous
« ordonne donc de ne parler de ces choses
« à aucun homme avant ma mort. »

La chose resta en effet cachée, jusqu'après
la mort du saint Frère Bertrand qui la révéla
à de pieux Frères.

Ce Frère Bertrand, homme saint et premier
prieur provincial de Provence, disait presque
chaque jour la messe pour la rémission des
péchés. Frère Benoît, homme prudent, lui

demanda pourquoi il la disait rarement pour les défunts, et souvent pour la rémission des péchés. Il répondit : — « C'est que les dé-
« funts sont certains de leur salut éternel,
« tandis que nous sommes encore ballottés
« au milieu du danger. »

153. Le Frère lui dit : — « Deux pauvres
« mendiants, l'un qui a tous ses membres,
« l'autre qui ne les a plus, sont également
« dans le besoin : lequel des deux aiderez-
« vous de préférence ? — Le Père lui dit : —
« Celui qui peut le moins s'aider lui-même. —
« C'est le cas des défunts, reprit le Frère. Ils
« n'ont pas de bouche pour faire leur confes-
« sion, pas de mains pour travailler, ils
« n'attendent d'assistance que de nous. Les
« pécheurs, tant qu'ils vivent, ont tout cela
« pour s'aider. »

Malgré cela, le Père ne se rendait pas. La nuit suivante, un défunt lui apparut d'un air terrible, et fit peser sur lui une lourde charge de bois [1] ; il le réveilla plus de dix fois

---

1. Le latin dit : *Cumulo ligneo*, peut-être était-ce un fagot, ou plusieurs gros morceaux réunis. Dans les *Vies des Frères* imprimées à Valence (Aragon) en 1657, et dans les *Vies des Frères* autographiées à Marseille en 1875, au lieu de *cumulo*, il y a *tumulo* ; ce qui a fait croire probablement au P. Bayonne qu'il s'agissait d'un cercueil de bois. « La nuit

pendant la nuit, en l'effrayant et en le tourmentant. Aussi, dès l'aurore il appela Frère Benoît, et s'approchant de l'autel avec dévotion et avec larmes, il célébra dès lors fréquemment pour les défunts.

C'est ce même Frère Bertrand, Père vénérable et saint, à qui le bienheureux Dominique enjoignit de ne plus pleurer ses propres péchés, mais les péchés des autres, car il avait remarqué qu'il s'affligeait trop pour ses péchés. Or, les paroles du saint Père avaient une telle efficacité sur le cœur du Frère, que désormais il ne put plus pleurer sur lui, même quand il le voulait, tandis qu'il pleurait abondamment pour les péchés des autres.

154. Une autre fois, étant en voyage, le bienheureux Père rencontra un homme de Dieu bien saint. Il s'attrista de ne pouvoir lui parler, parce qu'il ne savait pas sa langue et ne comprenait pas ce qu'il disait. Brûlant

---

« suivante, dit-il, un mort, d'aspect effrayant, lui apparut
« avec un cercueil en bois, en pesant lourdement sur lui. »
(*Année dominicaine*, 1880, p. 405.) Le manuscrit de Vienne, qui est très ancien et assez bien écrit, ne peut guère éclairer à cet égard ; la première lettre du mot en question y ressemble à bien des *t* et à bien des *c* du même manuscrit.

Thierry d'Apolda a omis ici quelques paroles du Frère Benoît. Dans les *Vies des Frères*, il est dit « que les morts « n'ont plus de pieds pour faire des pèlerinages : *nec manus*
« *ad operandum, nec pedes ad peregrinandum.* »

donc du désir des consolations célestes et de l'édification fraternelle, le serviteur de Dieu, Dominique, se tourna vers le Seigneur et le pria de lui accorder qu'il pût profiter de l'entretien de cet homme de Dieu qu'il avait rencontré. Or, il leur fut donné à l'un et à l'autre, par l'Esprit de Dieu, de se parler mutuellement en diverses langues, et, pendant trois jours qu'ils marchèrent ensemble, ils purent se récréer par des conférences spirituelles et des entretiens religieux ; quand ils se furent bien consolés dans le Seigneur, ils se dirent adieu et se séparèrent [1].

155. Un jour que l'homme de Dieu faisait route avec Frère Bertrand, son compagnon préféré, ils furent surpris par un orage qui amena la pluie. Comme l'eau tombait en abondance, et qu'elle inondait la terre tout à l'entour, le saint Père fit à l'encontre de l'orage et de la pluie qui les menaçait, le signe de la croix, et de cette manière, grâce à la vertu et à la protection de la croix, ils purent s'avancer au milieu de ce déluge, sans que la pluie touchât même au bord de leurs

---

[1]. Les Bollandistes trouvent entre ce miracle et celui du n° 38 une analogie qui frise l'identité ; peut-être, en effet, l'auteur ne s'est-il pas souvenu qu'il avait déjà raconté ce miracle.

vêtements, quoiqu'elle tombât par torrents tout autour d'eux [1].

Par contre, il arriva une autre fois qu'ayant été surpris par la pluie, ses vêtements et ceux de ses compagnons furent entièrement trempés. Les autres restèrent auprès du feu pour faire sécher leurs habits ; lui, au contraire, brûlant du feu de l'Esprit-Saint, entra immédiatement à l'église, selon sa coutume, pour y passer la nuit en prières, tout trempé comme il était avec ses habits inondés de pluie. Le matin, les habits des autres, qui étaient restés

---

[1]. Le lieu de ce prodige se nomme encore le *Champ de l'Oratoire de saint Dominique*. Il est situé à Montréal, non loin de Prouille. « Le 25 novembre 1868, dit M. l'abbé Isnard, la religieuse population de Montréal, pleine de respect pour la tradition de ses ancêtres, inaugurait, sur les ruines de l'antique chapelle détruite par la Révolution, un monument de 3 mètres 60 cent. de haut et de 90 centim. de large. Il porte une statue de saint Dominique avec cette inscription sur le piédestal :

« Ici au XIIIe siècle
« Furent miraculeusement préservés
« Des atteintes d'un orage diluvien
« Le glorieux saint Dominique
« Et son compagnon, saint Bertrand
« de Garrigue.
« Saint Dominique et saint Bertrand de Garrigue
« Priez pour nous et préservez-nous de l'orage.
« V. S. I. »

(Saint Bertrand de Garrigue, *Recherches historiques et archéologiques*, par l'abbé J. P. Isnard, curé de Tulette, 1881. Valence, p. 46.)

auprès du feu, étaient encore mouillés, et les siens étaient aussi secs que s'ils avaient été mis au chaud toute la nuit [1].

---

[1]. La plupart de ces prodiges sont racontés aussi dans les *Vies des Frères*, de Gérard de Frachet (II° part., ch. v, x et xix, et V° part., ch. vii). Gérard ajoute même que c'est de la bouche du Frère Benoît qu'il a appris ce qui était arrivé au Frère Bertrand (n° 153). — Le bienheureux Jourdain rapporte aussi le miracle de la préservation de la pluie (n° 155), qu'il avait entendu raconter par Frère Bertrand. — Le dernier prodige des habits du saint séchés sur son corps est relaté dans Humbert de Romans et dans Constantin d'Orviéto.

CHAPITRE IX

DE L'ARRIVÉE DE SAINT DOMINIQUE A BOLOGNE

156. Dans l'année du Seigneur 1219, en venant à Paris, il y trouva, dans la maison de Saint-Jacques, trente Frères, avec lesquels il demeura un peu de temps ; puis il leur dit adieu en les recommandant à la grâce de Dieu, et il partit [1].

---

1. Pendant son court séjour à Paris, saint Dominique y prêcha plusieurs fois, et le B. Jourdain, alors étudiant, nous dit que les foules accouraient au pied de sa chaire, et que lui-même alla plusieurs fois se confesser à lui, et que ce fut par son conseil qu'il se fit ordonner diacre. Le bienheureux patriarche donna l'habit à Frère Guillaume de Montferrat, qu'il avait autrefois rencontré à Rome, et qui était à Paris depuis deux ans lorsque saint Dominique y arriva en 1219.

L'auteur des *Antiquités nationales* rapporte au passage de saint Dominique un miracle dont les historiens de l'Ordre n'ont pas fait mention. « Pendant qu'il se trouvait au cou-
« vent de Saint-Jacques, dit-il, saint Dominique fut invité à
« prêcher à Notre-Dame. Avant de monter en chaire, il de-
« meura longtemps à genoux en prières. La sainte Vierge
« apparut alors à son fidèle serviteur, brillante comme le
« soleil, et lui présenta sur un feuillet le sujet qu'il devait
« traiter. Le Saint leva les yeux et lut ces mots que Marie
« lui désignait elle-même : *Ave, Maria, gratia plena.* »

C'est pendant ce passage à Paris que saint Dominique

En passant par la France, comme il fut arrivé à Châtillon [1], le prêtre du lieu lui donna l'hospitalité. La sœur du chapelain avait un fils qui était tombé de la terrasse, et que sa mère et ses parents pleuraient comme mort. Saint Dominique, compatissant à leur douleur, se prosterna en oraison avec larmes. Or, le Seigneur l'exauça, et il rendit l'enfant sain et sauf à sa mère, et leur tristesse fut changée en joie. Aussi le prêtre, oncle de l'enfant, fit un grand repas, auquel il invita beaucoup de personnes craignant Dieu. Or, la mère de l'enfant, qui avait la fièvre quarte, ne mangeait pas d'anguille, tandis que les autres en mangeaient. Le serviteur de Jésus-Christ, Dominique, faisant le signe de la croix sur un

envoya six groupes de religieux fonder six nouveaux couvents : le premier à Limoges, avec Frère Pierre Cellani pour prieur ; le second à Reims, avec Frère Philippe ; le troisième à Metz, avec Frère Guerric ; le quatrième à Poitiers, avec Frère Guillaume ; le cinquième à Orléans, — prieur inconnu — le sixième en Ecosse, avec Frère Laurent d'Angleterre et deux jeunes novices anglais, Frère Simon Taylor et Frère Clément.

Frère Michel de Fabra fut aussi envoyé en Espagne, et Frère Bertrand de Garrigue dans le Midi de la France. Saint Dominique partit lui-même peu après pour Bologne, avec Frère Guillaume de Montferrat, qu'il venait de recevoir, et un Frère convers. (*Année dominicaine*, nouvelle édition. Jevain, Lyon, 1884, III Février, p. 76, 78.)

1. Probablement Châtillon-sur-Seine, d'après Echard, et non Châtillon-sur-Marne.

morceau d'anguille, l'offrit à la femme, en disant : « Mangez, au nom du Sauveur. » — Elle mangea, et elle fut entièrement guérie de sa fièvre [1].

157. Enfin, pendant l'été de cette même année, il arriva à Bologne, où déjà un grand nombre de Frères étaient réunis à Saint-Nicolas avec Frère Réginald. L'arrivée du Père les combla de joie, et ils le reçurent avec une grande dévotion et un grand respect, comme un père bien-aimé. Le saint Père demeura dans cette ville jusqu'à la fin de sa vie, sauf le temps où il se rendit à la cour romaine, et quand il sortit pour visiter quelques contrées de Lombardie et la ville de Venise.

En vrai imitateur de Jésus-Christ, il chérissait, plus que toutes les richesses, la pauvreté évangélique. Aussi, lorsqu'il vint à Bologne, et que le seigneur Odéric Gallicani voulait donner aux Frères ses biens qui valaient plus de cinq cents livres de Bologne, le Saint, qui avait un profond mépris pour les richesses, refusa absolument de les accepter, et il fit déchirer l'acte qui avait été fait par-devant le seigneur évêque de Bologne. Il ne voulut

1. *Vies des Frères*, IIe partie, ch. xii.

pas que les Frères eussent des possessions temporelles, mais qu'ils vécussent d'aumônes, pauvrement, se contentant de vêtements de peu de prix, et habitant des demeures humbles et petites.

158. Frère Rodolphe, procureur de Bologne, ayant, en l'absence du saint Père, fait élever, de la hauteur d'un bras, les petites et misérables cellules qu'avaient les Frères, lorsqu'il revint et qu'il vit cela, il gémit et fit des reproches, avec tristesse, au procureur et aux autres, et fondant en larmes, il leur dit : « Eh ! quoi, vous voulez si tôt abandonner la « pauvreté et construire de grands palais ? » Par son ordre donc, ce travail resta inachevé aussi longtemps qu'il vécut.

Le saint de Dieu était patient et joyeux dans les tribulations qu'il avait à endurer très fréquemment dans ce temps-là, avec les Frères, par suite de leur pénurie de vivres et de vêtements ; il s'en réjouissait et s'en délectait comme s'il eût trouvé un riche butin.

159. Il gardait la règle rigidement et intégralement pour lui-même, et il voulait qu'elle fût observée strictement par les Frères. Et s'il lui arrivait de trouver des transgresseurs, il les punissait avec tant de tendresse et de

douces paroles, que personne n'en éprouvait de trouble, même quand la pénitence était très sévère.

Un jour, un Frère, qui allait accomplir un ordre qui lui avait été imposé, se trouva en face de lui, au moment où il revenait de prêcher. Le Saint vit en esprit qu'il y avait en lui quelque chose qui n'était pas en règle. Après les premières paroles de salutation, le Père lui ayant demandé comment il allait, et s'il ne portait pas quelque chose de prohibé, le malheureux, se voyant découvert, rougit et reconnut humblement qu'il portait de l'argent. Le très religieux Père lui ordonna aussitôt de le jeter, et, lui enjoignant une pénitence pour satisfaction, il le renvoya corrigé.

Il observait toujours le silence aux heures prescrites et accoutumées dans l'Ordre ; il s'abstenait des paroles oiseuses : il parlait toujours de Dieu ou avec Dieu.

CHAPITRE X

DE LA MORT DE FRÈRE RÉGINALD, ET HISTOIRE DE DEUX FRÈRES QUI FURENT REÇUS PAR LUI DANS L'ORDRE.

160. La même année où saint Dominique vint à Bologne, Frère Réginald, à la grande désolation des Frères qu'il y avait reçus et qu'il consolait par sa paternelle affection, fut envoyé par lui à Paris ; il s'agissait d'y annoncer Jésus-Christ, et d'y départir aussi quelque chose de sa grâce et de son esprit.

Donc, le vénérable Frère Réginald, obéissant humblement à cet ordre, vint à Paris et y prêcha Jésus-Christ, avec une ferveur infatigable en paroles et en action. Mais Dieu l'enleva bientôt ; car son âme avait plu à Dieu, et à cause de cela il se hâta de le tirer de ce monde d'iniquité. Cependant, Dieu lui donna deux fils tout à fait dignes d'un tel père, à savoir le très doux maître Jourdain, successeur de saint Dominique, et ce gracieux prédicateur, Frère Henri de Cologne, tous deux Allemands de naissance. — Sur leurs vertus inénarrables j'aime mieux garder humblement le silence, que d'en parler d'une manière trop insuffisante ; car qui pourait expliquer la gloire de leur vertu ?

161. Frère Matthieu, le premier et le dernier abbé de l'Ordre, était alors prieur à Paris. Comme il avait connu autrefois maître Réginald, doyen d'Orléans, glorieux et délicat dans le monde, il lui demandait quelquefois avec étonnement : « Maître, vous semble-t-il « pénible d'avoir pris cet habit rude et aus- « tère ? » Mais lui, baissant les yeux, répondit : « Je ne crois pas avoir de mérite dans « cet Ordre, parce que je m'y suis toujours « trop plu. » — En effet, ce saint homme, oint d'une onction céleste, portait doucement le dur joug de la pauvreté évangélique, et la suave odeur des parfums qui s'en exhalaient lui rendait facile à soutenir le rude fardeau de la vie monastique.

162. Après être resté peu de temps à Paris, Frère Réginald tomba malade de corps, mais son esprit se fortifiait. Comme il approchait du terme de cette vie fugitive et de l'entrée de

la vie immortelle, Frère Matthieu, prieur, vint le trouver et s'entretint avec lui du sacrement de l'Extrême-Onction, en lui disant que la lutte de la mort et des démons était imminente. Le Bienheureux répondit : — « Je ne crains pas « cette lutte ; mais je l'attends avec joie, et « je la désire. Déjà la Mère de miséricorde « m'a oint à Rome, je me confie en elle, et « je désire beaucoup l'aller retrouver ; pour- « tant, je ne veux pas paraître mépriser non « plus cette onction ecclésiastique, elle me « plaît et je la demande. »

Lorsqu'il l'eut reçue dévotement, en présence des Frères, qui étaient autour de lui en prières, il s'endormit heureusement dans le Seigneur.

O homme vraiment bienheureux et béni au jour de son trépas, puisqu'il n'eut peur ni des rigueurs de la mort ni de la cruauté des démons, mais que, confiant dans la douceur de la Vierge Mère, il se hâta joyeusement vers l'éternité. — Il fut enseveli dans l'église de Notre-Dame-des-Champs, parce que les Frères n'avaient pas encore de sépulture particulière, l'année du Seigneur 1219 [1].

---

1. C'est-à-dire, d'après la manière de compter d'alors, au commencement de février 1220.

163. Or, après sa mort, ces deux jeunes Allemands si gracieux, Jourdain et Henri, qui avaient fait vœu entre ses mains comme nous l'avons dit, le mercredi des Cendres, lorsque les Frères chantaient l'antienne : *Immutemur habitu* (changeons d'habit), se dépouillèrent des vêtements séculiers et revêtirent l'habit de l'Ordre [1]. Ce sont là ces deux sources limpides qui jaillirent aussitôt de la fontaine fermée, comme une vision l'avait montré d'avance. — Ils étaient très purs par la chasteté, très doux par la grâce de la doctrine, qui coulait de leurs lèvres, très accessibles aux pécheurs, pour laver leurs souillures. — Ce sont là les deux oliviers [2] débordants de compassion et de miséricorde, qui embaumèrent toute l'Eglise de leur odeur suave. — Ce sont là les deux candélabres sur

---

Le tombeau du B. Réginald fut pendant quatre cents ans le but d'un pèlerinage assez fréquenté. En 1605 et 1608 son corps fut retiré de terre et placé dans une châsse : on le trouva tout entier et sans corruption. En 1614, l'église de Notre-Dame-des-Champs fut donnée au premier Carmel français, et les filles de sainte Thérèse devinrent ainsi les gardiennes des reliques de notre Bienheureux. Son culte ayant été toujours gardé sans interruption jusqu'à nos jours, la Sacrée Congrégation des Rites l'a confirmé en 1875. On fait sa fête le 12 février. (*Année dominicaine*, nouvelle édition, Jevain, Lyon, 1884, p. 353, 354.)

1. Le 12 février 1220.
2. Apocal., xi, 4.

lesquels brilla la sagesse qui ne s'éteint pas, pour éclairer les pas des insensés dans cette vie; maintenant encore ils augmentent les joies des saints en brillant devant le Seigneur.

CHAPITRE XI

DE L'ADMIRABLE ESPRIT DE RELIGION DE NOTRE TRÈS SAINT PÈRE

164. Dans ces jours-là, notre saint Père Dominique, demeurant à Bologne, était un modèle et un miroir de religion. Semblable à l'olivier chargé de fruits dans la maison de Dieu, les fleurs de ses vertus et de sa renommée répandaient leur parfum, sa parole et ses exemples le faisaient rayonner, la grâce de la dévotion engraissait son âme, et il produisait en abondance des fruits incomparables.

Ce qu'était l'arbre de vie au milieu du paradis, il l'était au milieu de ses Frères : sa vie était agréable à Dieu, semblable aux anges, aimable aux hommes, et à peine imitable aux plus parfaits. — Il me serait impossible de décrire et de louer dignement cette vie divinement sainte ; j'essaierai seulement d'en dire quelques mots.

Donc c'était un homme très humble, doux, patient et bon, calme, pacifique, sobre et modeste, ayant une grande maturité dans tous ses actes.

165. Il enseignait à garder l'observance régulière discrètement et saintement ; il la respectait le premier et l'accomplissait avec une fidélité généreuse ; plus que tout autre, il maintenait son Ordre dans l'intégrité et dans la perfection ; il ne s'épargnait en rien, et suivait tous les exercices de la Communauté sans relâche et sans adoucissement.

Au chœur, au réfectoire, dans les vêtements, le boire et le manger, le jeûne et les autres choses, il s'en tenait strictement pour lui-même à la règle de l'Ordre des Prêcheurs, et il voulait que les Frères l'observassent également. — Quelquefois, il est vrai, il dispensait les autres pour des motifs raisonnables ; mais toujours dur et austère pour lui-même au delà des forces humaines, il ne s'accordait absolument rien. Les autres mangaient de deux plats, lui s'en retranchait un. Il pratiquait, en effet, d'une manière éminente, la vertu d'abstinence. Lorsque, quelquefois,

Frère Rodolphe, alors procureur, préparait une pitance ¹ pour les Frères, il l'appelait tout bas, et lui disait : « Vous tuez les Frères avec cette pi-« tance », — car, pour lui, il était content de peu.

166. Et quand ce même Frère annonçait qu'il n'y avait plus de provisions, il lui disait : — « Allez à l'église et priez ! » Pendant qu'il s'y rendait, souvent saint Dominique le suivait, et, de cette manière, il se trouva toujours, par la grâce de Dieu, qu'ils eurent de quoi se sustenter. — Quelquefois il n'y avait qu'un peu de pain ; par son ordre, il le plaçait sur la table, et par ses mérites il y en avait plus que suffisamment.

Un jour de jeûne, comme le pain manquait au réfectoire, le Saint fit signe au procureur de placer du pain devant les Frères. Le pro-

---

1. La *pitance* dont il est question ici n'est pas la ration journalière donnée à chaque Frère, mais ce qu'on appellerait aujourd'hui un *extra*. Étienne de Salagnac, ou Bernard Guidonis, son continuateur, dit du B. Ponce de Saint-Gilles, 9ᵉ provincial de Provence, qu'il fut : *Ab omni pitantia multo tempore abstinens* (il s'abstint pendant longtemps de *toute pitance*), ce qui ne peut s'entendre de l'ordinaire du Couvent. Le B. Humbert suppose qu'on donne quelquefois une *pitance de vin* aux Frères infirmes ou étrangers, ou même à la Communauté, et alors il recommande que cela ne puisse scandaliser personne. — Ce mot *pitance*, *pictansa*, était quelquefois remplacé par le mot *miséricorde* ; c'était un plat supplémentaire donné par *compassion* pour la santé des Frères, ou pour les réjouir un jour de fête.

cureur lui dit qu'il n'y en avait point. Alors l'homme de Dieu, le visage joyeux, éleva les mains en louant et bénissant le Seigneur. — Au même moment, deux jeunes hommes entrèrent, portant deux corbeilles, l'une pleine de pain, l'autre pleine de figues sèches, de sorte que les Frères eurent abondamment de quoi s'en nourrir. — Les saints prédicateurs, en effet, qui s'élèvent vers le ciel sur les ailes de la contemplation et de l'espérance, qui ne sèment pas, ni ne moissonnent pas, ni ne recueillent pas dans des greniers, sont nourris par le Père céleste ; selon l'ordre du Fils de Dieu, ils ne s'inquiètent ni de ce qu'ils mangeront ni de ce qu'ils boiront.

167. Dans le même couvent, le procureur des Frères, s'approchant du Saint, se plaignit, en gémissant, de n'avoir que deux pains à servir à l'immense multitude des Frères. Le confesseur de Jésus-Christ, à cette nouvelle, lui ordonna de diviser ces deux pains en tout petits morceaux, puis il les bénit au nom du Seigneur, et, plein de confiance en la bonté divine, il dit au servant de placer deux ou trois de ces petits morceaux devant chacun, en faisant le tour des tables. Le servant fit le tour trois fois, en faisant sa distribution, et la

quantité, qui avait été si petite, fut plus que suffisante, et, par un miracle de Dieu, on emporta ensuite plus de pain que les hommes n'en avaient apporté ce jour-là [1].

168. Dans les premiers temps, les Frères de ce couvent, à cause de leur pauvreté, ne buvaient que de l'eau pour l'ordinaire ; cependant, d'une manière ou d'une autre, on se procurait toujours, comme on pouvait, du vin pour les malades. Ce vin étant venu à manquer dans le baril, l'infirmier, rempli de compassion, vint l'annoncer au bon Père, qui était présent. Aussitôt il recourut à l'oraison, selon son habitude, comme il y exhortait toujours et l'infirmier et les autres. Or, le prieur dit à l'infirmier de soulever le baril et de servir les malades comme il le pourrait ce jour-là. Celui-ci, voulant accomplir l'ordre, trouva le baril rempli jusqu'en haut d'un vin venu du ciel. — Ainsi, grâce aux mérites du saint Père, ses fils craignant Dieu ne manquèrent de rien ; en cherchant par-dessus tout le royaume de Dieu et sa justice, ils eurent par surcroît ce qu'il leur fallait ; enfin, en jetant toutes leurs pensées dans le sein de Dieu, lui-même les nourrit par sa miséricorde.

1. *Vies des Frères*, II° part., ch. xx.

CHAPITRE XII

DE LA PAUVRETÉ DE SES HABITS ET DE SES VÊTEMENTS, ET DE L'AUSTÉRITÉ DE SA COUCHE

169. Le saint homme ne s'inquiétait pas davantage du vêtement dont il devait se couvrir. Il se revêtait d'habits très misérables, et il s'en faisait gloire. Il ne rougissait pas de paraître devant les grands sous un habit difforme. Quelquefois il n'avait qu'un scapulaire court et grossier, et il ne voulait pas le couvrir de la chape en présence des grands. De plus, ennemi de tout superflu, il se contentait d'une seule tunique pour l'hiver et pour l'été. Jamais, ni à la maison, ni dehors, ni en santé, ni en maladie, il ne se servait de lit : sa couche était la terre ou un banc, une claie, du foin, de la paille, ou un gros sac ; il se couchait la nuit tout habillé, de même qu'il marchait pendant le jour, si ce n'est qu'il retirait ses souliers. Il portait toujours une chaîne de fer, sur la

chair autour des reins. Frère Rodolphe le trouva ceint de cette chaîne après sa mort ; l'ayant retirée de dessus sa chair très pure, il la garda, et plus tard il en fit don à Frère Jourdain, maître de l'Ordre, successeur du très saint Père.

170. Après les complies et l'oraison que les Frères faisaient en commun, il les envoyait au dortoir, et lui se cachait dans l'église pour prier. Or, il priait avec de grands cris et des gémissements très forts, et son émotion éclatait tellement en sanglots, que ceux qui dormaient dans le voisinage se réveillaient, et, le plus souvent, ils étaient émus jusqu'aux larmes. Il passait ainsi la nuit en prières jusqu'à matines, et néanmoins il se levait pour matines, et chantait avec tant d'ardeur que sa voix s'élevait jusqu'au ciel. Il faisait aussi le tour des deux côtés du chœur, tout en chantant à cœur-joie, et il avertissait et pressait les Frères de chanter les psaumes à haute voix, avec dévotion, solennellement et distinctement. Après matines, son cœur s'occupait à veiller jusqu'à l'aurore pour le Seigneur qui l'avait créé, et il mettait une telle persévérance à sa prière qu'on ne le vit jamais dormir dans un lit. Cependant on le trouvait

quelquefois assis ou étendu par terre, ou endormi de fatigue sur une planche.

171. Il était tellement dévot, tellement appliqué et attentif à l'oraison, qu'aucun bruit, aucun dérangement ne pouvait le distraire de sa prière ; il était tout détaché de ses sens et entièrement plongé dans la dévotion.

Une nuit que saint Dominique était prosterné en oraison devant l'autel, le démon, voulant l'en faire sortir, détacha du toit de l'église une pierre énorme et la lança avec tant de violence que toute l'église en résonna, et cette pierre passa si près de la tête du Saint qu'elle toucha son capuce. Le Saint, cependant, resta immobile, ce qui fit que son ennemi, confus, se retira en poussant un affreux hurlement[1].

172. Ne pouvant pas l'effrayer, il essaya de se moquer de lui. Comme il priait après com-

---

1. *Vies des Frères*, II, 14. On croit que ce fait eut lieu à Rome, dans l'église de Sainte-Sabine. Flaminius, dans sa *Vie de saint Dominique* (1527), dit qu'on voyait encore cette pierre suspendue au-dessus du pavé de marbre qu'elle avait brisé en tombant. Elle ressemblait à une boule de verre noir, ronde, mais un peu comprimée par le bas. Le pavé de marbre brisé resta à la même place jusqu'en 1586, où des ouvriers maladroits le remplacèrent en restaurant l'église. Mais la pierre fut alors placée sur une petite colonne de deux pieds environ, et attachée avec une chaîne de fer, pour qu'on ne pût pas l'enlever. Une inscription, gravée au-dessous, relatait le miracle. On montre encore aujourd'hui cette pierre, qui

plies, le démon se montra à lui, sous la forme d'un Frère priant devant un autel. Le Saint, le prenant pour un Frère, lui fit signe de la main d'aller se reposer. Alors, inclinant la tête, il se retira. Le Père avertit ensuite les Frères que personne ne restât plus dans l'église après le dernier signal. Néanmoins, ce faux Frère, travesti, revint une seconde et une troisième fois, feignant de prier comme la première fois. Le Père, s'approchant de lui, lui dit :

« — Que signifie cette désobéissance ? Je « vous retrouve aujourd'hui, pour la troi-« sième fois, à faire une chose que j'ai si sou-« vent défendue. »

Le misérable, éclatant de rire, lui dit :

« — Voilà pourtant que je t'ai fait rompre le « silence.

« — Ne te réjouis pas de cela, misérable, « lui répliqua le Saint, cela ne te servira de « rien ; car je puis dispenser du silence, et « je parlerai toutes les fois qu'il me semblera « convenable [1]. »

---

paraît avoir été un de ces anciens poids, que l'on suspendait souvent aux pieds des martyrs, pour faire peser plus lourdement leurs corps sur les instruments de supplice. Il n'est pas rare de trouver aujourd'hui encore de ces pierres polies, rondes et presque plates dans les églises de Rome.

1. *Vies des Frères*, II, 15.

173. Dieu a prévu, dans ses jugements secrets et pleins d'amour, les ruses et les embûches du méchant contre ses élus, et il les fait tourner à leur mérite et à leur salut.

Une nuit, saint Dominique vit cet accusateur de ses Frères tenant dans ses mains, qui semblaient de fer, un feuillet qu'il lisait à la lumière de la lampe. Le Saint lui ayant demandé ce qu'il lisait, il répondit :

« — Je lis les péchés de tes Frères. »

Le puissant Père lui commanda alors de lâcher le feuillet, et, contraint par le nom de Jésus-Christ, il le laissa aller. Le Père y trouva plusieurs choses sur lesquelles il amenda ses Frères.

Voilà comment l'impie est pris dans ses filets et comment les justes sont délivrés de l'angoisse.

174. Un jour que le Saint, sentinelle vigilante, faisait le tour de la cité qu'aimait son âme, et montait la garde autour des murs de Jérusalem, il rencontra le démon, qui, comme un lion rugissant cherchant une proie à dévorer, rôdait dans tous les coins du monastère ; il l'arrêta et lui dit :

« — Pourquoi rôdes-tu de la sorte, bête cruelle ? »

Le démon répondit :

« — C'est pour le bénéfice que j'y trouve. »

Le Saint lui dit :

« — Que gagnes-tu au dortoir ? »

Il répondit :

« — En ôtant aux Frères le sommeil néces-
« saire, je les empêche de se reposer, je les
« fais lever lentement, je les rends paresseux,
« et ainsi je leur persuade de ne point aller à
« l'office divin. De plus, lorsque j'en ai la per-
« mission, je leur fais sentir l'aiguillon de la
« chair et je leur envoie des illusions. »

Le Saint le conduisit au chœur et lui dit :

« — Que gagnes-tu dans ce saint lieu ? »

Il répondit :

« — Je les fais venir tard, sortir tôt et
« s'oublier eux-mêmes. »

175. Interrogé au sujet du réfectoire, il répondit :

« — Qui ne mange plus ou moins qu'il ne
« faut ? »

Mené au parloir, il dit en riant aux éclats :

« — Pour ce lieu-là, il est tout à moi. C'est
« le lieu des rires, des vains bruits, des paro-
« les inutiles. »

Lorsque le Saint le traîna au chapitre, le malheureux voulut s'enfuir avec horreur.

« — Ce lieu est mon enfer, dit-il ; ce que
« j'ai gagné ailleurs, je le perds ici. C'est là
« que les Frères reçoivent les avis du supé-
« rieur, qu'ils s'accusent de leurs fautes, ou
« qu'ils en sont accusés, qu'ils reçoivent la
« discipline et qu'ils sont absous [1]. Aussi je
« déteste ce lieu et je l'ai en exécration par-
« dessus tous les autres. »

Ainsi, contraint par le Saint, qui revêtait la
vertu du Très-Haut, le démon dut dévoiler
malgré lui les fraudes de sa malice, afin que
les justes, en les voyant, se moquent de lui, et
qu'ainsi ils évitent ses pièges et ne soient ni
enlacés ni retenus dans ses filets [2].

---

1. L'absolution dont il s'agit ici n'est pas l'absolution
sacramentelle, mais l'absolution des *coulpes* ; le supérieur la
donne aux grandes fêtes.
2. *Vies des Frères*, II, 15 et 16.

CHAPITRE XIII

DE SON AMOUR DE LA PAUVRETÉ ET DE L'HUMILITÉ QU'IL METTAIT A MENDIER

176. Notre Père était un grand ami de la pauvreté ; il la portait et la faisait paraître dans tous ses actes et dans toute sa manière d'être ; il y exhortait ses fils et ses frères avec beaucoup de dévotion et d'empressement, par ses avis et par ses exemples. C'est cette divine vertu, propre aux disciples de Jésus-Christ, qui le fit renoncer aux possessions que nous avions déjà, et refuser celles qu'on lui offrait, et il porta défense expresse et interdiction perpétuelle de posséder jamais dans son Ordre.

Dans les édifices, il voulait qu'on évitât la somptuosité ; dans les églises, il tenait aussi à la pauvreté, et se gardait de tout ce qui eût senti la recherche. Même dans les ornements sacrés et les vêtements ecclésiastiques, il voulait qu'on vît apparaître la marque de la pauvreté et de la sainteté, plutôt que l'ostentation de la richesse. Aussi, de son temps, il fit tous ses efforts et il employa tous ses soins pour que les Frères ne se servissent, ni pour eux-mêmes ni pour les autels, des étoffes de soie ou de pourpre, ni de vases d'or ou d'argent, excepté les calices, et pour que les vêtements sacrés fussent faits de bougran ou de quelque autre étoffe simple [1].

177. Il enjoignit aussi aux Frères, et lui-même l'observait, d'aller toujours vêtus d'habits grossiers, et de ne jamais porter d'argent en voyage, mais de vivre partout d'aumônes.

---

1. Le *bougran* (*buchiranum*) était alors tout différent de notre bougran actuel, sans quoi on s'étonnerait du goût de saint Dominique. Ducange définit le *buchiranum*: *Telæ subtilis species*, une espèce de toile fine ; et il cite un glossaire latin-français où *Bissus* (lin fin) était traduit par *Bouquerant*. On trouve ensuite dans Ducange des textes qui prouvent que le bougran était recherché des personnes qui aimaient la parure. — Quant à la soie, réprouvée par saint Dominique, elle fut *très tôt*, après sa mort, beaucoup moins rare. Les tissus qui jusque-là avaient été considérés comme précieux devinrent presque communs. Au retour des Croisades, le luxe avait pénétré partout ; et ce qui, quelques années auparavant, aurait passé pour une profusion asiatique, n'était déjà plus, sous le règne de saint Louis, que le décor obligé des palais et à plus forte raison des églises. Il ne faut donc pas s'étonner si, peu d'années après la mort de saint Dominique, les vêtements de soie sont déjà prescrits dans les livres liturgiques de l'Ordre des Prêcheurs : le monde avait marché vite.

Il ne voulut absolument pas que son Ordre fût terni par des possessions, et il ordonna que cela fût écrit dans sa règle. Cet homme prudent savait que les épines étouffent le grain jeté au milieu d'elles ; aussi, pour que la sollicitude des richesses, qui donne tant de tourments, et l'amour anxieux des biens temporels n'étouffassent pas le fruit de la sainteté, ou la semence de la prédication, il fit choix de la pauvreté évangélique, qui, rejetant toute sollicitude, ne s'inquiète pas du lendemain, et il ordonna à ses fils d'en faire également choix ; car, tandis qu'on s'applique avec ardeur au soin du temporel, on met moins d'empressement à s'occuper du spirituel, et le plus souvent la prédication tombe à terre. C'est ce dont se garda bien notre très doux Père, qui n'eut jamais aucun souci du temporel, et qui fit, au contraire, le sacrifice de tout pour le Christ et pour l'Evangile, regardant tout comme du fumier, et se trouvant riche de la pauvreté de Jésus-Christ.

178. Oh ! si nous envisagions bien notre saint Père, et que nos cœurs s'ouvrissent à cet amour si sincère et si intime de la pauvreté évangélique qui remplissait son âme d'une si grande douceur, et qui faisait que rien, ni dans

les divins offices ni dans toutes les autres choses nécessaires, ne lui semblait devoir lui être préféré ! Il se réjouissait des privations de la pauvreté et de la détresse, comme les enfants du siècle se réjouissent de l'abondance et de l'accroissement du superflu. Il éprouvait autant d'allégresse quand on lui apprenait qu'il n'y avait plus de vivres, qu'en éprouvent ceux qui rapportent leurs gerbes dans la moisson. Il tressaillait dans la nudité, comme tressaillent les vainqueurs chargés d'un riche butin, en se partageant les dépouilles. C'est un effet évident de l'abondance de la grâce dans son âme et de l'amour sincère qu'il avait pour la pauvreté.

La plupart du temps, les Frères, souffrant du même dénuement que leur saint Père, ne buvaient que de l'eau et se contentaient d'un peu de nourriture, pour laquelle ils rendaient grâces à Dieu avec joie ; leur âme était comme engraissée d'en haut par la grâce.

179. Assurément, cette vie de nos pères, c'était la perfection évangélique. — Pour nous, nous vivons le temps de notre vie seulement [1], mais nous n'aurons pas le même renom qu'eux.

---

[1]. Ces paroles sont empruntées au chap. LXVIII, v. 12, de l'Ecclésiastique, où elles concernent le prophète Élie. Elles

Nous sommes pauvres, il est vrai, parce que nous avons tout quitté pour Jésus-Christ. Le résumé de notre perfection consiste dans la pauvreté volontaire et évangélique. Il y a une pauvreté commune à tous les mortels, qui a pour partage la misère ; il y a une autre pauvreté volontaire, qui est le propre des philosophes, et qui amène la gloire à sa suite, mais non devant Dieu ; enfin, il y a la pauvreté évangélique, qui n'appartient qu'aux apôtres et aux parfaits : celle-là supporte la misère pour Dieu, elle trouve la gloire auprès de Dieu et la suavité de l'amour en Dieu.

Sans amour, nous serons malheureux dans la pauvreté, et nous n'en aurons même pas la gloire auprès de Dieu, bien qu'elle soit volontaire et qu'elle semble glorieuse aux yeux des hommes. Mais si elle est évangélique, l'amour l'empêchera de sentir la misère, elle sera même inondée de douceur, et elle trouvera la gloire auprès de Dieu.

180. C'est cette dernière que notre Père aima et rechercha dès sa jeunesse, et qu'il chercha à prendre pour épouse, tant il avait

---

signifient : Nous ne sommes connus que de nos contemporains, notre nom ne nous survivra pas comme le vôtre, ô Élie. (Hugues de Saint-Cher, in cap. XLVIII Ecclesiastici.)

été ravi de sa beauté. Car le comble de la sagesse, c'est de quitter tout et de s'attacher à la seule chose nécessaire. — En effet, Jésus-Christ, qui est la sagesse de Dieu, ne l'aurait pas conseillé, s'il n'avait su que c'est là la véritable sagesse.

Aussi, pénétré de cet amour, le pauvre de l'Evangile, Dominique, allait quelquefois de porte en porte demander l'aumône, et cet homme humble ne dédaignait pas d'accepter, comme un mendiant, le pain qu'on lui donnait au nom de Jésus-Christ. Ce n'était pas la cupidité ni le besoin qui poussait son âme à accepter, c'était l'humilité et la charité, comme ce n'était pas par nécessité qu'il allait de porte en porte, c'était pour exercer la piété.

Un jour qu'il mendiait ainsi, un homme lui donna un pain entier. Dominique, pauvre vraiment saint et reconnaissant, fléchit les genoux, reçut avec beaucoup de dévotion et d'humilité ce pain qui lui était offert pour l'amour de Dieu.

181. Plaise à Dieu que cette manière si sainte de mendier qu'avait notre Père, et qui débordait de la douceur d'une charité évangélique et de l'onction de l'humilité et de la dévotion, de même que cette reconnaissance

qu'il faisait paraître à l'occasion des dons reçus, persévère dans nos âmes, pour que nous embrassions avec amour la pauvreté, comme notre épouse, lorsqu'elle se présentera, que nous consentions à mendier joyeusement et humblement, et que nous nous montrions très reconnaissants des aumônes que nous recevrons. L'amour de la pauvreté étouffe les murmures et donne la patience ; l'humilité chasse la paresse et rend de bonne humeur ; la reconnaissance détruit la dureté du cœur et multiplie la prière et les bienfaits.

QUATRIÈME PARTIE

CHAPITRE PREMIER

DU PREMIER CHAPITRE GÉNÉRAL CÉLÉBRÉ A BOLOGNE

182. L'an de l'Incarnation du Seigneur 1220, le sixième depuis la confirmation de l'Ordre des Prêcheurs [1], le serviteur du Très-Haut, le bienheureux Père Dominique, inspiré par son Esprit, résolut de faire tenir à l'avenir des chapitres généraux pour la conservation de l'Ordre naissant. Par une concession du Siège apostolique, en effet, il avait reçu et il possédait, dans ce temps-là, pleine et entière

---

[1]. En réalité, c'était le quatrième, et non le sixième, car la bulle de confirmation du Pape Honorius III est datée du 11 des calendes de janvier (22 décembre) 1216. Du reste, les Bollandistes citent en marge un autre manuscrit où il y a *quarto*, au lieu de *sexto*.

puissance de disposer, d'ordonner et de corriger dans tout l'Ordre des Prêcheurs.

Donc, le premier Maître de l'Ordre, l'illustre Père Dominique, manda par lettre à Paris, qu'on lui envoyât quatre Frères de ce couvent, pour célébrer le chapitre général à Bologne. On envoya, comme l'avait demandé le saint Père, le vénérable Frère Jourdain le Teutonique, avec trois autres, pour le chapitre. — Frère Jourdain, lorsqu'il fut envoyé au chapitre, n'avait pas encore passé trois mois dans l'Ordre, mais il était rempli de grâce et prompt et disposé à toutes espèces de bonnes œuvres.

183. Dans ce chapitre, que présida le bienheureux confesseur, le vénéré Père et le saint Maître Dominique, à l'instigation de l'Esprit-Saint et des hommes illustres qu'il avait convoqués, furent posés les fondements de l'Ordre.

La pierre principale y fut la pauvreté évangélique. En effet, par un statut perpétuel, ils rejetèrent toutes possessions et tous revenus temporels, renonçant même à ceux qu'ils avaient du côté de Toulouse [1]; ils préférè-

---

1. L'auteur a raconté précédemment (Ire part., ch. x, n° 55), les donations qui avaient été faites à saint Dominique par Simon de Montfort et par l'évêque de Toulouse.

rent la pauvreté du Christ aux richesses des Egyptiens.

L'humble serviteur de Jésus-Christ, qui présidait le chapitre, dit alors, au milieu de ses Frères :

« — Je mérite d'être déposé, parce que je « ne suis bon à rien et que je n'ai point de « zèle. »

Et lui, qui était au-dessus de tous par sa sainteté et son autorité, il s'humilia profondément devant tous et de toute manière.

184. Comme ses Frères refusaient absolument d'accepter sa démission, il décida, avec leur assentiment, que désormais on établirait des définiteurs qui auraient pouvoir sur lui, et sur tout le chapitre, pour définir, statuer, ordonner, tant que durerait le chapitre, l'autorité du Maître restant réservée pour l'avenir.

De plus, pour extirper les vices qui pouvaient pulluler, et pour planter les germes des vertus, il fut statué par les saints Pères que, chaque année, on célébrerait des chapitres généraux.

Lorsque le chapitre fut terminé, Frère Jourdain, après avoir reçu la bénédiction du Maître, saint Dominique, lui dit adieu, et retourna à Paris, où il expliqua l'évangile de saint Luc aux Frères avec tant de grâces, que tous recueillirent de son enseignement un accroissement de science dans la vérité, et des sentiments de piété dans le cœur. Sa conversation était sainte et sa vie parfaite. Aussi sa doctrine profitait et plaisait.

CHAPITRE II

DU MAINTIEN DE LA RELIGION ET DE LA DOUCE CORRECTION DES FRÈRES

185. C'était par l'autorité du Siège apostolique que le confesseur de Jésus-Christ, le bienheureux Dominique, avait gouverné jusque-là et dirigé, avec tout le zèle que peut donner la sainteté, l'Ordre des Prêcheurs, divinement institué pour l'utilité de l'Eglise, et dûment confirmé par le Siège apostolique. Maintenant, les hommes illustres de cet Ordre, inspirés par le même esprit de dévouement, et réalisant entre eux un accord admirable de volontés, le mirent à leur tête, dans le chapitre même où il demandait humblement sa démission.

Constitué ainsi par eux maître et recteur, il se montra au milieu d'eux comme un des leurs, si ce n'est qu'il était par l'exactitude le premier, par l'abstinence, les veilles, les jeûnes, les pénitences sur lui-même le plus grand de tous, par la sainteté le plus parfait, et par l'humilité le plus avancé. Jour et nuit, il assistait au chœur à l'Office divin, et à la table conventuelle il était le plus frugal de tous.

186. « Il était le premier à observer les statuts de l'Ordre, et il ne négligeait rien pour qu'ils fussent religieusement et entièrement observés par tous. Si quelquefois, par suite de la fragilité humaine, quelqu'un des Frères manquait à son devoir, il ne lui épargnait pas la correction ; mais il tempérait si bien la sévérité par la douceur, que le coupable était puni sans que l'homme fût troublé [1]. » — Si parfois il surprenait un Frère dans quelque délit, il faisait comme s'il n'avait rien vu et comme s'il eût été muet ; il passait sans rien dire. Mais, à la première occasion favorable, il lui disait avec beaucoup de mansuétude :

« — Frère, vous n'avez pas bien agi en fai-
« sant ce qui n'est pas permis. Rendez gloire
« à Dieu et confessez votre péché. »

Et de même qu'il se montrait père en infligeant la correction, de même il se faisait

---

1. Traduction du Père Lacordaire, *Vie de saint Dominique*, ch. xvi.

mère en versant le lait de la consolation, dans un esprit de suavité ; et il savait si efficacement et si doucement consoler, que tous ceux qui étaient troublés venaient à lui et s'en retournaient consolés.

187. « Il gardait l'âme des Frères comme la sienne propre, les maintenant dans la pratique de toute honnêteté et de toute religion. C'est pourquoi, comme il est écrit que « la démarche « de l'homme, et le rire de ses lèvres, et le « vêtement de son corps parlent de lui », s'il voyait quelqu'un des Frères manquer dans son habit à la forme ou à la pauvreté religieuse, il ne le supportait point, mais il y portait immédiatement remède. Presque chaque jour, à moins d'un grand empêchement, il faisait aux Frères un sermon ou une conférence, et il leur parlait avec tant de foi et tant de larmes qu'il excitait en eux la grâce de la componction. Nul ne fut semblable à lui pour toucher le cœur des Frères [1]. »

Quand il voyait ses enfants désolés à la suite de quelque événement, une compassion paternelle émouvait ses entrailles, et il s'empressait de venir à leur secours par ses

---

1. *Vie de saint Dominique*, par le Révérend Père Lacordaire, ch. XVI.

prières ; plusieurs fois même, en priant, comme nous l'avons dit, pour la consolation des siens, il ressuscita miraculeusement des morts, ou il délivra des malades de diverses infirmités.

188. Un Frère député au service des malades, à Bologne, mangeait souvent sans permission des restes de viandes. Un soir, qu'il l'avait fait, il fut saisi par le démon et se mit à pousser des cris horribles. Tous les Frères accourant, le pieux Père arriva aussi, et ayant compassion du malheureux qui souffrait tant, il fit des reproches au démon d'avoir envahi le corps de son Frère.

« — Je suis entré en lui, dit le diable, parce
« qu'il l'a mérité, en mangeant la viande des
« malades, contre l'ordre de ses constitu-
« tions. »

Le saint Père Dominique dit :

« — Je l'absous, par l'autorité de Dieu, du
« péché qu'il a commis ; et quant à toi, démon,
« je t'ordonne, au nom de Notre-Seigneur
« Jésus-Christ, de sortir de lui et de ne plus le
« tourmenter. »

Lorsqu'il eut ainsi parlé, le Frère fut aussitôt délivré [1].

1. *Vies des Frères*, II, 22.

CHAPITRE III

COMMENT IL SE COMPORTAIT SAINTEMENT EN VOYAGE

189. Toutes les fois que le Bienheureux avait occasion de sortir, il annonçait la parole de Dieu, par lui-même ou par d'autres, à tous ceux qui allaient avec lui ; soit sous forme de discussion, soit sous forme de conversation, ou de renseignement, ou de lecture, ou de prière, il ne cessait pas de parler de Dieu. Et quand il ne fallait pas parler ou prier avec les autres, il disait à ses compagnons : « Allez devant, et pensons à notre Sau-« veur. » Alors ils l'entendaient gémir vers le Seigneur et pousser des soupirs qui partaient du plus profond de son cœur.

Jamais on ne le vit en colère, ni ému, ni troublé par la fatigue de la route, ou la chaleur de la passion, ou pour une raison quelconque ; il était toujours patient dans les tribulations. — Dans les chemins il se déchaussait et marchait pieds nus ; en passant dans les villages et dans les villes, il mettait ses souliers, et quand il en sortait, il les ôtait de nouveau pour marcher. Il portait ses souliers sur ses épaules, avec sa chape et ses autres habits, et il ne voulait pas que personne l'aidât à les porter. Et si parfois il se heurtait le pied contre des pierres, il le souffrait sans se troubler, et d'un air joyeux, disant : « Voilà la « pénitence. »

190. En sortant ainsi, nu-pieds, de la ville de Rome, il dit un jour à son compagnon, en arrivant à un endroit où il y avait des pierres aiguës :

« — Ici, malheureux que je suis, j'ai été « obligé une fois de me chausser. »

Celui-ci lui en ayant demandé la cause, le bienheureux Dominique répondit :

« — C'est parce qu'il avait plu. »

Dans le même voyage, l'abondance des pluies avait grossi extraordinairement les ruisseaux et les rivières. Le Saint, joyeux au milieu des rafales, louait et bénissait le Seigneur, en chantant à haute voix, et d'un bout à l'autre, les hymnes *Ave maris stella* et *Veni Creator Spiritus*. Comme ils arrivaient à des eaux qui étaient débordées, il fit sur elles le signe de la croix et dit à son compagnon, qui avait grand'peur, de passer ; celui-ci, se confiant en l'obéissance et dans le signe de croix du Saint, passa avec lui, sans péril et sans accident, à travers les eaux débordées.

191. Lorsqu'il fallait s'arrêter quelque part pour loger, il ne suivait pas sa volonté, mais celle de ses compagnons dans la recherche d'un gîte. En marchant dans les villes et les villages, c'était à peine s'il levait les yeux de terre. Dans ses voyages, il célébrait la messe tous les jours, s'il trouvait une église, et pendant la célébration il versait beaucoup de larmes.

A son arrivée dans un lieu où il devait loger, s'il y avait là une église, il y allait toujours prier [1]. Quand il était hors du couvent, aussitôt qu'il entendait le premier coup des

---

1. La coutume qu'avait saint Dominique de faire à l'église sa première visite a été religieusement conservée dans son Ordre. Le B. Humbert citant ce texte de saint Matthieu (XXI, 12) : « *Et intravit Jesus in templum Dei*, Jésus entra dans le temple de Dieu », ajoute ces paroles : « De là est venue la « coutume des religieux qui, lorsqu'ils vont dans un couvent, « entrent tout d'abord dans l'oratoire ; et ceux qui sont plus « religieux font la même chose dans les villages et les villes « et les châteaux, lorsqu'ils y passent ou qu'ils y demeurent, « s'ils peuvent le faire commodément. » (*Humbert in cap.* I *in Constitut. Ord. Præd. Cod. M. S. Vindobonensis, fol.* 51.)

Matines du monastère, il se levait, réveillait ses Frères et célébrait tout l'office avec beaucoup de dévotion, aussi bien celui du jour que celui de la nuit, aux heures convenables, et sans jamais rien omettre. Après complies, il gardait le silence en voyage avec ses compagnons, comme s'ils eussent été au couvent; et le matin, pendant qu'il marchait, il observait le silence et le faisait observer par les Frères jusqu'à l'heure de Tierce.

192. Il se couchait sur la paille, tout habillé et tout chaussé, comme il marchait, si ce n'est que, peut-être, il retirait ses souliers [1]. En voyage, il observait un jeûne continuel, depuis la fête de l'Exaltation de la Sainte-Croix [2] jusqu'au jour de la Résurrection du Seigneur. En été aussi, il jeûnait tous les jours de jeûne établis par l'Eglise et tous les vendredis. Il mangeait ce qu'on lui donnait, avec patience, excepté qu'il ne mangeait point de viande ni d'aliments préparés à la viande ou au sang, du moins sciemment; et si parfois le repas servi était exigu, il s'en félicitait dans le Seigneur.

Quand il arrivait dans les couvents des

---

1. *Sotulares*, terme employé par saint Jérôme.
2. 14 septembre.

Frères, il les convoquait et leur faisait un sermon, leur proposant la parole de Dieu avec beaucoup de consolation ; et quand son séjour se prolongeait dans les couvents, il se conformait en tout au couvent pour la nourriture et pour la table, et il observait la règle en entier et dans toute sa plénitude, et il faisait son possible pour que les Frères l'observassent de tout leur pouvoir.

Il était sage, discret, patient, très miséricordieux, extrêmement simple, sobre et juste. Etant tombé gravement malade dans un voyage qu'il faisait pour se rendre à Rome, il ne rompit pas pour cela le jeûne ; il ne mangea pas non plus de viande, et il ne se fit pas de *pitance*, si ce n'est quelquefois, avec des pommes ou des raves ; il gardait le jeûne établi par la règle, en maladie comme en santé. Ayant été malade à Viterbe et à Milan, il fit la même chose. Quand la maladie se relâchait, il parlait de Dieu avec les Frères, il prenait un livre ou se faisait lire, et louait le Seigneur. Il se réjouissait dans l'infirmité, comme c'était son habitude de se réjouir toujours dans la tribulation plus que dans la prospérité.

CHAPITRE IV

DE LA FERVENTE PRÉDICATION DE SAINT DOMINIQUE

193. Le premier chef des Prêcheurs avait grandement à cœur de se montrer ouvrier irréprochable, et de traiter convenablement la parole de vérité. Et comme les plus belles paroles perdent de leur valeur si celui qui les prononce a des reproches à se faire, il eut soin de pratiquer d'abord ce qu'il s'efforçait ensuite d'enseigner aux autres.

Il prêchait fréquemment, et il ne se lassait pas de proclamer la vérité et le salut de Dieu, disant dans son cœur :

— « Je n'ai pas caché sa justice. »

Son langage était ardent comme la flamme, et ses paroles extrêmement émouvantes. Il fondait lui-même en larmes en prêchant, et un grand nombre étaient tellement émus de ses sermons qu'ils pleuraient de componction.

Il prêchait généralement à tous, aux écoliers et aux peuples, se faisant le débiteur des sages et des insensés. Devant les nombreuses assemblées, il ne cachait pas la vérité et la miséricorde de Dieu. Il visitait les monastères de religieux, et il leur proposait la parole de prédication et de grâce.

194. Il exhortait aussi les Frères, avec tout l'empressement de la charité, à se montrer zélés pour le salut des âmes, et pleins de bonne volonté et de disposition pour prêcher. Et pour qu'ils pussent exercer plus librement cet office divin, il ne voulut pas que ceux qui y étaient aptes et qui en avaient été chargés en fussent détournés par d'autres soins, en s'occupant des choses temporelles et extérieures. Dans le commencement même, notre Père avait décidé que les convers illettrés seraient chargés de l'administration du temporel, et que les autres Frères ne s'appliqueraient qu'à la prière, à la méditation et à la prédication. Mais les plus sages des Frères n'acquiescèrent pas à cette détermination du Père, dans la crainte qu'il ne s'ensuivît des inconvénients.

195. Mais comme il ne peut pas y avoir de prédicateur parfait sans la science des sain-

tes Ecritures, il conseillait fortement à ses enfants d'étudier toujours l'Ancien et le Nouveau Testament. Lui-même, le Bienheureux, portait sur lui l'évangile de saint Matthieu et les épîtres de saint Paul, et il les étudiait beaucoup, tellement qu'il les savait presque par cœur. Il aimait et embrassait la doctrine évangélique et la vie apostolique, mais il faisait peu de cas des fictions des philosophes. Pour entendre les confessions des pécheurs, il était toujours prêt et plein de bienveillance, et il savait consoler par sa grande sérénité et sa clémence tous ceux qui étaient dans la tribulation. Il était le consolateur, par excellence, des âmes tentées, des âmes troublées, pour tous en général, mais surtout pour ses Frères ; ses entrailles débordaient de miséricorde et de compassion, et sa bouche abondait en paroles efficaces et douces.

196. Un prêtre voyant le bienheureux Dominique avec ses Frères s'adonner avec ferveur à la prédication, sans s'inquiéter aucunement de récompense temporelle, et s'appliquer uniquement aux choses spirituelles en méprisant tout le reste, conçut une pieuse envie de leur ressembler dans leur genre de vie, et il se disait qu'il serait bien heureux s'il parve-

nait un jour à les imiter. Il forma le projet de quitter tout et de les suivre, si seulement il pouvait avoir un livre du Nouveau Testament, qu'il croyait lui être nécessaire pour prêcher. Pendant qu'il s'entretenait de ces pensées, un jeune homme se présenta, tenant sous son habit un *Codex* à vendre [1]. Le prêtre lui ayant demandé ce qu'était ce livre, reconnut que c'était un Nouveau Testament, et il l'acheta aussitôt avec une grande joie. Lorsqu'il eut le livre, une tentation lui survint, et il commença à se demander s'il était expédient d'exécuter le projet qu'il avait formé, et si cela plaisait à Dieu.

197. Tandis, donc, que différentes pensées se succédaient en lui, il lui parut qu'il devait chercher la réponse divine dans le livre lui-même. Ayant adressé à Dieu une prière, et ayant fait le signe de la croix sur le livre à l'extérieur, il l'ouvrit, en invoquant le nom de Dieu, et il jeta les yeux sur le premier passage qui se présenta à l'ouverture. Or, celui qui s'offrit ainsi fut le chapitre des *Actes des Apôtres*, où on lit la parole dite par l'Esprit-Saint au bienheureux Pierre, à l'occasion des envoyés de Corneille :

1. Cahier sur parchemin.

« — Lève-toi, descends, et va avec eux sans « hésiter, car c'est moi qui les ai envoyés. »

Aussitôt ses incertitudes furent dissipées par cet oracle divin ; il quitta le monde et suivit les Frères.

CHAPITRE V

DU ZÈLE DES AMES ET DE L'ENVOI DES FRÈRES DANS LES DIFFÉRENTES PARTIES DE L'ÉGLISE

198. Notre Père, sachant que Dieu aime les âmes des hommes de toute éternité, s'appliquait autant qu'il le pouvait à réunir toutes les âmes à leur divin Amant. Le désir qu'il éprouvait du salut de tous était indicible et incompréhensible ; il brûlait d'un désir ardent pour briser les mâchoires du méchant et lui arracher sa proie d'entre les dents. Ses désirs ne se bornaient pas au salut des chrétiens, mais ils s'étendaient aussi à celui des païens, et surtout des Cumans, chez qui il avait résolu de se rendre en personne pour leur annoncer la parole de la foi. Son zèle pour la foi était tel, qu'à grand'peine trouverait-on quelqu'un qui lui ressemblât dans cette vertu. Depuis le temps de sa jeunesse, en effet, il était plein de cette charité incomparable.

Lorsqu'il demeurait encore dans sa patrie, une femme se plaignit à lui que son fils fût retenu captif chez les Sarrasins. Aussitôt, transpercé par le glaive de la compassion, il s'offrit à être vendu pour le rachat de ce captif ; ainsi, à l'exemple de Notre-Seigneur qui a sacrifié sa vie pour nous, il était prêt à donner la sienne pour son frère [1].

199. Du reste, il aurait voulu partir et s'exiler pour le salut des âmes ; et en parlant aux Frères, il leur manifesta le désir qu'il avait d'aller dans les nations étrangères.

« Lorsque nous aurons établi et disposé
« notre Ordre, disait-il, nous irons prêcher
« chez les Gentils et nous les gagnerons au
« Seigneur Jésus-Christ. »

A l'exemple de Jésus-Christ et des Apôtres, il envoya dans le monde entier les fils que Dieu lui avait donnés prêcher la pénitence pour la rémission de tous les péchés. Il leur apprit à mettre leur confiance en Dieu, à ne pas porter d'argent, à ne vivre que des aumônes qu'ils recevraient des personnes

---

[1]. Plus tard, il fut tenté de faire la même chose pour assurer à un hérétique sa liberté. (Voir n° 40.) Dieu ne permit pas que son projet s'exécutât, ni la première ni la seconde fois.

pieuses. Aussi, en s'éloignant, ils eurent à subir une grande détresse et à franchir plus d'un mauvis pas.

200. Deux Frères qui étaient en voyage se demandèrent l'un à l'autre, lorsque l'heure de None fut passée, où ils pourraient trouver de quoi sustenter leur corps, car ils étaient à jeun et bien las et dans un pays pauvre et inconnu. Tandis qu'ils étaient ainsi dans l'inquiétude, un homme de haute taille, en habit de pèlerin, se présenta à eux et leur dit :

« De quoi vous entretenez-vous, hommes de
« peu de foi ? Cherchez d'abord le royaume de
« Dieu, et tout le reste vous sera donné par
« surcroît. Vous avez cru en Dieu au point de
« tout abandonner pour lui, et maintenant
« vous craignez qu'il ne vous renvoie à jeun ?
« Celui qui donne aux bêtes de somme leur
« nourriture, ne fera pas souffrir de la faim
« les âmes de ses enfants. En voici la preuve.
« Vous allez traverser cette plaine, et dans la
« vallée qui vient ensuite vous trouverez un
« petit village ; lorsque vous serez entrés dans
« l'église, le prêtre vous invitera ; mais il arri-
« vera un chevalier qui vous enlèvera de force
« au prêtre. Et pendant qu'ils se disputeront
« ainsi, surviendra le patron de l'église qui

« vous hébergera magnifiquement, vous et le
« prêtre et le chevalier. »

Après ces paroles il disparut.

Or, tout arriva, en effet, aux Frères comme il l'avait prédit. Et lorsqu'ils retournèrent à Paris, ils rapportèrent ces faits aux Frères, qui étaient alors peu nombreux et très pauvres [1]. C'est ainsi que le bon Père de famille, Notre-Seigneur, accomplissant la parole de son saint Dominique, a toujours fourni abondamment, jusqu'à présent, la nourriture à ses serviteurs.

201. Au commencement, le saint Père avait bien peu de Frères ; cependant il les dirigeait de tous côtés dans l'Eglise pour prêcher. Quoiqu'ils fussent parfois bien simples et peu lettrés, il les envoyait avec confiance et sans hésitation ; il savait que Dieu s'est plu à sauver les croyants par la folie de la prédication. Quand ils s'excusaient d'être tout novices et inexpérimentés, il leur disait :

« — Allez, et portez du fruit ; c'est pour
« cela que vous avez été choisis ; exhortez les
« hommes à faire pénitence de ce que vous-
« mêmes vous avez fait autrefois, lorsque vous

---

1. *Vies des Frères*, I, 4 ; — Thomas de Cantimpré (ou de Champré), livre II, *Des Abeilles*, ch. LIV.

« aimiez le monde ; car celui qui convertira un
« pécheur de la voie où il s'égare, délivrera
« son âme de la mort et couvrira la multitude
« de ses propres péchés. »

Et il ajoutait :

« — Ayez confiance dans le Seigneur, rien
« ne vous manquera » ; tant il était sûr de la
protection du Dieu du ciel à qui il les recommandait dans ses prières.

Or, en s'en allant, dans un esprit d'humilité
et de zèle de Dieu, ils opéraient beaucoup de
fruits, et tous les ouvriers d'iniquité étaient
déconcertés, parce que la vertu du Seigneur
était là pour les multiplier. Il est vrai que
quand le saint Père exposait quelqu'un au
péril en l'envoyant ainsi, il le protégeait par le
bouclier de sa prière.

202. Deux Frères, ainsi envoyés, arrivèrent
en Allemagne, dans une abbaye de l'Ordre de
Cîteaux, à laquelle présidait un abbé religieux
et dévot, nommé Eberhard. Le Seigneur, lui
apparaissant en songe, lui dit :

« — Demain, je t'enverrai mes chevaux, tu
« me les ferreras. »

Le saint homme, en s'éveillant, ne savait
pas interpréter ce songe. Le lendemain arrivèrent, dans ce même monastère, qui est

appelé Salem, au diocèse de Constance, les deux susdits Frères, dont l'un était cet illustre Frère Jean le Teutonique, qui fut plus tard évêque de Bosna, en Hongrie [1], et ensuite le quatrième successeur de saint Dominique. Ils étaient encore inconnus dans ces lieux, et le religieux abbé les questionna sur leur Ordre, en disant :

« — Pourquoi portez-vous des livres et des « bâtons, et un habit de deux couleurs ? »

---

1. Bosna-Saraï, ou Bosna-Seraïo, capitale de la Bosnie, remplacée aujourd'hui (comme siège épiscopal par Diakovo, ou Diakovar, petite ville au sud d'Essek, entre la Drave et la Save, dont le titulaire actuel, Mgr Strossmayer, s'est rendu célèbre au concile du Vatican par son éloquence et par sa liaison étroite avec Mgr Dupanloup, évêque d'Orléans. — Du temps de saint Dominique, la Bosnie appartenait à la Croatie et à la Hongrie. Elle ne fut conquise par les Turcs qu'en 1465, sous Mahomet II. — Après la guerre russo-turque de 1877, le traité de Berlin (13 juillet 1878), par son article 25, statua que désormais la Bosnie et l'Herzégovine (sauf le Sandjak de Novi-Bazar) seraient occupées et administrées par l'Autriche-Hongrie.

Le premier évêque de Bosnie, le B. Jean de Wildeshausen, ou *le Teutonique*, ne garda son siège que cinq ans (1232-1237), et cependant son souvenir ne s'y est jamais effacé. A la première page de leur *Histoire ecclésiastique*, les prêtres de Slavonie et de Syrmie montrent cette courte mais éloquente mention : « *Beatus Joannes episcopatum resignavit et factus est magister generalis ordinis Sancti Dominici* (1233-1235). » Le B. Jean renonça à l'épiscopat et fut fait maître-général « de l'Ordre de Saint-Dominique (1233-1235). » (*Schematismus Ven. cleri diœcesium Bosnensis et Syrmiciensis.*) Le R. P Marie-Joseph-Henri Ollivier, O. P., a consacré au B. Jean plusieurs articles dans l'*Année dominicaine* (octobre et novembre 1884).

203. Le Frère Jean, homme prudent et docte, lui répondit élégamment à toutes ses questions :

« — Nous sommes Prêcheurs, dit-il, et à ce
« titre le livre de la science nous convient ; et
« comme la Vierge Mère de Dieu est une
« verge aromatique, et que la croix de Jésus-
« Christ est une verge directrice, nous nous
« en servons comme de bâtons pour nous sou-
« tenir. De plus, selon la prophétie du saint
« prophète Zacharie [1], le dernier char sorti du
« milieu des deux montagnes d'airain, et
« attelé de chevaux aux couleurs variées et
« forts, signifie la quadruple prédication de
« l'Evangile, qui, s'appuyant sur les deux Tes-
« taments, est portée, aux derniers temps du
« monde, dans l'univers entier, par des hom-
« mes ornés de diverses sortes de sciences,
« de vertus, de miracles, forts contre les atta-
« ques du démon, du monde et de la chair, et
« prêts à parcourir toute la terre, en prêchant ;
« car c'est l'ange du grand conseil qui les a
« envoyés. »

A ces mots, l'abbé se prosterna à leurs pieds, et, les baisant dévotement, il leur dit :

---

[1]. *Zacharie*, ch. vi, v. 3 et 6.

« — Vous êtes bien ces chevaux que le « Seigneur m'avait annoncés. »

Et aussitôt, leur lavant les pieds, il fit apporter des chaussures neuves et des vêtements ; et jusqu'aujourd'hui, lui et les Frères de ce monastère sont toujours dévoués à l'Ordre des Prêcheurs [1].

1. *Vies des Frères*, I. 4.

CHAPITRE VI

DE L'EFFICACITÉ DE L'ORAISON DU SAINT

204. Un doyen de France, allant à Rome, trouva le bienheureux Dominique prêchant à Modène. Il s'adressa à lui, s'entretint avec lui sur le salut de son âme, et, entre autres choses, il lui exposa avec douleur ce qu'il disait être pour lui une cause presque inévitable de naufrage, qu'il ne pouvait pas s'abstenir des faiblesses de la chair, ce qui, dans son désespoir, lui faisait abandonner aussi les autres bonnes œuvres. L'homme de Dieu, encouragé par la foi dont il était plein, lui dit :

« — Allez ; à l'avenir, agissez en homme de
« cœur, et ne désespérez pas de la miséri-
« corde de Dieu. Je vous obtiendrai la conti-
« nence de la chair. »

L'événement vérifia ses paroles ; car cet homme, qui cédait à l'impureté et à la faiblesse, devint ensuite chaste et continent[1]. Voilà ce que peut la prière du juste : elle éteint la concupiscence de la chair, elle acquiert la chasteté, elle met en fuite les démons, elle guérit les maladies, elle apporte à la fois les avantages spirituels et les avantages temporels.

205. Dans le temps que le saint Père Dominique demeurait à Bologne, il y avait là maître Conrad le Teutonique, que les Frères désiraient ardemment posséder dans leur Ordre.

Or, il advint qu'un vénérable religieux, prieur de l'Ordre de Citeaux, vint, en passant, visiter à Bologne le saint Père Dominique, par suite de l'étroite amitié qu'ils avaient contractée à Rome. Pendant qu'ils s'entretenaient doucement ensemble sur les choses célestes, la veille de l'Assomption, le bienheureux Dominique, dans les épanchements confidentiels de l'intimité, dit à son ami :

« — Je vous avoue, prieur, que jamais dans
« ma vie je n'ai rien demandé à Dieu que je ne
« l'aie obtenu selon mon désir. Cependant je
« ne l'ai jamais dit à aucun homme, et vous,

---

[1]. Raconté de même par Constantin d'Orviéto et par le bienheureux Humbert.

« vous ne le révélerez non plus à personne,
« tant que je vivrai. »

206. Le prieur, admirant dans le saint Père une grâce si singulière, et se souvenant du désir qu'avaient les Frères de la conversion de maître Conrad [1], lui dit :

« — Mon Père, demandez donc qu'il vous
« accorde pour votre Ordre maître Conrad
« que les Frères désirent et demandent si
« ardemment de posséder avec eux. »

Le saint Père lui dit :

« — Mon bon Frère, vous demandez une
« chose difficile. Si cependant, vous voulez
« prier avec moi le Seigneur cette nuit, j'ai
« confiance en sa bonté habituelle qu'il ne
« nous refusera pas l'objet de nos désirs et
« de nos demandes. »

Après Complies, le bon Père, en présence et sous les yeux dudit prieur, passa la nuit en

---

1. La *conversion*, au Moyen-Âge, s'entendait, en pareil cas, de *l'entrée en religion*. Dans la Vie de saint Berthold, abbé de Steyrsgarsten, on lit la conversion de Suboko, qui, au lieu de se laisser armer chevalier, entra au monastère : « *Hic, cum ense accingi deberet, miles futurus, monitis « beati viri, reliquit sæculum et conversionis suscepit ha- « bitum* (Bolland., t. VI Julii, p. 482 in-36, édit. Palmé). A ce « moment, où on allait le ceindre du glaive, pour le faire che- « valier, cédant aux avis du Bienheureux, il quitta le monde « et prit l'habit de la *conversion* »(c'est-à-dire de la reli- « gion).

prières dans l'église, selon son habitude. Au lever du jour, tandis que les Frères chantaient Prime, voilà maître Conrad qui vient se prosterner aux pieds du confesseur du Christ, demandant instamment et humblement d'être reçu dans l'Ordre, où il resta avec persévérance [1].

207. *Le Frère Conrad, dont la conversation était religieuse et les leçons pleines de grace, prédit le jour et le lieu de sa mort.*

Etant près de mourir à Magdebourg, il chanta, d'une voix douce, en présence du prieur et des Frères : *Cantate Domino canticum novum, alleluia* (chantez au Seigneur un cantique nouveau, alleluia). Comme il ne dit rien de plus, les Frères récitèrent les sept Psaumes. Alors, ouvrant les yeux, il regarda tout autour de lui, et dit : *Dominus vobiscum* (le Seigneur soit avec vous). Ils répondirent :

---

[1]. Le bienheureux Humbert, qui raconte ce même prodige, dit que ce religieux Cistercien, qui était alors prieur de Casamare, était devenu depuis évêque d'Alatri, et qu'il envoya ce récit, signé de son nom et marqué de son sceau, au Père Jean de Colonne, provincial de Rome. Il ajoute que le Saint ayant demandé au prieur de ne pas parler de ce miracle tant qu'il serait en vie, et le prieur lui ayant répondu que lui, prieur, mourrait peut-être avant lui, le Saint reprit : « — Non, soyez sûr que vous me survivrez. » Et, en effet, l'évêque vécut plus de vingt ans après la mort de saint Dominique.

Et cum spiritu tuo (et avec votre esprit). Il reprit : *Fidelium animæ per misericordiam Dei requiescant in pace* (que les âmes des fidèles, par la miséricorde de Dieu, reposent en paix). Ils répondirent : *Amen* (Ainsi soit-il).

Il se tut, et ils commencèrent à réciter les quinze psaumes des Degrés. Lorsqu'ils en furent à : *Hæc requies mea in sæculum sæculi* (c'est ici le lieu de mon repos pour les siècles des siècles), il leva le bras et étendit le doigt vers le ciel, puis il expira d'un air riant et le visage radieux. Tous se prosternèrent alors par respect pour le Sauveur, et quelques-uns éprouvèrent une si grande douceur, qu'ils ne pouvaient y croire ni l'exprimer. Ceux qui habillèrent le corps du défunt sentirent aussi une odeur de parfum suave et délicieux, qui resta attachée à leurs mains encore longtemps après. — Heureuse et efficace prière de notre Père, qui méritait d'obtenir un tel fils dans la grâce, un tel cohéritier dans la gloire [1] !

208. Saint Dominique reçut aussi à Bologne un Apulien, nommé Thomas, qu'il aimait tant, à cause de son innocence et de sa simplicité,

---

1. *Vies des Frères*, V. 2.

qu'on l'appelait spécialement son fils. Ses amis du siècle l'entraînèrent par ruse hors du couvent, le dépouillèrent de ses habits et le revêtirent d'habits profanes. Les Frères coururent aussitôt à leur saint Père, et se plaignirent à lui :

« — Voilà, lui dirent-ils, qu'on entraîne par
« force votre fils dans le monde. »

Le saint confesseur entra à l'instant dans l'église, pour demander justice de ce ravissement ; et le Seigneur jugea en faveur de l'humble Dominique.

A peine ces loups ravisseurs eurent-ils, par force, revêtu le pauvre agneau qu'ils avaient enlevé d'un vêtement délicat [1], ou plutôt de la peau du loup, qu'il s'écria :

« — Je brûle par tout le corps ! »

Et il n'eut pas de repos qu'on ne lui eût rendu ses vêtements de religion, — vêtements d'agneau, — et qu'on ne l'eût ramené au cloître, bercail où il n'aurait plus rien à craindre

---

1. L'auteur emploie le mot *camisia*, *chemise*, mais le sens du mot était alors beaucoup plus étendu qu'aujourd'hui. On appelait un *rochet*, *camisia*, et on donnait aussi ce nom à certaines pièces de toile destinées à envelopper les choses qu'on voulait préserver, ou même les cadavres. — Ici *camisia* signifie un vêtement de *toile*, par opposition aux vêtements de *laine*, les seuls que portent les Frères-Prêcheurs.

désormais. Il vécut encore longtemps et se rendit très utile et très gracieux [1].

209. Il y avait un légiste bolonais, que ses amis essayaient d'entraîner par force hors de l'Ordre ; les Frères, effrayés, pensaient à appeler à leur défense quelques chevaliers leurs protecteurs. Mais le bon pasteur leur dit :

« — Nous n'avons pas besoin du bras sécu-
« lier, ni du secours des hommes ; car je vois
« plus de deux cents anges autour de l'église,
« envoyés par le Seigneur pour la garde des
« Frères. »

Aussi, les agresseurs se retirèrent effrayés et saisis d'une terreur céleste [2].

1. *Vies des Frères*, II, 11.
2. *Vies des Frères*, II, 21.

CHAPITRE VII

DU DEUXIÈME CHAPITRE GÉNÉRAL
TENU A BOLOGNE
ET DE LA MORT DE FRÈRE ÉVERHARD

210. L'an de l'Incarnation du Seigneur 1221, il arriva que deux Frères s'en allaient à Bologne, au chapitre général. Sur la route, un homme que l'on aurait pris pour un courrier, les reins ceints comme pour le voyage, se joignit à eux et leur dit :

« — Où allez-vous ? »

Ils répondirent :

« — Nous allons à Bologne, au chapitre
« général.

« — De quoi y traitera-t-on ? » demanda-t-il.
Ils répondirent :

« — On y ordonnera que des Frères aillent
« dans le monde entier prêcher l'Evangile à
« toute créature, et annoncer le royaume de
« Dieu.

« — Est-ce qu'il y en aura d'envoyés en
« Hongrie ? reprit-il.

« Si le Seigneur le permet, il y en aura « beaucoup d'envoyés », répondirent-ils.

Alors, ce faux courrier s'élança en l'air en criant d'une voix terrible :

« — Votre Ordre nous couvre de confusion. »

Et il s'évanouit aussitôt comme une fumée.

Les Frères, en arrivant à Bologne, racontèrent tout cela au saint Père Dominique et aux autres réunis là au nom du Seigneur [1].

211. Dans ce temps-là aussi, maître Paul, de Hongrie, qui exerçait à ce moment les fonctions de lecteur en droit canonique à Bologne, inspiré par la grâce de Dieu, entra dans l'Ordre des Prêcheurs.

Après la célébration de ce second chapitre général, on envoya en Angleterre une communauté ayant pour prieur Frère Giselbert [2]. Le

---

[1]. *Vies des Frères*, IV, 15.
[2]. D'après Nicolas Trivet, Dominicain anglais, Frère Gilbert de Frayssinet était accompagné de Pierre des Roches, évêque de Winchester, lorsqu'il arriva à Cantorbéry avec treize de ses Frères. L'archevêque Etienne de Cantorbéry le fit prêcher le même jour à sa place, pour savoir comment il s'acquittait de son office de Frère Prêcheur. Ayant été très édifié de son sermon, il le prit sous sa protection, ainsi que ses Frères. De Cantorbéry, ils se rendirent à Londres, où ils arrivèrent le jour de saint Laurent (10 août), puis à Oxford, où ils célébrèrent la fête de l'Assomption de la très sainte Vierge, et où ils élevèrent un oratoire en son honneur. Ils restèrent pendant quelque temps dans la paroisse de Saint-Édouard, dont ils dirigèrent les écoles, puis le roi

bienheureux Dominique envoya aussi alors le susdit Paul en Hongrie avec quatre Frères, dont l'un était Frère Sadoch, homme de grande perfection [1].

Dans ce même chapitre, la charge de prieur de la province de Lombardie fut imposée au vénérable Frère Jourdain le Teutonique, qui était absent.

Vers ce temps, le seigneur Everhard, archidiacre de Langres, était entré, à Paris, dans l'Ordre des Frères Prêcheurs. C'était un homme de beaucoup de vertus, ardent au travail, prudent dans le conseil. Ayant été connu au loin dans le monde par sa grande autorité, il édifia beaucoup plus depuis par l'exemple de sa pauvreté volontaire. Il se mit en route pour la Lombardie, en compagnie du Frère Jourdain, qu'il aimait beaucoup, dans l'intention de voir le maître de l'Ordre, saint Dominique. Dans toutes les parties de la Gaule et de la Bourgogne où ils passèrent et où maître Everhard était très connu, il porta sur lui-

---

leur assigna un emplacement en dehors de la ville, qu'ils ne quittèrent plus jusqu'à leur suppression. (D'Achéry, *Spicilège*, t. III, p. 188.)

1. Le voyage de Paul en Hongrie et de ses Frères est raconté dans la huitième partie, chapitres 1ᵉʳ et 11. C'est là aussi qu'est racontée la vision du Frère Sadoch.

même la pauvreté et l'indigence de Jésus-Christ. Enfin, il tomba malade à Lausanne, dont il avait été élu évêque, mais dont il avait refusé d'accepter le siège, et il y termina cette vie de larmes et de douleurs par une fin rapide, il est vrai, mais parfaitement heureuse.

212. Un peu avant de mourir, lorsque les médecins déclaraient sa mort certaine, et qu'on le lui cachait, il dit au provincial :

« — Si je dois mourir, au jugement des
« médecins, pourquoi ne me le dit-on pas ?
« Que l'on cache la mort à ceux pour qui le
« souvenir de la mort est amer. Pour moi, la
« mort ne m'effraie pas. Ce n'est pas une
« chose si redoutable de voir périr la demeure
« terrestre d'une chair misérable, lorsqu'en
« échange on attend au ciel une maison qui
« n'est pas faite de la main des hommes, et
« qui dure éternellement. »

Il mourut donc, confiant son corps à la terre et son esprit au Créateur.

Maître Jourdain a écrit sur lui ces lignes :

« Un admirable indice de son heureuse mort
« a été, pour moi, qu'à la sortie de son âme,
« lorsque je croyais que je ne pourrais maîtri-
« ser la douleur de mon cœur et le trouble de
« mon esprit, j'ai été inondé, au contraire,

« d'une dévotion et d'une consolation joyeuse,
« à tel point que je ne me suis pas senti porté
« à pleurer celui qui, au témoignage de ma
« conscience, s'était envolé vers la joie. »

Frère Everhard étant donc mort à Lausanne, Frère Jourdain continua son voyage, et entra en Lombardie pour s'y acquitter du ministère qui lui avait été enjoint dans cette province [1].

---

1. *Vies des Frères*, V, 2.

CHAPITRE VIII

DE LA FORME EXTÉRIEURE ET DE LA DISPOSITION DU CORPS DU SAINT

243. Cependant le saint Père Dominique demeurait dans le couvent des Frères, à Bologne, où, bientôt, il allait sortir de ce monde. La beauté et la pureté de l'homme intérieur et de l'homme extérieur en lui le rendaient plein de grâce, et il attirait à lui tous les regards et tous les cœurs.

Sa taille était médiocre, mais convenable ; son corps, mince et agile ; son visage, beau et coloré ; sa barbe et ses cheveux tiraient un peu sur le roux. De son front, entre ses sourcils, jaillissait une espèce de rayonnement lumineux qui forçait tout le monde à le vénérer et à l'aimer. Il se montrait toujours gai et joyeux, à moins qu'il ne ressentît de la compassion pour quelque affliction du prochain. —

Il avait les mains longues et belles et une belle et forte voix, éclatante comme le son de la trompette. Il n'était pas chauve, mais il portait en entier la couronne laissée par la rasure, parsemée seulement de quelques cheveux blancs.

214. La main du Créateur avait elle-même façonné ce vase de terre et ce corps fragile ; elle l'avait orné et enrichi de sa grâce, pour que l'Esprit-Saint pût dignement s'y répandre ; elle avait disposé les membres de ce corps, pour qu'ils servissent de réceptacle aux dons de Dieu et d'organes à son Esprit.

Ce fut, en effet, un temple du Saint-Esprit que ce corps, que jamais ne souilla la tache du péché mortel, et que jamais n'infecta le vice de la concupiscence charnelle. Heureux organes, heureux membres de ce corps, où le cœur et la chair étaient si admirablement à l'unisson pour tressaillir devant le Dieu vivant ! — Dans tous ses efforts pour atteindre à la perfection de la sainteté, la chair en lui était d'accord avec l'esprit ; car celui-ci était conduit par l'Esprit de Dieu, et sa chair était entièrement sous son empire.

En fait d'œuvres miraculeuses, de prodiges et de signes, de grâces, de guérisons et de délivrance des maladies, grâces par lesquelles Jésus-Christ glorifie ses saints, et qui rendent un chrétien illustre aux yeux des hommes, on ne trouve personne à qui il le cède et qui passe avant lui.

215. Du reste, ce qui est plus éclatant et plus magnifique que les miracles mêmes, ses mœurs étaient tellement irréprochables, l'élan de ferveur qui l'emportait vers Dieu était tellement impétueux, que nous pouvons vraiment l'appeler un vase d'honneur et de grâce, un vase orné de toutes sortes de pierres précieuses. Son égalité d'âme était parfaitement affermie; rien ne pouvait l'ébranler, que quand il était ému de compassion et de pitié pour quelqu'un. Et comme un cœur joyeux rend le visage riant, il trahissait au dehors la paix et le calme de son intérieur, par la bienveillance et l'air souriant de son visage.

Quand il avait, en réfléchissant devant Dieu, cru devoir faire quelque chose, sa constance était telle, que presque jamais, ou même jamais, il ne lui arriva de revenir sur une parole dite avec mûre délibération. Et comme sa conscience lui rendait toujours bon témoignage, ainsi que nous venons de le dire, et qu'ainsi un air joyeux ne cessait de briller sur son visage, ce rayonnement de ses traits ne tombait cependant pas à terre ¹.

216. C'était une sérénité, comme on en voit sur le visage des saints : dès qu'on le regardait, on en avait le cœur pénétré. Partout où il passait, en route avec ses compagnons, dans les maisons où il entrait, avec l'hôte et le reste de la famille, parmi les grands, les princes et les prélats, sa bouche était toujours pleine de paroles édifiantes, et il savait citer une multitude de saints exemples, capables de porter ses auditeurs à l'amour de Jésus-Christ et au mépris du monde. Par la parole comme par l'action, il se montrait partout

---

1. Thierry d'Apolda a emprunté ces paroles au livre de Job (xxix, 24) : « *Si quando ridebam ad eos, non credebant, et lux vultus mei non cadebat in terram.* — Lorsque je leur souriais, ils ne pouvaient pas le croire, et la lumière de mon visage ne tombait point à terre », c'est-à-dire, selon l'interprétation commune : La gaieté et la bienveillance dont j'usais envers mes gens ne diminuaient en rien le respect qu'ils avaient pour moi. — Martini traduit : L'air joyeux de mon visage n'était pas sans utilité ; parce que, en effet, on obtient par là de ses inférieurs ce qu'ils refuseraient peut-être si on le leur demandait d'un air sévère ou mécontent. — On pourrait peut-être aussi dire : L'affection de mes serviteurs pour moi était telle que chaque sourire que je leur adressais, et qui épanouissait mon visage, était avidement recueilli par eux, et bien loin de le laisser tomber à terre, ils se le seraient plutôt disputé, tant ils en étaient heureux. — La même chose était vraie, dans tous les sens, pour saint Dominique.

l'homme de l'Evangile, et il accueillait tout le monde dans le sein de sa vaste charité.

Aimant tous les hommes, il était aimé de tous : avec ceux qui étaient joyeux, il se faisait un devoir de se réjouir ; avec ceux qui pleuraient, il s'en faisait un de pleurer. La tendresse dont il débordait le faisait répandre tout son cœur en charité pour le prochain, en compassion pour les malheureux. Tout avait le don de l'attendrir ; mais c'était surtout pour les péchés des hommes qu'il se consumait d'une pitié douloureuse. Aussi quand il s'approchait d'une ville ou d'un village, qu'il voyait de loin, et qu'il pensait aux misères des hommes, il fondait en larmes [1].

Ce qui le faisait encore aimer de tous, c'est qu'il marchait dans la voie de la simplicité, ne laissant jamais apercevoir, ni dans ses paroles, ni dans ses actions, la moindre marque de feinte ou de dissimulation.

---

1. D'après les manuscrits de Prouille, il se jetait alors à genoux et faisait cette prière : « Seigneur, dans votre bonté, « ne regardez pas mes péchés, et ne répandez pas votre « colère sur ce peuple à mon arrivée ; ne le punissez pas et « ne le détruisez pas à cause de mes iniquités. »

CHAPITRE IX

DE LA PERFECTION DE SES ŒUVRES
DANS LA VIE ACTIVE

217. Cet homme si doux, ce père si tendre, cet instituteur si dévot de l'Ordre des Prêcheurs, vivant dans cette chair au milieu des pécheurs, conversait par le cœur avec Dieu et avec les anges. Gardien des préceptes de Dieu, observateur exact des conseils, il mettait au service de son Créateur éternel tout ce qu'il avait et tout ce qu'il pouvait. L'innocence de sa vie et la pureté de sa conversation très sainte brillaient comme une lumière au milieu de la sombre obscurité de ce monde.

Il consacrait le jour au prochain et la nuit à Dieu, selon le précepte du Seigneur, qui recommande sa miséricorde pendant le jour et sa louange pendant la nuit. — Dans le jour, il prêchait au peuple et au clergé, et sa parole ne retournait pas à vide, car il détourna de l'iniquité un grand nombre d'âmes.

Un clerc l'entendant prêcher admirablement, et expliquer avec force et avec clarté les Saintes Écritures, lui demanda dans quels livres il avait étudié pour trouver des choses si sublimes. Le Saint lui répondit avec bienveillance : — « Mon fils, j'ai étudié surtout « dans le livre de la charité, car c'est lui « qui apprend tout [1]. » — On reconnaissait en lui ce père de famille instruit, qui tire du trésor de la charité des choses nouvelles et des choses anciennes. — Il parcourait les bourgs, les cités, les châteaux, prêchant et annonçant le royaume de Dieu, visitant les infirmes, consolant les affligés, et guérissant les malades.

218. Lorsque, après un voyage fatigant, il arrivait à un gîte, il commençait par étancher sa soif à un ruisseau ou à une fontaine, dans la crainte que la soif, échauffée par la fatigue, ne le fît boire outre mesure, et que cela ne le fît remarquer, ce qu'il s'efforçait d'éviter en tout, autant que possible.

Pendant le jour, personne n'était plus abordable, personne ne se rendait plus utile à ses compagnons et au prochain ; pendant la nuit,

---

1. *Vie des Frères*, II, 25.

personne ne se livrait avec plus d'ardeur aux veilles et à l'oraison. — Au soir étaient réservées les larmes, et au matin la joie. Il passait la nuit dans les églises, et y priait, tantôt à genoux, tantôt prosterné, aussi longtemps qu'il pouvait y contraindre la faiblesse de son corps. Lorsque, enfin, épuisé de lassitude, il sentait le besoin de dormir, semblable au patriarche Jacob, il appuyait sa tête, soit devant l'autel, soit dans un autre endroit, voire même sur une pierre, et il se reposait un peu ; il se réveillait ensuite pour prier avec une nouvelle ferveur. Alors, il faisait le tour de l'église, en visitant les autels et en invoquant le secours des saints, et il continuait ainsi jusqu'au milieu de la nuit.

219. Ensuite il visitait sans bruit les Frères endormis ; il les recouvrait, quand ils étaient découverts, et, faisant sur eux le signe de la croix, il retournait à l'église pour continuer ses oraisons en veillant.

Pendant ces heures, il soutint bien des assauts et des tentations des démons, et il remporta sur eux bien des victoires par la vertu du Très-Haut. — Pendant ces heures, il obtint bien des illuminations pour son âme, il mérita bien de fois les visites d'en haut et les révélations divines, comme nous l'avons raconté ci-dessus, à raison de ce désir qu'il avait de Dieu pendant la nuit, et de ces veilles qu'il passait à soupirer vers lui du fond de son cœur. — Son habitude était de veiller et de prier la nuit : presque jamais il ne dormait dans un lit, quoiqu'il ne manquât pas d'exhorter les Frères à bien se reposer. Sa prière était pure et agréable aux yeux de Dieu, il la lui offrait sans relâche, et il y mettait toute son espérance, mais aussi il obtenait par elle tout ce qu'il voulait de la divine miséricorde ; car, comme il l'avoua lui-même, jamais dans sa vie il ne demanda rien à Dieu sans l'obtenir comme il le désirait. Fermement convaincu de la vérité des promesses qu'il recevrait tout ce qu'il demanderait, il obtenait, en effet, de la bonté divine tout ce qu'il demandait.

220. Ce n'était pas assez pour lui de macérer et d'épuiser sa chair par des veilles continuelles : malgré son innocence, il affligeait aussi et torturait son corps virginal par de fréquentes flagellations. Chaque nuit il se donnait trois fois la discipline avec une chaîne de fer, la première fois pour lui, la seconde fois pour les pécheurs qui vivent dans le monde, la troisième pour ceux qui souffrent

dans le Purgatoire. — Il avait fait de ses yeux une vraie source de larmes, et il pleurait très souvent et très abondamment ; ses larmes étaient son pain le jour et la nuit. Le jour, c'était surtout pendant qu'il célébrait le saint sacrifice de la messe, ce qu'il faisait régulièrement tous les jours ; la nuit, c'était pendant qu'il se livrait, plus que tout autre, à ses veilles infatigables.

Il avait une dévotion très ardente envers le Sacrement du corps du Seigneur, et en se rappelant la divine charité et la douceur infinie du Sauveur crucifié, il était souvent ravi en extase pendant l'élévation du Corps de Jésus-Christ, à la messe, tant il était inondé de joie par la présence de la divine Majesté.

CHAPITRE X

DU MÉPRIS DE LA GLOIRE DU MONDE, ET DU SOIN D'ÉVITER LES CURIOSITÉS

221. Riche de foi, il n'avait que du mépris pour les richesses de ce monde, et du dédain pour la pompe du siècle ; l'humilité de Jésus-Christ et la pauvreté évangélique faisaient ses délices.

Elu évêque de Conserans, il refusa absolument, disant qu'il aimerait mieux quitter le pays que de consentir à l'élection qu'on avait faite de lui. — Le monde était crucifié pour lui, et lui l'était pour le monde : il dédaignait la gloire du monde, et il prêchait pour qu'on la dédaignât. — De leur côté, les amateurs du monde le méprisaient et le jugeaient méprisable.

Comme on lui demandait pourquoi il ne demeurait pas plutôt dans le diocèse de Toulouse que dans celui de Carcassonne, il répon-

dit : — « C'est que, dans le diocèse de Tou-
« louse, je trouve beaucoup de gens qui
« m'honorent, tandis qu'à Carcassonne tout le
« monde me fait la guerre [1]. »

1. Après la mort du Saint, il n'en fut plus de même, et les habitants tinrent toujours à grand honneur de l'avoir eu au milieu d'eux. — Saint Louis fit construire pour le couvent des Dominicains, à Carcassonne, deux cloîtres magnifiques « de très fin jaspe, et de marbre très excellent », dit le Père Jean de Réchac (*Vie de saint Dominique*, p. 700). « Il lui « donna une sainte épine, qui est richement enchâssée dans « une fiole de cristal, une parcelle de la vraie croix, et quan- « tité d'autres reliques. Il lui donna sa couronne d'argent « enrichie de perles et de pierres précieuses, avec son man- « teau royal. Il est de couleur de feuilles mortes, dont on a « fait une chasuble avec les deux dalmatiques et la suite de « ces ornements principaux, pour officier seulement le jour « de sa fête ; il lui laissa encore ses gants tissus de soie, « comme si c'était un ouvrage de simple tissure de laine ; il « n'en reste maintenant qu'un, où il y a quelques reliques « serrées dans icelui. » — Le même auteur ajoute que le cou- vent de Carcassonne « possède aussi le cilice de saint Domi- « nique, et qu'à l'abbaye de Villelongue, de l'Ordre de Citeaux, « au même diocèse, existe le surplis du Saint, que la tradi- « tion porte avoir fait sa demeure habituelle à Carcassonne, « avec les chanoines de Saint-Nazaire, et que même il en « avait été le doyen. » (*Semaine catholique, Annales du diocèse de Carcassonne*, 16 novembre 1878, p. 802, Note.)
La même Revue rapporte, à l'honneur de la ville épiscopale de Carcassonne, un fait qui prouve combien le souvenir de saint Dominique y est toujours resté vivant. — En 1648, le général des Dominicains étant venu dans cette ville, pendant la tenue des États de la province, tous les archevêques et évêques qui s'y trouvaient réunis allèrent lui faire visite. Il en fut de même des consuls de la ville, qui le haranguèrent en latin par la bouche du premier consul, Catalan. Le géné- ral répondit : — « Que tout son Ordre le savait très bien, et « sans qu'il fût possible de le contredire, que Carcassonne était « l'une des premières villes de son Institut. Ce que le

C'est bien là le vrai contempteur du monde et l'imitateur de Jésus-Christ, qui, lorsqu'on lui proposait la joie, accepta la croix, sans tenir compte de la confusion.

222. Il aimait sincèrement la pauvreté, et n'usait que de vêtements misérables. Il avait, en effet, tellement donné son amour à la divinité, qu'il savait s'abstenir non seulement des choses de valeur mais même des plus minimes attaches. C'est pourquoi il ne voulait rien de précieux ni de recherché dans ses vêtements, ses chaussures, ses livres, ses couteaux, ses ceintures, et les autres objets nécessaires à son usage corporel ; il n'acceptait que ce qui était humble, d'accord avec l'esprit religieux, et conforme à la pauvreté. Il avertissait aussi les Frères de ne rien désirer ni porter qui ne fût absolument approuvé par la religion et par la modestie.

« patriarche saint Dominique déclarait hautement dans sa « vie, avouant que Carcassonne était son principal séjour ; « c'est pourquoi lui, qui représentait le chef de l'Ordre, se « croyait particulièrement obligé d'offrir ses vœux dans ses « sacrifices pour la conservation de cette ville et pour ses habi-« tants, et en particulier pour les magistrats qui la gouver-« naient. Qu'en conséquence, il les présenterait à Dieu, le « lendemain à la messe, afin qu'ils pussent duement régir « une ville qui avait été spécialement chérie par saint Domi-« nique, patriarche de son Ordre. » (Semaine catholique, 7 décembre 1878, p. 875.)

Dans le boire et le manger, il était aussi très tempérant, évitant les mets délicats, et se contentant volontiers d'une simple bouillie. Il satisfaisait aux besoins de la nature, de telle sorte que son cœur ne fût jamais appesanti par l'excès des viandes, ni la vivacité de son esprit obscurcie par la nourriture donnée à son corps. Depuis son premier âge jusqu'à la fin de sa vie, il réduisit toujours sa chair en servitude sous la domination de l'esprit, et il ne cessa de châtier son corps pur et innocent par les veilles, les jeûnes, les oraisons, les flagellations et les autres œuvres de pénitence.

223. Qui pourra jamais imiter les vertus de cet homme ? La langue même est impuissante à les exprimer. Le Saint-Esprit avait répandu dans son âme une telle abondance de grâces et de vertus, mis une telle sincérité dans son cœur, un tel caractère de vérité dans ses paroles, une charité et une humilité si saintes dans ses actions, que la nature humaine était évidemment dépassée, et l'on constatait nécessairement la présence de Dieu en lui. — Nous pouvons bien l'admirer, et comprendre, par son exemple, l'inertie de notre temps : mais pouvoir ce qu'il a pu n'appartient pas à la

vertu humaine, c'est le fait d'une grâce exceptionnelle, si jamais la bonté divine, prenant quelque autre homme en affection, daigne l'élever à cette faveur. Mais qui en sera capable ?

CHAPITRE XI

DE PLUSIEURS CHOSES QUI ONT ÉTÉ OMISES DANS LES CHAPITRES PRÉCÉDENTS

224. Béni soit Dieu, Père de Notre-Seigneur Jésus-Christ, qui a béni son serviteur saint Dominique de toutes les bénédictions célestes, pour qu'il ne lui manquât rien en aucune sorte de grâces ! — C'est lui qui a préparé son cœur, ce cœur qui avait toujours Dieu présent dans sa pensée, et qui le cherchait de toutes ses forces et dans toutes ses opérations. — Comme Dieu était toujours devant ses yeux, on le vit, lorsqu'il était en contemplation, les mains élevées vers le ciel, le corps suspendu et touchant à peine la terre. Il veillait et priait plus que les autres, et prenait de plus fortes et de plus fréquentes disciplines. Il se frappait et se faisait frapper par les autres avec une chaîne de fer à trois

branches : c'est ainsi qu'il châtiait son corps innocent.

225. Il célébrait la messe tous les jours soit à la maison, soit dehors, et il y versait des larmes si abondantes, il se tenait avec tant de dévotion au saint autel, il disait l'oraison dominicale à la messe avec tant de piété, que tous ceux qui étaient présents comprenaient que son cœur était inondé de la grâce du ciel.

Aux Heures canoniales, et dans les psaumes, qu'il avait l'habitude de dire avec beaucoup de respect et de dévotion, son visage était souvent tout baigné de larmes. Devant les hommes ses traits respiraient toujours la sérénité et la joie; mais lorsqu'il priait son Père dans le secret, il laissait couler ses larmes comme un torrent, et quand on venait le chercher dans son oraison, il les essuyait de dessus son visage.

Il prenait un très grand soin de ne pas pécher par la langue, et en voyage, comme à la maison, il voulait toujours parler de Dieu, ou avec Dieu, à part cela il parlait rarement. Des hommes parfaits, qui ont vécu longtemps avec lui, ont attesté que jamais la tromperie ne s'était trouvée sur ses lèvres, et qu'on n'avait jamais entendu ni paroles oiseuses, ni paroles nuisibles, ni détraction, ni flatterie sortir de sa bouche. — Quand on le maudissait, il bénissait; jamais il ne répondait à une malédiction par une malédiction; bien plus, pour l'amour de Jésus-Christ, il aurait voulu non seulement être maudit, mais être flagellé, être coupé en morceaux et mourir.

226. Dans son intention, les Frères devant être uniquement appliqués aux choses spirituelles, il défendit qu'aucun s'immisçât dans les affaires de la maison et dans les négociations temporelles, excepté ceux que l'obéissance y obligerait, et qui y seraient forcés par l'injonction des supérieurs ; car il prenait soin des Frères avec toute la sollicitude de la charité, et il veillait sur tout son troupeau comme sur lui-même.

Il corrigeait les fautes avec une juste sévérité, mais il punissait avec bienveillance et miséricorde; son cœur compatissant s'affligeait pour ceux mêmes à qui, malgré cela, il infligeait les pénitences méritées.

Il savait aussi consoler avec tant de douceur, que les novices et beaucoup d'autres étaient délivrés par lui de leurs tentations, quelque nombreuses et quelque variées qu'elles fussent.

Voulant faire porter à son corps la croix de la pénitence, dans une mortification volontaire et pénible, lorsqu'il allait d'un endroit à une autre, il ôtait ses chaussures et marchait pieds nus.

Il avait compassion de tous les hommes, des affligés, surtout des pécheurs et des infidèles, dont il désirait ardemment le salut ; il s'efforçait aussi de le promouvoir par ses travaux et de l'obtenir par ses prières auprès de Dieu. Il avait en grande vénération les instituts religieux fondés par des saints, et il aimait, plus affectueusement que toute autre, les personnes religieuses, qu'il regardait comme les concitoyens des saints, et comme faisant partie de la maison de Dieu ; il faisait l'éloge de leur état et de leur vie, comme il convient entre confrères et collègues.

227. A la suite de ses longues veilles, il mangeait peu et buvait encore moins. Aussi, souvent, à table, il dormait de lassitude. — Quand il voyageait en temps de jeûne, il attendait toujours que l'heure de None fût bien sonnée ; mais pour ses compagnons, il les faisait devancer l'heure et manger deux fois. — Jamais, ni en santé, ni en maladie, on ne le vit se plaindre de la nourriture, ou de la

boisson, ni du lit, ni de la maigre chère ; il rendait grâces, au contraire, tous les jours de sa vie.

En voyage, avant de se livrer au repos, le soir, après Complies, il s'appliquait si longuement à l'oraison, que, le plus souvent, il réveillait ses compagnons par le bruit de ses pleurs. — Il était zélateur très fervent de l'Ordre et de la règle, observateur religieux et sévère des statuts, consolateur extrêmement tendre des Frères, à tel point qu'en ces choses, on ne croit pas qu'il ait eu de successeur.

228. Entre autres avis qui faisaient partie de sa doctrine, et entre autres beaux exemples de sa vie, il y avait trois points surtout qu'il demandait à ses enfants d'observer : c'était de parler toujours de Dieu ou avec Dieu, de ne pas porter d'argent avec eux dans leurs voyages, et de ne jamais accepter de possessions temporelles.

C'est là, en effet, ce qui rend le cœur pur, l'esprit libre de soucis, et ce qui met le serviteur de Dieu en état de méditer les choses divines et de traiter les choses spirituelles. — Efforçons-nous donc, mes Frères, de suivre autant que possible les avis et les exemples de notre Père ; en même temps, rendons grâces au Rédempteur, qui a donné un tel guide à ses serviteurs dans la voie où nous marchons, nous faisant renaître par lui à la lumière de cette sainte vie. Prions aussi le Père des miséricordes que, sous la conduite de l'Esprit qui dirige les enfants de Dieu, nous tenant dans les limites qu'ont fixées nos pères, nous méritions d'arriver nous-mêmes, sans nous égarer, au but de l'éternelle félicité, où notre Père a eu le bonheur de parvenir.

CHAPITRE XII

QUE, LE SEIGNEUR L'AYANT APPELÉ, IL PRÉDIT SA MORT ET LE JOUR DE SA MORT

229. Ayant atteint la perfection de la sainteté, notre Bienheureux Père Dominique brillait de l'éclat de toutes les vertus, et entre autres dons de grâces spirituelles, il mérita de recevoir aussi du Seigneur l'esprit de prophétie, par lequel il prévit bien des choses futures, en pénétrant dans les secrets divins. Le Seigneur daigna aussi lui montrer d'avance, comme à l'élu de sa prédilection spéciale, le temps précis auquel il le rappellerait de ce monde. Comment, en effet, aurait-il pu cacher à son bien-aimé sa mort et la dissolution prochaine de ses membres, après qu'il lui avait révélé la mort de tant d'autres personnes ? Jour et nuit il se faisait un pain de ses larmes, tant il désirait ardemment de paraître en présence de son Dieu : aussi le

Seigneur entendit les gémissements de ce pauvre qui le suppliait, et ses yeux s'arrêtèrent sur les larmes qu'il versait.

230. Pendant qu'il priait et qu'il se consumait du désir ardent du ciel, il vit un jeune homme d'une grande beauté se tenir devant lui, et lui dire : — « Viens, mon bien-aimé, « viens ; entre dans la véritable joie. » — O glorieux appel ! appel délicieux et plein de toute la suavité du divin amour ! appel qui invite cet heureux saint, non pas à des joies fugitives et vaines, mais à des joies solides et éternellement durables ! Heureux mortel, en vérité, qui ne cherche pas à retarder son appel par crainte du Juge, et qui n'apporte pas de futile prétexte pour éviter de se rendre au grand festin de l'Agneau, quand il y est invité. Se ceignant les reins, et portant une lampe allumée à la main, cet homme évangélique ouvre immédiatement à celui qui frappe, et il va joyeusement au-devant du Seigneur.

231. Tout en se félicitant et en rendant grâces à Dieu pour la certitude de sa gloire, le Saint alla visiter quelques clercs de Bologne, avec qui il était très lié, et qui lui étaient très chers. Il eut avec eux un entretien fort utile, sur le mépris du monde et sur

le séjour transitoire de cette vie; puis, en prenant congé d'eux, il leur dit : — « Vous me voyez bien portant maintenant, mes chers amis ; mais avant l'Assomption solennelle de Notre-Dame, la Vierge Marie, j'aurai moi-même quitté la terre, et je serai allé vers le Seigneur. »

C'était la vérité : l'événement justifia sa prédiction ; car le dixième jour avant la fête de l'Assomption de la Vierge [1], elle-même enleva son serviteur fidèle, Dominique, et le **plaça à la tête des biens de son divin Fils.**

---

1. Le 6 août (*octavo Idus August.*), jour où l'on célébrait la fête de saint Sixte II, pape et martyr, titulaire du premier monastère fondé à Rome par saint Dominique. Pour ne pas faire déchoir la fête de ce saint pape, en la réduisant à une simple mémoire, le pape Grégoire IX, dans sa bulle de canonisation, fixa la fête de saint Dominique au jour précédent, 5 août. Plus tard, lorsque la fête de Notre-Dame des Neiges se fut répandue, comme elle empêchait en beaucoup d'endroits la célébration de la fête de saint Dominique, le pape Paul IV anticipa encore d'un jour la solennité du saint patriarche. Les religieuses des Saints-Dominique et Sixte, à Rome, célèbrent encore la Saint-Dominique le 5 août et la Saint-Sixte, le 6. — La fête de la Transfiguration (6 août) est d'une date beaucoup plus récente.

CINQUIÈME PARTIE

CHAPITRE PREMIER

DE LA DERNIÈRE MALADIE DU SAINT PÈRE, ET DE CE QUE DIT ET FIT ALORS SAINT DOMINIQUE.

232. Après la célébration du deuxième chapitre général, le bienheureux Dominique voulant prendre conseil et avancer les affaires de son Ordre, alla visiter la cour du seigneur Ugolin, évêque d'Ostie, alors légat du Siège apostolique en Lombardie [1].

---

[1]. Il paraît que le cardinal Ugolin était alors à Venise, et que c'est là que saint Dominique alla le trouver ; c'est ce que dit expressément le Frère Ventura, prieur de Bologne, dans sa déposition juridique. Cependant, comme d'autres auteurs affirment que saint Dominique revint de Milan à Bologne, il faut en conclure, avec les Bollandistes, que le Saint avait fait une excursion de Venise à Milan avant de revenir mourir parmi les siens.

En retournant de chez le légat, vers la fin de juillet, il arriva à Bologne très fatigué, car la chaleur était excessive et le voyage avait été très pénible. Cependant, quoique bien ébranlé, il s'entretint avec le prieur de la maison, Frère Ventura, et avec Frère Rodolphe [1] jusque bien avant dans la nuit, sur l'état et les affaires de l'Ordre. En se retirant pour se reposer, les deux Frères insistèrent pour qu'il livrât au sommeil ses membres fatigués et qu'il n'assistât pas à Matines. Mais il ne voulut pas y consentir, et, entrant dans l'église, il y veilla longuement, comme à l'ordinaire, et, de plus, il assista à Matines; seulement, après Matines, il dit au prieur qu'il se sentait mal à la tête.

233. Dès ce moment, il commença à languir visiblement par suite de la maladie qui devait l'enlever. Devant les progrès du mal, il fortifiait son esprit et s'attachait étroitement à Dieu ; et il supportait sa maladie avec tant de patience qu'il paraissait toujours gai et joyeux, quoiqu'il fût tourmenté par la dyssenterie et brûlé par la fièvre. Sachant que le jour de sa mort était proche, il fit venir devant lui les novices, et, les regardant d'un visage serein,

1. Procureur du couvent.

il leur adressa les plus douces paroles pour les exhorter à l'amour de Dieu et de l'Ordre, à la dévotion et à l'observance des règles. Selon son habitude, il n'avait qu'un sac sous lui, et, même dans cet état de faiblesse, il ne voulut pas se coucher dans un lit.

234. Appelant alors douze Frères des plus discrets, il fit tout haut, en présence d'un grand nombre de prêtres, la confession générale de toute sa vie au Frère Ventura, prieur.

Puis il leur dit : — « La miséricorde de
« Dieu m'a conservé jusqu'à ce jour une chair
« pure et une virginité sans tache ; si vous dési-
« rez la même grâce, évitez la société de toutes
« les femmes, elle est toujours suspecte. C'est
« la garde de cette vertu qui rend le serviteur
« de Dieu agréable au Christ et qui lui donne
« gloire et crédit devant le peuple. Persistez à
« servir le Seigneur dans la ferveur de l'esprit ;
« appliquez-vous à promouvoir et à dilater cet
« Ordre, qui n'est que commencé ; soyez stables
« dans la sainteté, persévérez dans la vie cano-
« niale régulière et croissez dans toutes les
« vertus [1]. »

1. *Vie de saint Dominique*, par le Révérend Père Lacordaire, chap. XVII.

235. Et comme il avait appris, par la révélation de l'Esprit-Saint, qu'il partirait bientôt de ce monde, il réunit en sa présence ses enfants et ses Frères et leur fit son testament, auquel on ne peut rien changer, puisqu'il a été confirmé par la mort du testateur.

« Voici, mes Frères et mes fils, leur dit-il,
« ce que je vous laisse en héritage. Ayez la
« charité, gardez l'humilité, possédez la pau-
« vreté volontaire. »

Il n'avait pas d'or, ni d'argent, ni de possessions terrestres qu'il pût laisser à ses enfants dans son testament ; mais ce qu'il avait dans la richesse de sa foi, il le leur légua : ce sont les richesses du salut, les trésors célestes, la fortune immortelle que lui-même possédait, comme le montre sa sainte vie, comme le proclament ses exemples, comme l'attestent ses miracles.

Et pour que la pauvreté volontaire, ce très ferme fondement de l'Ordre, ne fût pas ébranlée par la sagesse de la chair, qui est ennemie de Dieu, il défendit avec toute la sévérité possible que personne n'introduisît des possessions temporelles dans l'Ordre, menaçant de la malédiction terrible du Dieu tout-puissant et de la sienne quiconque aurait la présomption de ternir par la possession des biens terrestres l'Ordre des Prêcheurs, qui tire son principal lustre de la profession de la pauvreté [1].

[1]. Le Saint, en interdisant aux couvents de son Ordre d'accepter aucune possession temporelle, avait fait exception pour les couvents de femmes ; ainsi il avait passé à celui de Prouille ce qui avait d'abord appartenu au couvent de Saint-Romain de Toulouse. Dans la suite, sa défense devint aussi impraticable pour les couvents d'hommes, qui n'auraient plus pu subsister s'ils n'avaient pas eu quelques revenus assurés : c'est ce qui fit que le Saint-Siège dérogea en cela à la rigueur de la règle établie par le Saint, et le concile de Trente approuva ou confirma la permission accordée aux Ordres mendiants en général de posséder des biens-fonds. Saint Antonin prévoyait cette nécessité et l'expliquait par le changement des circonstances de temps et de personnes.

« Dans ce temps-là, dit-il, il n'y avait pas d'autres religieux qui mendiassent, car les moines n'en avaient pas besoin : aussi recevaient-ils des aumônes en abondance. Mais maintenant les Ordres mendiants des deux sexes se sont multipliés. Et comme l'iniquité a abondé et que la charité s'est refroidie ; comme, d'autre part, les guerres et le luxe des laïques diminuent de plus en plus leurs ressources, ils se restreignent aussi dans leurs aumônes et ils dépensent plus volontiers pour des chapelles, ou pour des ornements superflus, ou pour les pompes des églises que pour subvenir aux besoins des pauvres. »

Ces paroles de saint Antonin font comprendre pourquoi la défense absolue de saint Dominique ne put pas être maintenue dans son Ordre, non plus que dans la plupart des Ordres mendiants.

CHAPITRE II

DE SON DERNIER SOUPIR

236. Comme la maladie s'aggravait de jour en jour, les fils, inquiets de la santé de leur Père, le portèrent à Sainte-Marie-du-Mont, espérant que ce lieu plus sain le ramènerait à la vie. Lorsqu'il y fut, se sentant défaillir, et voyant que la dissolution de son corps était imminente, il fit appeler le Prieur, qui vint, suivi de vingt Frères, désireux de revoir encore leur saint Père, déjà si faible.

Quand ils furent devant lui, il leur fit, de sa couche, un discours très beau et très émouvant. Puis, apprenant que le recteur de ce lieu s'apprêtait à l'ensevelir dans son église, il dit avec humilité et douceur : — « A Dieu « ne plaise que je sois enseveli ailleurs que « sous les pieds de mes Frères ! » Et cet homme plein de l'esprit de charité et de paix, voulant empêcher, ou qu'on ne le privât de la sépulture qu'il désirait, ou qu'il ne s'élevât peut-être une contestation : — « Portez-moi « dehors, dit-il, pour que je meure dans cette « vigne, en plein air, et que vous puissiez « m'enterrer dans notre église. » — O Père vraiment fidèle! ô homme bienheureux, qui choisit une sépulture incommode et méprisée plutôt que de se séparer corporellement de ses enfants, même après sa mort!

237. Prenant donc leur Père chéri, ses enfants le rapportèrent à la maison des Prêcheurs, tremblant à chaque instant qu'il ne mourût dans le chemin. Il fut placé dans une cellule [1], et il reçut le sacrement de l'Extrême-Onction.

Il resta là quelque temps. Frère Rodolphe se tenait à la tête du Saint et essuyait la sueur de son visage avec un linge de lin. Les autres Frères pleuraient autour de lui en voyant à l'agonie ce Père bien-aimé ; ils étaient pénétrés de douleur à la pensée de se voir privés des consolations pour lesquelles leur Père avait reçu une grâce à jamais incomparable.

---

1. Comme il n'en avait pas à lui, on le déposa dans celle du Frère Monéta, qui lui donna également une de ses tuniques pour le couvrir, parce que le Saint n'avait pas de vêtements de rechange, n'ayant que ceux qu'il portait sur lui.

Le bon Père, les voyant pleurer, leur dit, pour les consoler : — « Ne pleurez pas, mes « fils chéris, et que mon départ de ce corps « ne vous trouble pas. Au lieu où je vais, je « vous serai plus utile que je ne l'ai été ici, et « vous aurez en moi après ma mort un avo-« cat plus puissant que je ne pourrais l'être en « cette vie. » — Confiance admirable à l'heure de la mort, qui montre combien il était juste, puisque la mort ne l'effrayait pas et qu'il ne doutait aucunement d'entrer dans l'éternité, où il promettait avec tant d'assurance à ses fils de les protéger.

238. Un des Frères lui demanda alors : — « Père, où voulez-vous que votre corps soit « enseveli ? » Il répondit : — « Sous les pieds « des Frères. » Ainsi invité aux noces, il choisissait la dernière place, tandis que le suprême Père de famille le faisait passer à une place plus élevée, comme un ami que l'on veut honorer et élever en gloire aux yeux des autres convives.

Appelant alors le Prieur et les Frères, il leur dit : « Préparez-vous. » Et voyant qu'ils s'étaient préparés à faire solennellement la recommandation de l'âme, il leur dit : — « Attendez encore. » Le Prieur lui dit : — « Père,

« vous savez dans quelle tristesse et quelle
« désolation vous nous laissez ; souvenez-vous
« de nous et priez pour nous devant le Sei-
« gneur. »

239. Déjà tout absorbé en Dieu, le très doux Père, levant les mains vers le ciel, dit : — « Père saint, vous savez que j'ai accompli « joyeusement votre volonté, et ceux que « vous m'aviez donnés, je les ai conservés « et gardés. Je vous les recommande ; conser-« vez-les et gardez-les. Pour moi je viens à « vous, Père céleste. »

Un peu après, sachant que l'heure était venue de passer de ce monde au ciel, il dit aux Frères : — « Commencez. »

Avec quelle dévotion, quelles larmes, quels sanglots fut accompli cet office de la recommandation de l'âme, Celui-là le sait qui ne méprise pas les prières des pauvres et qui ne dédaigne pas les soupirs et les affections des affligés.

Cependant le Père, au moment de son départ, priait encore du fond du cœur, en remuant les lèvres, bien qu'on n'entendît plus sa voix. Et comme, à la fin de la recommandation, on disait, selon l'usage : « *Subvenite, sancti Dei,* « venez à son aide, saints de Dieu ; venez au-

« devant de lui, anges du Seigneur; prenez
« son âme et portez-la en présence du Très-
« Haut », il rendit le dernier soupir ayant toujours les mains levées vers le ciel.

Et aussitôt les mains des anges le prirent et le présentèrent aux regards de la gloire divine. Quant à son corps, il resta inanimé, gisant sur la cendre [1], objet de désolation et de larmes pour ceux qui le pleuraient, objet d'amour pour la piété des fidèles, objet de vénération pour tous à cause de sa sainteté.

---

1. Pour comprendre comment Thierry d'Apolda parle ici de la *cendre*, à laquelle il n'a pas fait la moindre allusion précédemment, il est bon de savoir que c'était alors l'usage général de l'Ordre des Frères-Prêcheurs, comme de plusieurs autres Ordres, de faire déposer sur la cendre ceux de leurs membres qui allaient mourir. Le *B. Humbert* le marque expressément : « Lorsque le malade est près de mourir, dit-il, l'infir-
« mier doit faire un signal sur la table pour appeler les
« Frères à faire la recommandation de l'âme ; de plus, pré-
« parer les *cendres* et l'endroit où on doit le déposer. » (*De Instruct. official., cap.* 28 .*De officio servitoris infirmorum.*) Le Sieur de Moléon (Le Brun des Marettes) parle d'un lit de cendres conservé à l'abbaye de Cluny : « Au milieu de la
« grande infirmerie, il y a encore un petit enfoncement long
« environ de six pieds et large de deux ou trois, bordé de
« tringles de bois larges environ de trois pouces. C'est là
« qu'on mettait sur la cendre les religieux qui étaient à l'ex-
« trémité. On les y met encore, mais ce n'est qu'après qu'ils
« sont morts. » (*Voyages liturgiques*, p. 153.)

CHAPITRE III

DES RÉVÉLATIONS FAITES SUR SON PASSAGE A L'AUTRE VIE

240. A cette heure de sa très sainte mort, la glorieuse Vierge Marie, Mère de Dieu, ainsi que son Fils, était présente auprès de son fidèle serviteur, et, de même, une multitude d'anges, psalmodiant et portant au ciel son âme bienheureuse avec des transports de joie ; c'est ce qu'une révélation de Dieu fit connaître à ses fidèles.

Le même jour, en effet, et à l'heure même de sa mort, le vénérable Frère Guala, du même Ordre, prieur de Brescia, et, depuis, évêque de cette ville, étant surpris par un léger sommeil, vit, des yeux de l'âme, les cieux s'ouvrir pour donner passage à deux échelles d'une blancheur éclatante. L'une des échelles était tenue à son extrémité par Notre-Seigneur Jésus-Christ et l'autre par la très sainte Vierge sa Mère, et les anges allaient et venaient, en montant et en descendant, le long de ces échelles.

241. Au bas, entre les deux échelles, un siège était placé, et, sur ce siège, quelqu'un était assis, ayant la ressemblance d'un Prêcheur, qui avait l'air de se rendre à la Jérusalem céleste. Or, les deux échelles étaient tirées peu à peu par Jésus-Christ et par la glorieuse Vierge sa Mère ; et avec elles étaient tirés le siège et celui qui était assis dessus, jusqu'à ce qu'il fût introduit au ciel, au chant des anges. Lorsque les deux échelles, avec le siège et celui qui était assis dessus, furent arrivées au ciel, l'ouverture se ferma et la vision disparut.

Frère Guala, venant à Bologne pour s'informer de ce qui s'était passé, apprit que c'était au jour même et à l'heure où le saint Père avait quitté son corps que cette vision céleste lui avait été montrée ; et pour la gloire de Dieu et de saint Dominique, lui-même raconta publiquement au peuple cette vision.

242. Le même jour encore du départ de notre bienheureux Père, deux Frères de l'Ordre des Prêcheurs, Frère Tancrède, dont

il a été question plus haut, et Frère Raon, faisaient route ensemble [1].

Arrivés au lieu où ils se rendaient, Frère Raon monta à l'autel pour célébrer la messe, et Frère Tancrède lui enjoignit de se souvenir de maître Dominique, qu'on lui avait dit être malade à Bologne. Lorsque Raon fut parvenu à l'endroit de la messe où l'on fait mémoire des vivants, et qu'il rappelait à son esprit l'ordre qui lui avait été donné, il resta immobile à l'autel, et, ravi en esprit, il vit clairement, dans une vision, le saint Père Dominique, le front ceint d'une couronne d'or, enveloppé d'une admirable lumière et ayant de chaque côté deux hommes vénérables qui l'accompagnaient, sortir de Bologne et s'avancer sur la route royale.

243. Dans cette même vision, ce pieux Frère apprit, par une révélation du Saint-Esprit, que le même jour, c'est-à-dire le vendredi, à la sixième heure [2], le saint confesseur Dominique avait quitté son corps pour s'envoler glorieux vers la patrie céleste. Dans son humilité, ce Frère qui l'avait vu garda longtemps le silence sur cette admirable vision;

---

1. Ils allaient de Rome à Tivoli, dit Constantin d'Orvieto
2. A midi.

mais ensuite, averti par le Seigneur, il la raconta à quelques Frères pour la gloire de Dieu et du saint confesseur Dominique [1].

C'est ainsi que ce doux Père, ce vénérable confesseur de Jésus-Christ, entouré de ses Frères en prières, sortit pur de ce monde pour s'unir aux phalanges angéliques, qui venaient à sa rencontre, échangeant le séjour de misère de la vie présente contre la beauté de l'habitation d'en haut.

---

1. Frère Raon n'avait sans doute pas encore raconté cette révélation lorsque le bienheureux Jourdain écrivit sa *Vie de saint Dominique*, ce qui fait que le bienheureux n'en parle pas. C'est à Constantin d'Orvieto et à Barthélemy de Trente que nous en devons les détails. Barthélemy de Trente dit tenir du Frère Raon qu'il avait eu cette vision à Rome, chez les Sœurs de Saint-Sixte. Il ajoute un détail curieux. Non seulement Frère Guala et Frère Raon racontèrent leur vision, mais quand le Saint fut canonisé, ils la chantèrent à l'office. Le B. Guala était devenu alors évêque de Brescia; se trouvant à Bologne le jour de Saint-Dominique, il chanta dans une leçon la vision des deux échelles. Quant à Raon, il composa une antienne dans laquelle il rappelait ce qu'il avait vu au *memento* des vivants. C'est ce que marque expressément Barthélemy de Trente, qui ajoute avoir entendu lui-même l'évêque de Brescia chanter sa leçon, et Frère Raon chanter son antienne. Il est probable que cette antienne n'était autre que celle-ci, qui fait encore partie de l'office du Saint : « *Trans-« it pauper ad regni solium, dux ad sceptrum, victor ad « præmium, mors in vitam, labor in otium, præsens cedit « luctus in gaudium.* — Il passe de la pauvreté à l'éclat « d'un trône glorieux dans le royaume de Dieu; il reçoit le « sceptre de commandement et la couronne de ses victoires; « la mort fait place à la vie, les fatigues au repos, le deuil « de la terre aux joies éternelles. » (Antienne des premières vêpres au *Magnificat*.)

CHAPITRE IV

DE L'ENSEVELISSEMENT DU SAINT CORPS ET DES OBSÈQUES QUI LUI FURENT FAITES

244. Lorsque les fils enveloppaient le saint corps de leur bienheureux Père pour l'ensevelir, ils trouvèrent sa chair ceinte d'une chaîne de fer sur les reins. Frère Rodolphe la prit et la conserva respectueusement; plus tard, il la donna, comme un précieux souvenir, au vénérable Père Jourdain, maître de l'Ordre.

Le corps très saint ayant été enveloppé avec un religieux respect, fut porté à l'église au milieu d'un deuil solennel et plein de larmes.

Les Frères assistaient à l'Office, chantant les psaumes et les cantiques de circonstance, et ils se pressaient autour de lui le cœur rempli de tristesse et, en même temps, de dévotion et de vénération.

Aux Frères vint se joindre un religieux très dévot, Prieur de Sainte-Catherine de Bologne, le seigneur Albert, qui avait joui de l'intimité du bienheureux Dominique, et qui l'avait aimé tendrement. Voyant que les Frères changeaient peu à peu leurs chants de douleur en chants de joie, lui-même commença à se réjouir avec eux ; car ces enfants de Dieu, en concevant l'espérance fondée de la gloire de leur Père très saint, s'étaient mis à se réjouir et à louer le Seigneur de toutes les merveilles qu'ils avaient vues en lui [1].

245. Mais ce religieux s'attendrissant sur lui-même, et pénétré d'une vive douleur, s'approcha du saint corps inanimé et se précipita sur lui, l'embrassant dévotement et le couvrant de ses pieux baisers et de ses larmes. Il y resta longtemps attaché, et ne se retira que quand il eut eu le bonheur d'entendre une réponse précise au sujet de sa mort qui était imminente. Lorsqu'il l'eut reçue, comme il l'avait désiré, cet homme bon et pieux se releva du corps saint qu'il tenait dévotement

---

1. L'auteur dit : *Super omnibus quas viderant virtutibus.* C'est évidemment un emprunt fait à saint Luc (XIX, 37) ; or, d'après la Concorde des quatre évangélistes, ce passage de saint Luc est expliqué par saint Marc, qui dit que le peuple voulait en particulier célébrer la résurrection de Lazare (voir *Vita Vitæ nostræ*, du P. Coleridge). *Virtutibus* a donc ici aussi le sens biblique de *merveilles* plutôt que celui de *vertus*.

embrassé, et il dit joyeusement au Prieur des Frères :

« — C'est une parole vraie et digne de toute « créance : Maître Dominique m'a embrassé « et m'a dit : « Cette année, vous viendrez « après moi à Jésus-Christ. »

C'est ce qui eut lieu, en effet; car, l'année même de la mort du saint Père, cet homme juste alla vers le Seigneur, comme l'avait prophétisé le corps même inanimé du Saint [1].

---

1. *Vies des Frères*, II, 28. Ces paroles sont empruntées au livre de l'*Ecclésiastique* (XLVIII, 14) : « *Sicut mortuum pro-« phetavit corpus ejus.* » Elles s'appliquent au prophète Elisée, qui opéra des prodiges non seulement pendant sa vie, lorsqu'il était sur la terre en corps et en âme, mais même après sa mort, quand son corps seul restait visible. En effet, un mort que l'on ensevelissait, ayant été jeté précipitamment dans le tombeau d'Elisée, à cause d'une incursion de brigands moabites qui avait fait fuir ceux qui portaient le cadavre, celui-ci n'eut pas plus tôt touché les vêtements du prophète, qu'il fut rappelé à la vie et se dressa sur ses pieds (IV Reg., XIII, 21). C'est à ce miracle d'Elisée, ressuscitant un cadavre par le contact de ses ossements, que l'auteur compare le miracle de saint Dominique, dont le corps inanimé annonce à son ami vivant sa mort prochaine.

CHAPITRE V

DE LA SOLENNELLE ET DÉVOTE SÉPULTURE

246. Par une disposition de la Providence, le vénérable Ugolin, évêque d'Ostie, légat du Siège apostolique en Lombardie, qui fut plus tard le Souverain-Pontife Grégoire IX, était venu à Bologne en ces jours-là ; aussi un grand nombre d'hommes distingués et de prélats des églises étaient là présents. Ayant appris la mort du Bienheureux, il vint et rendit lui-même au corps saint les honneurs de la sépulture avec la plus grande dévotion.

Il connaissait, en effet, la sainte vie qu'il avait menée dans le Seigneur, et il s'était lié à lui, de son vivant, par un lien d'affection particulière ; il était même présent lorsque le saint Père ressuscita, à Rome, par ses prières, le neveu du seigneur cardinal Étienne.

Il y avait là aussi l'illustre patriarche d'Aquilée, plusieurs évêques et abbés, et une multitude d'autres prélats et de peuple très considérable.

Le saint confesseur Dominique sortit ainsi de ce monde le 8 des ides d'août [1], et il fut enseveli à Bologne auprès des Prêcheurs, ses fils et ses Frères, de l'Ordre desquels il avait été le premier Maître et le fondateur, l'an du Seigneur 1221.

247. Pour recevoir ce corps sacré, on prépara un monument fait de matériaux simples et grossiers, mais cependant travaillé avec amour et avec un soin pieux.

Frère Rodolphe, qui était alors procureur, et par les ordres de qui tout se faisait, fit fabriquer un coffre de bois convenablement préparé, et quand le corps sacré y fut déposé, il le fit fermer solidement avec des clous de fer. Il fit aussi mettre tout autour du sépulcre de grosses pierres solidement jointes avec du ciment, dans la crainte que les impies ne tentassent quelque coupable entreprise contre ce précieux trésor. On plaça au-dessus du saint tombeau une grande pierre fortement cimentée, sous laquelle fut conservée cette dépouille plus précieuse que l'or, plus pure que l'argent, plus noble que tous les joyaux.

[1]. Le 6 août 1221.

248. C'est donc là qu'il dort dans le sein de sa mère, content et reposant en paix; il dort d'un doux sommeil que rien n'interrompra jusqu'à ce que la dernière trompette l'éveille et qu'il ressuscite pour être placé à droite avec les élus de Dieu.

Cependant son âme veille toujours, et, dissipant l'obscurité des ténèbres, il ouvre les yeux pour contempler l'éclat si vivement désiré de la lumière éternelle. Il veille, et il prête une oreille bienveillante aux prières des malheureux, aux cris des affligés, et il vient constamment au secours de leurs calamités; car à la mort, et après la mort de son serviteur saint Dominique, la toute-puissante vertu de Dieu a daigné opérer des miracles, dans le but évident de le glorifier, et elle en opère jusqu'aujourd'hui, par ses mérites, dans tous les royaumes de l'Eglise.

CHAPITRE VI

DE LA PREMIÈRE GLORIFICATION DU TOMBEAU PAR DES MIRACLES

249. Il repose donc, comme il l'avait désiré, le saint Père, au milieu de ses enfants, enfermé dans un lieu humble et souterrain, sans aucun aromate à la manière des autres saints, couvert seulement de terre et de poussière, et dérobé par là aux regards des hommes. Mais Dieu, qui fait resplendir la lumière du sein des ténèbres, a daigné ordonner, dans sa miséricorde, que de cette obscure lumière jaillît l'éclat des miracles.

Un clerc vertueux, de Bologne, avait appris la mort du bienheureux Dominique, mais, retenu par un empêchement quelconque, il n'avait pas eu le bonheur d'assister à la solennité de ses funérailles. La nuit suivante, il vit en songe le bienheureux Dominique, dans l'église de Saint-Nicolas, assis sur un siège d'honneur et couronné d'une gloire et d'un éclat merveilleux. Le clerc lui dit :

« — N'est-ce pas vous, maître Dominique, « qui êtes mort ? »

Le Saint répondit :

« — Je ne suis pas mort, mon fils, parce que « j'ai un bon Maître, avec lequel je vis. »

Le matin, le clerc se rendit à l'église des Frères, et il y trouva le Saint enseveli à l'endroit même où il l'avait vu dans sa vision, assis sur un trône [1].

Le même jour, un démoniaque fut amené au sépulcre du saint Père. En entrant dans l'église, le démon se mit à crier :

« — Que me veux-tu, Dominique ? »

Et il répétait constamment ces cris et le nom de Dominique. Ayant été traîné sur son sépulcre, le possédé fut délivré du démon [2].

250. L'année même de la mort du Bienheureux, au temps de l'hiver, un parfum très suave et très pénétrant commença à se faire sentir autour du saint tombeau, et il se répandit dans toute l'église. Cette odeur embaumée dura pendant plusieurs jours, et elle fut remarquée par le Frère Ventura, prieur de Bologne,

---

1. *Vies des Frères*, II, 29.
2. *Vies des Frères*, II, 30.

ainsi que par d'autres Frères du couvent. Et comme les prodiges se renouvelaient et que les merveilles se multipliaient, les chrétiens fidèles, voyant que la vertu de Dieu agissait réellement dans ce lieu, résolurent de fermer la sépulture par respect et de la couvrir d'étoffe de soie. Mais les Frères n'y consentirent pas, dans la crainte qu'on ne les accusât de cupidité ou de vaine gloire, s'ils faisaient cela ou s'ils le laissaient faire.

CHAPITRE VII

DU MÉRITE DE SAINT DOMINIQUE, ET DE SA GLORIEUSE RÉCOMPENSE, D'APRÈS LES RÉVÉLATIONS.

251. Quelqu'un qui aimait beaucoup saint Dominique reçut sur ses mérites et sur sa gloire, de même que sur l'Ordre des Prêcheurs, de nombreuses révélations qu'il laissa par écrit. Il y dit entre autres choses :

« J'ai une affection toute spéciale pour mon bien-aimé, mon noble saint Dominique, et, autant qu'il est permis, je le préfère à tout autre, et je l'embrasse d'un plus étroit amour.

« Aussi, le jour de sa fête, comme je priais pour l'Ordre des Prêcheurs, le Seigneur daigna me manifester sa présence et me montrer mon bien-aimé dans la gloire.

« — Vois, me dit le Seigneur, tout ce que je
« requiers dans ceux qui conduisent mes fidèles,
« tout cela a brillé dans mon fidèle serviteur

« Dominique, bon pasteur entre tous. Tant
« qu'il a vécu dans la chair, il n'a jamais mis
« d'amertume dans le cœur d'un de ces Frères
« qui lui étaient soumis ; jamais il ne les a
« irrités par ses paroles ou par ses actes ; car
« il ne pouvait rien sortir d'amer d'une source
« toute de charité.

252. « A l'égard de tous, il avait un cœur
« si large, une tendresse si douce qu'il pour-
« voyait de son mieux à tous leurs besoins cor-
« porels ; ne se contentant pas de la nourriture
« austère et frugale des religieux, mais leur
« procurant abondamment ce que comportaient
« les circonstances, de crainte que la jeunesse,
« souffrant de la faim, n'en vînt à regretter la
« bonne chère de l'Egypte, ou que la vieillesse
« épuisée par le jeûne ne tombât en défaillance.

« Condescendant ainsi à tous avec bienveil-
« lance, il marchait à la tête de tous, leur
« apprenant, par son admirable exemple, le
« mérite de la modération et l'avantage de
« l'abstinence. De plus, pour exalter la misé-
« ricorde et la justice, quand il s'agissait de
« corriger les fautes des coupables, sa clé-
« mence et sa rigueur savaient se tempérer
« mutuellement, l'une épargnant à propos,
« l'autre sévissant avec amour. »

« C'est ainsi que le Bien-aimé me parla de mon bien-aimé ; et ensuite je vis que mon bien-aimé était vêtu de toutes sortes de couleurs et entouré d'une admirable variété : c'était un vêtement blanc comme la neige, éclatant comme la pourpre et ayant des reflets de couleur verte. En effet, la tunique d'immortalité dont il est revêtu est teinte de la blancheur éblouissante d'une pureté virginale plus brillante que la neige ; elle rayonne de l'éclat verdoyant de la vérité première, qui fait les délices et la nourriture des esprits célestes, et il s'y mêle la couleur rose étincelante de la double charité, l'une qui se donnait au prochain par la compassion, l'autre qui brûlait du désir de sacrifier sa vie pour Jésus-Christ.

253. « Et le Seigneur continua à me parler de son saint et il me dit :

« — Quelquefois il arrivait à mon élu de
« rire, mais son rire procédait alors de la
« suavité de mon esprit. Il était vrai, et un tel
« rire convient à celui qui dit vrai. Lorsque,
« dans sa prière, il versait des larmes, il pré-
« sentait à mes regards, avec une grande foi,
« la cause, les angoisses et les besoins de
« toute l'Eglise, et surtout des fils de son
« Ordre, le tout renfermé dans l'encensoir de

« sa ferveur. Pasteur aimant, il considérait
« avec le plus grand soin l'aspect de son trou-
« peau, y appliquant un regard affectueux,
« une piété sincère, une discrétion prudente ;
« par de tendres reproches, il convertissait
« les hommes au cœur pervers. Les sages
« apprenaient de lui à orner leur science d'une
« simplicité de colombe, selon l'Evangile du
« divin Sauveur, et les simples à chercher et
« à aimer par-dessus tout cette sagesse pudi-
« que et modeste qui vient d'en haut.

254. « Pour les dangers, les troubles, les
« peines de ceux qui étaient tentés, il les
« portait dans le secret de son cœur avec
« une compassion paternelle et une tendresse
« pleine d'alarmes, distribuant les consolations
« pieuses, les conseils discrets, et les soute-
« nant de ses prières. Il conseillait aux jeunes
« gens le silence continuel, pour parvenir à la
« prudence et à l'observance de la discipline.
« Il entourait d'une tendre et pieuse affection
« les faibles et les infirmes, et il pourvoyait à
« leurs besoins avec une sollicitude efficace.
« Aussi, tous se réjouissaient de sa présence
« prolongée, et les attraits de sa sainteté et de
« sa très douce conversation leur rendaient
« supportables toutes les privations de la pau-

« vreté, et leur adoucissaient toute la dureté
« de leur vie austère et laborieuse. »

Rendons grâces à Notre-Seigneur Jésus-Christ, et glorifions-nous, en chantant ses louanges, de ce qu'il nous a donné un tel chef et un tel guide pour ce pèlerinage, un chef dont la sainteté éclatante a été reconnue et louée par la bouche même de la Vérité divine. Glorifions-nous de lui dans le Seigneur, puisque l'honneur de notre Père fait notre gloire, et que nous serons nous-mêmes sa gloire, si nous sommes sages.

SIXIÈME PARTIE

CHAPITRE PREMIER

DU PREMIER ÉTAT DES SAINTS PÈRES DE L'ORDRE DES PRÊCHEURS

255. L'an de l'Incarnation 1222, après la translation de notre Père saint Dominique parmi les anges et les saints, on célébra à Paris un troisième chapitre général, où Frère Jourdain le Teutonique, originaire de Saxe, homme de vie vénérable, fut élu par la volonté de Dieu, et sous l'inspiration de l'Esprit de Jésus, Maître de l'Ordre des Prêcheurs. En lui le premier fondateur de l'Ordre, saint Dominique, trouva un successeur, non pas seulement pour l'administration du gouvernement, mais surtout pour l'amour de la justice et de la droiture : car ce fut un très

parfait imitateur des intentions, de la religion et de la ferveur de notre Père. Aimé de Dieu et des hommes, il chercha le bien de ses Frères et dilata la gloire de son Ordre, le développant en provinces, en couvents et en une multitude de sujets excellents. Plusieurs se distinguaient par leur naissance et par leurs dignités ; un grand nombre possédaient des richesses et des bénéfices, la plupart étaient maîtres et docteurs en différentes sciences ; et une foule innombrable d'autres jeunes gens délicats et étudiants dans les lettres, touchés de ses sermons et de ses paroles plus douces que le miel, abandonnèrent tout pour Jésus-Christ et l'Evangile et embrassèrent l'Ordre des Prêcheurs. Alors les enfants de Dieu s'accrurent et se multiplièrent et remplirent la terre dans leur force nouvelle. C'était ce très pur grain de froment, mort et caché en terre, mais vivant au ciel, saint Dominique, qui se reproduisait dans cette magnifique et superbe moisson.

CHAPITRE II

DE LA VIE PARFAITE
ET DE LA VRAIE CONTRITION DU CŒUR

256. C'était vraiment alors le temps propice et les jours de salut, lorsque tant d'hommes illustres, appliqués à leur salut et à celui du prochain, s'offraient, eux et les autres, en sacrifice de bonne odeur et en holocauste agréable en présence du Seigneur.

C'étaient vraiment les jours des hommes sans tache, que Dieu connaît, et qui, l'esprit plein de ferveur, servaient le Seigneur dans la sainteté et la justice devant ses yeux. — Dieu avait mis le feu du ciel dans leurs os, et leurs cœurs étaient brûlants de l'ardeur de la charité. On voyait aussi se répandre au dehors la flamme de leurs œuvres lumineuses et de leurs exemples efficaces, parmi lesquels nous rappellerons seulement quelques-unes de leurs œuvres de sainteté et de perfection, pour l'édification de nos contemporains.

Lorsque, par la grâce, ils s'étaient convertis des plaisirs du siècle et du péché à une vie meilleure, ils étaient pleins de componction pour le mal commis, et, dans l'amertume de leur âme, ils s'efforçaient d'expier leurs péchés passés, offrant à Dieu en sacrifice leur cœur contrit et s'accusant à leurs confesseurs avec une exactitude et une pureté parfaites. Ils fouillaient scrupuleusement les secrets de leurs consciences, de peur qu'il n'y eût la moindre tache propre à tourmenter leur cœur, ou à en ternir la pureté ; car, pour les consciences délicates, ce ne sont pas seulement les grands crimes, mais même les fautes les plus légères, qui sont un tourment et un remords.

257. Alors on examinait fréquemment sa conscience et l'on se confessait tous les jours, non pas même à une seule heure du jour ou une seule fois par jour, mais le soir, le matin et à midi, toutes les fois qu'il se présentait quelque chose qui troublait ces consciences délicates.

Armés d'un mâle courage contre les tentations de la chair et du démon, il leur semblait indigne d'en éprouver même les premiers mouvements ; quant à y consentir ou à s'y arrêter, c'eût été pour eux une abomination honteuse. Ils ne conservaient plus aucun souvenir ni de ce qui les avait occupés précédemment, ni de leurs commodités et de leurs plaisirs ; toute leur sollicitude, toute leur application était de pleurer leurs péchés, de s'occuper des choses divines, de se renfermer en eux-mêmes, de mépriser leur corps et de le réduire en servitude, de tout remettre à Dieu, et de s'attacher continuellement à lui seul. Emerveillés de la noblesse de leur Ordre, et de la beauté de la religion qu'ils avaient embrassée, leur bouche, comme leur cœur, ne cessait de l'exalter, et ils ne regrettaient qu'une chose, c'était d'avoir tardé si longtemps à l'embrasser et à se consacrer à Dieu.

CHAPITRE III

DE LA FORMATION DILIGENTE DES NOVICES, ET DE LA STRICTE OBSERVATION DU SILENCE

258. On mettait alors un très grand soin à la formation des novices et une grande attention à conserver leur santé et leurs forces corporelles, dans la crainte qu'en se livrant sans discrétion à des exercices trop fatigants, ils ne s'affaiblissent et ne devinssent impropres à d'autres choses plus importantes. De même qu'il faut aiguillonner les tièdes et les relâchés pour les faire travailler, de même il fallait alors le frein de la discrétion pour contenir la ferveur d'une dévotion trop ardente. A présent, la plupart ont bien de la peine à s'éveiller au son de la cloche; alors, au contraire, on les cherchait dans tous les coins, on les y trouvait en oraison, et on pouvait à peine les forcer à dormir.

259. L'observation du silence, qui est le fondement de la sainte religion, était l'objet

d'une stricte surveillance, d'une application religieuse, d'un zèle ardent et pur. A moins qu'il n'y eût une grande nécessité, ou un danger imminent, c'était un crime pour eux de rompre la règle du silence.

Par exemple, à Bologne, un Frère était prosterné en prières devant l'autel, après Complies. Le diable vint le prendre par le pied et le traîna jusqu'au milieu de l'église. A ses cris accoururent plus de trente Frères, qui priaient, cachés dans les différents coins de l'église. En le voyant traîner, sans voir celui qui le traînait, ils s'efforçaient de le retenir, mais ils ne le pouvaient pas. Effrayés, ils l'aspergèrent d'eau bénite, mais sans réussir davantage. Un Frère des plus anciens, qui s'attachait à lui pour le retenir, fut lui-même entraîné avec lui. Enfin, avec beaucoup d'efforts, on le conduisit à l'autel de Saint-Nicolas. Alors le vénérable Père Réginald, survenant, entendit sa confession, et aussitôt Dieu le délivra de la puissance du diable : il y avait, en effet, je ne sais quel mal caché dans son cœur qu'il n'avait pas expulsé en se confessant.

Etonnante et vraiment merveilleuse vertu d'une confession pure! et en même temps admirable régularité, digne d'éloges et d'imitation, dans la manière dont les Frères observaient les Constitutions. Au milieu de toute cette agitation, il ne se trouva pas un seul Frère pour transgresser, même par un mot, la loi du silence.

260. La paix régnait donc parmi eux, parce qu'ils refrénaient la loquacité de leurs langues. De même que quand on ferme la bouche d'un four, la chaleur se conserve à l'intérieur, ainsi celui qui garde le silence retient la grâce du Saint-Esprit dans son cœur. Instruits de cette vérité, ils mettaient une garde à leur bouche pour ne pas pécher par la langue, et ainsi leur cœur s'échauffait dans leur poitrine, et leur méditation faisait brûler ce feu divin qui consume les vices.

Le bienheureux Dominique institua cette observance et l'enseigna par son exemple, ne proférant jamais ni médisance, ni flatterie, ni aucune parole capable de nuire, et, même en voyage, gardant le silence jusqu'à l'heure de Tierce, ce qu'il faisait également observer à ses compagnons. Jamais il ne croyait convenable d'ouvrir la bouche, sinon pour parler de Dieu, ou pour parler à Dieu.

CHAPITRE IV

DE LA FRÉQUENTATION DE L'OFFICE DIVIN ET DE LA PRIÈRE CONTINUELLE

261. Tous les jours, à des temps déterminés, on chantait solennellement et distinctement les matines, la messe et toutes les heures canoniales. Le maître de l'Ordre, le saint Père Dominique, avait l'habitude d'y assister toujours, et il prenait bien soin qu'on psalmodiât avec ferveur et avec dévotion.

Avec lui assistaient à l'office divin les vénérables patriarches de cet Ordre, et généralement tous les Frères au milieu desquels se tenait Celui qui a promis d'être avec ceux qui sont réunis en son nom.

En outre, il était rare que l'église fût vide et que l'on n'y vît pas des Frères en prière, de sorte que quand quelqu'un les cherchait, c'était le plus souvent là qu'on les trouvait, car ils ne s'en éloignaient guère, continuant à prier et le jour et la nuit. Ils offraient en sacrifice à Dieu leurs profonds soupirs de pénitence et les douleurs intimes de leur âme, et quelquefois ils laissaient échapper des cris en déplorant leurs péchés et ceux des autres. D'autres s'imposaient l'obligation de faire cent fois, deux cents fois la génuflexion le jour et la nuit pour adorer la majesté divine.

262. Lorsque les offices du jour avaient été célébrés avec tout le respect et toute la piété convenables, les Frères attendaient les complies avec impatience ; ils y portaient tous leurs désirs et s'y préparaient avec dévotion comme à une fête solennelle, se recommandant mutuellement aux prières les uns des autres. Au signal donné, on les voyait se rendre avec empressement à l'église, de toutes les parties du monastère. Quand, à la fin des complies, ils avaient salué la Reine du ciel par une antienne [1], ils se soumettaient

---

1. Les deux antiennes que l'*Ordinaire* (ou cérémonial primitif) permettait alors de chanter après complies, étaient : ou le *Salve regina*, ou l'*Ave regina cœlorum*. Les autres antiennes de la B. Vierge, *pro tempore*, comme *Alma Redemptoris mater*, *Regina cœli*, ne se chantaient jamais à complies, mais seulement aux vêpres de l'Office de la Sainte Vierge, le samedi.

en commun à la discipline [1]. Ensuite ils visitaient leurs patrons, les concitoyens des saints et les habitants de la maison de Dieu dont les autels se trouvaient dans leurs églises ; pèlerins, et n'ayant point ici-bas de demeure permanente, ils les contemplaient de loin, jouissant déjà du bonheur de la patrie, ils les saluaient affectueusement et se transportaient auprès d'eux et de cœur et de corps. Pendant ce temps, le pieux souvenir des saints purifiait leurs pensées, échauffait leurs affections, rassérénait leurs consciences, élevait leurs cœurs vers Dieu ; aux rayons lumineux de la grâce, leur âme était émue, leur cœur touché, et les larmes jaillissaient de leurs yeux, leur émotion était si forte qu'ils ne pouvaient la

---

[1]. Dans l'Ordre des Frères Prêcheurs, quand les complies ont été de la *férie*, les Frères doivent recevoir la discipline en commun. C'est à cet usage que Thierry d'Apolda fait allusion. Quand la discipline avait été donnée en commun, d'autres la prenaient quelquefois en particulier avec ceux qui ne l'avaient pas reçue en commun « *in aliquo alio loco sequestri ad hoc apto*, dit l'Ordinaire, dans quelque autre endroit écarté propre à cela. » Les disciplines en commun doivent se donner avec des verges. « *Provideat autem sacrista* « *quod in certo loco semper inveniantur virgæ pro disci-* « *plinis* (Ordinarium FF. Prædic.). Que le sacristain ait soin « qu'il y ait toujours des verges dans un certain endroit pour « les disciplines. » En particulier on se frappait avec des verges, avec des cordes, ou avec des chaînes, à volonté.

contenir, et l'on entendait du dehors le bruit de leurs larmes et de leurs sanglots ; on aurait cru qu'ils pleuraient autour d'un cercueil. Aussi beaucoup se sentaient attendris en les voyant, et plusieurs prirent l'habit de l'Ordre.

263. Non contents de cet exercice, ils se cachaient encore dans les différents coins du monastère, et là, faisant passer tous leurs actes par un rigoureux examen, ils se déchiraient impitoyablement la chair, les uns à coups de verges, les autres avec des courroies armées de nœuds. Ces actes d'une dévotion ardente les rendaient semblables à un feu qui étincelle et à un encens qui brûle dans le feu ; on en voyait qui, pendant leur prière, s'élevaient en l'air et restaient suspendus entre le ciel et la terre, emportés par le feu de l'Esprit-Saint ; d'autres, tout consumés par les flammes de la pénitence, gémissaient dans la cendre, et, cachant leurs visages dans la poussière, ils ne levaient pas les yeux au ciel jusqu'à ce qu'une explosion de larmes brûlantes eût excité en eux un incendie de douleur ; tel autre éprouvait un insatiable besoin d'amour, ne pouvait se livrer au repos et refusait le

sommeil à ses yeux, tant qu'une grâce nouvelle n'était pas venue embraser son âme.

Après des exercices de ce genre, il sera facile au dévot lecteur de comprendre ce qu'il pouvait rester encore du temps de la nuit pour le sommeil des serviteurs de Dieu.

264. Lorsqu'ils se levaient pour matines, et que, selon l'usage, ils avaient récité, debout, avec respect, l'office de la Vierge Marie, ils se hâtaient de courir pieusement à son autel, de peur de perdre le moindre moment pour la prière.

Après les matines et les complies, ils se rangeaient en cercle, parfois sur une triple ligne, autour de cet autel de la Vierge ; on pouvait alors, à bon droit, chanter qu'elle était entourée « des roses en fleur, et des lis des vallées », car ceux qui se pressaient autour d'elle pour lui offrir leurs hommages présentaient, les uns la couleur de la rose, causée par la confusion de leurs péchés, les autres celles du lis, produite par la pureté virginale de leur innocence.

Après matines, peu d'entre eux se mettaient à l'étude, moins encore retournaient à leurs lits, la plupart restaient éveillés et en prière. Lorsqu'il commençait à faire jour et qu'on donnait le signal pour la célébration des messes, on n'en trouvait presque aucun qui ne purifiât sa conscience avant la messe par la confession. Alors un grand nombre accouraient auprès du même prêtre pour le servir, et c'était une sainte émulation entre eux à qui aiderait le prêtre dans un si saint ministère.

CHAPITRE V

DE L'ABSTINENCE DES FRÈRES ET DES SERVICES DE LEUR CHARITÉ MUTUELLE

265. Après s'être tant fatigués au divin office, lorsqu'ils venaient prendre leur réfection, la plupart du temps le pain, la nourriture et la boisson leur faisaient défaut. Il est vrai que la bonté de Jésus pourvoyait à ce qu'il ne manquât rien à ceux qui se confiaient en lui, soit en accordant des miracles aux mérites des Pères, soit en leur procurant des aumônes de la compassion des fidèles. — Quoique la table conventuelle fût par elle-même assez pauvre et assez sobre, plusieurs, cependant, y ajoutaient encore une sobriété et une abstinence surérogatoires. L'un passait huit jours entiers sans rien boire ; un autre versait de l'eau froide sur ses aliments pour leur enlever leur saveur. Beaucoup, pour ne pas se faire remarquer, s'abstenaient, tantôt

d'un plat, tantôt d'un autre, et se retranchaient une partie de ce qui leur était servi. L'un resta pendant tout le Carême sans boire, sinon une fois par jour, et sans parler, à moins qu'on ne lui demandât quelque chose.

266. Ceux qui devaient faire la lecture ou servir à la table commune en trouvaient toujours un grand nombre d'autres tout prêts à les aider, de même que dans un combat les amis fidèles vont au secours de leurs amis. On voyait en eux tant de dévotion et tant d'allégresse de cœur à remplir ces exercices de piété, qu'on aurait dit qu'ils servaient les anges et non les hommes; quelques-uns même y éprouvaient tant de douceur que, dans la joie qui les inondait, ils baisaient secrètement les écuelles. Qui pourrait ensuite raconter leur promptitude à se rendre mutuellement les services de la charité? A l'égard de leurs Frères infirmes, et de leurs besoins à soulager, ils étaient tous animés de la plus tendre compassion, et leur charité infatigable s'appliquait à les consoler par la parole et par l'action.

267. Lorsque quelques-uns revenaient du travail, les Frères les accueillaient par des démonstrations de joie affectueuse et chari-

table ; ils s'offraient à l'envi à les servir, et ils se prosternaient humblement à leurs pieds pour les leur laver. Celui-là s'estimait le plus heureux devant le Seigneur, qui pouvait le mieux faire voir sa compassion à soigner les malades, sa joie à recevoir les hôtes, son humilité à leur laver les pieds, son empressement à s'acquitter des offices conventuels. Souvent ils se défaisaient de leurs tuniques, de leurs chapes, de leurs scapulaires ; et, pour revêtir des Frères étrangers, ou besoigneux, ils se dépouillaient eux-mêmes. Plusieurs des Frères, allant encore plus loin, ne se contentaient pas de la rigueur de l'habit régulier, et pour affliger leur corps, ils se revêtaient en cachette d'un cilice et se ceignaient les reins d'une ceinture de fer appliquée sur la chair nue.

CHAPITRE VI

DE LA VÉNÉRATION DES FRÈRES POUR LA BIENHEUREUSE VIERGE

268. Au milieu de ces rigueurs destinées à affliger le corps et à mortifier l'extérieur, on voyait apparaître en eux quelque chose de plus grand : c'étaient des vertus réelles, une parfaite innocence, une religion pure et sans tache.

D'après le rapport d'un Frère, homme éminent, dans un temps assez court, il avait entendu la confession générale de cent Frères qui étaient toujours restés purs de cœur et vierges de corps. — S'il a été donné à un seul prêtre de constater par la confession la chasteté de tant de saints religieux, combien ne devait-il pas y en avoir de cachés dans l'Ordre, et de quelle sainteté ne devaient-ils pas être ornés ?

Dans ce jardin de fleurs, planté de la main

de la Vierge-Mère — l'Ordre des Prêcheurs. — Notre-Seigneur Jésus-Christ, son Fils, — sa fleur, lui aussi, — se plaît à cueillir ces lis. La Reine du monde, entourée des grands de sa cour et des vierges saintes, va se promener dans ce jardin, cultivé avec une magnificence royale et par des mains royales ; elle y arrache les mauvaises herbes des vices, elle y plante les germes et y jette dessus la rosée de la grâce. Là, de concert avec l'Epoux de l'Eglise, son Fils, et avec ses compagnons, elle est inondée de délices, elle se repaît de la beauté des fleurs, de la suavité des odeurs et de leurs saveurs enivrantes. Les fleurs sont les mœurs saintes, les odeurs sont les prières, et les saveurs sont les consolations spirituelles.

269. Ainsi rassasiée et inondée de délices, la gracieuse Vierge se plaît à parcourir fréquemment ce jardin, mais aussi elle s'empresse de le fermer et de l'entourer de la protection divine. Il y a pas, en effet, que les grands et sublimes cèdres de ce jardin, par exemple le bienheureux Dominique, le très doux Jourdain, le très docte Réginald, qui aient joui de sa présence, comme nous l'avons dit ; elle n'a pas non plus dédaigné d'honorer de sa visite

le myrte et l'hysope, la rose, le lis, la violette et le nard, et leur a dévoilé son visage. Divine jardinière, elle a apparu visiblement aux Frères, dans les travaux, les tentations, les périls ; à l'heure de la mort, elle leur a enlevé la fatigue, l'hésitation, l'angoisse et la crainte. De même, au chœur, dans les cellules, au dortoir, à complies et en voyage, elle leur a apporté par sa présence la joie et la consolation. Toutes ces choses seront réservées à un autre temps et à un autre ouvrage. Je ne raconterai qu'un trait de sa sollicitude à garder ce jardin, trait d'autant plus touchant qu'il est plus singulier.

270. Une femme dévote en Lombardie, menant une vie solitaire, avait entendu dire qu'il s'était élevé un nouvel Ordre des Frères Prêcheurs, et elle désirait en voir quelques-uns. Il arriva que deux Frères, en prêchant, passèrent par là ; ils entrèrent chez elle et lui adressèrent des paroles édifiantes à la manière des Frères.

Leur ayant demandé qui ils étaient, et de quel Ordre, ils répondirent qu'ils étaient de l'Ordre nouveau des Prêcheurs. Elle, les voyant beaux, décemment habillés et jeunes, les méprisa, en pensant que de cette manière ils ne pouvaient pas rester purs dans ce siècle corrompu.

La nuit suivante, la bienheureuse Vierge Mère de Dieu lui apparut et lui dit :

« — Tu m'as offensée gravement depuis
« hier. Tu ne crois pas que je puisse con-
« server mes serviteurs sans tache, malgré
« leur jeunesse, lorsqu'ils courent par le
« monde pour le salut des âmes ? Pour que tu
« saches que je les ai pris sous ma protection
« spéciale, je vais te montrer ceux que tu as
« osé mépriser hier. »

Et, soulevant son manteau, elle lui montra une grande multitude de Frères, et parmi eux ceux qu'elle avait méprisés.

La sainte femme, touchée de componction, aima désormais les Frères de toute son âme, et elle raconta toute cette histoire telle qu'elle s'était passée.

271. Il est de fait que le manteau de la Vierge Mère de Dieu est l'insigne habit de l'Ordre sacré des Prêcheurs, et si nous le portons avec une charité religieuse dans une sincère humilité, nous habitons certainement sous la protection du Très-Haut, à l'ombre des ailes de cette bienheureuse Vierge.

Tous les Frères avaient pour cette Mère

de Dieu, Marie, une si grande dévotion, un empressement si merveilleux à lui témoigner leur respect et à chanter ses louanges, tant d'assiduité et de ferveur à la prier, tant d'amour et de sainte affection pour elle, une si grande et si ferme confiance en son patronage, une passion si insatiable de la contempler, qu'aucune parole humaine ne saurait jamais l'expliquer. Dans leurs cellules et dans les lieux qu'ils habitaient, ils avaient des images de la Vierge avec son Fils, et d'autres de Jésus-Christ crucifié : par ce spectacle, ils réveillaient leurs souvenirs assoupis, et ils munissaient leurs sens extérieurs d'une force spirituelle contre les vanités qui passent.

CHAPITRE VII

DE LA FRÉQUENCE ET DE LA FERVEUR DE LEURS PRÉDICATIONS

272. Il arriva, vers ce temps-là, lorsque le couvent des Frères de Bologne était déjà très nombreux, qu'un légat du Siège apostolique, l'évêque de Porto, nommé Conrad, religieux de l'Ordre de Cîteaux, vint à Bologne. S'étant rendu au couvent des Prêcheurs, il y fut reçu avec les honneurs dus à son rang.

Mais il lui vint à l'esprit un doute qui l'agitait touchant cet Ordre : « Qu'est-ce que si-« gnifiait cette religion nouvelle et inusitée ? « Etait-elle des hommes ou de Dieu ? » — On lui plaça une chaise dans l'église des Frères, il s'y assit et demanda un livre. On lui apporta le livre de messe. Il l'ouvrit, en faisant le signe de la croix, et il lut en haut de la pre-« mière page : *Laudare, benedicere et prœ-*

dicare (louer, bénir et prêcher). » — Cette espèce de réponse envoyée du ciel le réjouit tant qu'il chassa résolûment tout doute et toute hésitation. Et embrassant en quelque sorte les Frères dans son cœur, il leur dit : — « Je porte extérieurement l'habit d'un « autre Ordre, c'est vrai ; mais, intérieure-« ment, dans mon âme je porte le vôtre ; ne « doutez pas que je ne sois tout à vous. Je « suis de votre Ordre, je me donne à vous de « tout mon cœur. »

273. C'est bien, en effet, aux religieux de cet Ordre qu'on peut appliquer l'oracle divin : *louer, bénir, prêcher*. — Leur bouche retentit constamment de la louange de Dieu ; tout le jour, ils le bénissent, en prêchant aux peuples sa puissance, sa grandeur.

Les quatre saints animaux mystiques décrits dans la vision du prophète Ezéchiel[1] et dans l'Apocalypse de l'apôtre saint Jean, comme figure des prédicateurs, ne cessent de crier jour et nuit : *Saint, Saint, Saint*, parce que les saints Prêcheurs ne cessent de louer, de bénir, de prêcher la magnificence de la Majesté divine.

---

1. Ezéchiel, i. 5-25 ; Apocalypse, iv, 8.

Le Saint-Esprit avait, en effet, versé dans leurs cœurs la grâce d'une ferveur admirable, pour leur inspirer le désir et l'amour d'annoncer la parole de Dieu aux fidèles et de prêcher Jésus-Christ. Sachant que l'Ordre était principalement établi pour la prédication et le salut des âmes, il y en avait qui, dans leur zèle ingénu, ne se mettaient à table qu'à contre-cœur, si auparavant ils n'avaient pas prêché la parole de Dieu à quelques âmes, ne fût-ce même qu'à une seule. Semblables à l'Apôtre, ils étaient loin de prêcher pour manger, mais ils mangeaient seulement pour prêcher.

Je placerai ici quelque chose de ce que Dieu a daigné révéler au sujet de ces saints Prêcheurs.

CHAPITRE VIII

DU COMMENCEMENT DE L'ORDRE (CE CHAPITRE EST EMPRUNTÉ A DES RÉVÉLATIONS)

274. Dans ces temps-là, il y avait en Toscane, au monastère de Saint-Galgan, un moine de l'Ordre de Cîteaux, nommé Jacques, d'une grande simplicité, d'une grande grâce et d'une grande réputation, à qui le Seigneur manifestait sa présence dans la prière.

Deux Frères de l'Ordre des Prêcheurs étant venus là, se recommandèrent dévotement à lui, eux et tout leur Ordre.

Etant donc en prière après Matines, tandis qu'il pensait comment il prierait pour les Prêcheurs, le Seigneur lui apparut et lui dit : — « Frère Jacques, prends ces prières et « récite-les pour les Prêcheurs. » — Le saint homme les ayant saisies dans son intelligence les publia, et l'autorité apostolique les confirma et permit de les réciter pendant la messe [1].

Ce moine était en effet estimé pour sa sainteté, et il était souvent appelé à la cour.

275. Cet homme simple et droit assistait souvent aux sermons d'un Frère. Dans une révélation divine, il vit la Bienheureuse Vierge Marie, Mère de Dieu, lui tenir un livre ouvert devant les yeux, de sorte qu'il n'avait qu'à lire pour laisser couler toute la suite de sa prédication.

Un autre Prêcheur parlant sur un sujet qu'il n'avait pu préparer, le même saint homme, qui l'entendait, vit la Bienheureuse Vierge

---

[1]. D'après Gérard de Frachet (*Vies des Frères*, 1, 4), ces prières étaient les suivantes :
Prière. « Illuminez, Seigneur, les cœurs de vos serviteurs « de la grâce de l'Esprit-Saint ; donnez-leur une langue de « feu, et à ceux qui prêchent votre parole, accordez une « augmentation de vertu. Par Jésus-Christ Notre-Seigneur. »
Secrète. « Donnez, Seigneur, à vos serviteurs une parole « pleine de grâces, et en sanctifiant notre offrande, daignez « visiter leurs cœurs. Par Jésus-Christ Notre-Seigneur. »
Post-communion. « Conservez, Seigneur, vos serviteurs « par les mérites du corps et du sang de votre fils unique « que nous avons reçus, et à ceux qui annoncent votre parole, « accordez l'abondance de vos grâces. Par Jésus-Christ « Notre-Seigneur. » — Traduction du R. P. Ceslas Bayonne, des Frères Prêcheurs, *Année dominicaine*, 1874, p. 240. — Ces oraisons *pro Prædicatoribus* sont encore aujourd'hui dans le Missel dominicain (*Orat. rotiv. ad diversa*).

La plupart des traits que l'auteur raconte ici sont empruntés aux *Vies des Frères*, par Gérard de Frachet.

assister ce Frère avec bonté, lui mettre les paroles dans la bouche, et lui fournir gracieusement et libéralement tout ce qu'il devait dire.

Il résultait de ces paroles des Prêcheurs un grand bien pour les âmes, car c'était la Mère du Verbe elle-même qui fournissait à ceux qui évangélisaient des paroles d'une efficacité merveilleuse. Aussi ce saint homme aima beaucoup l'Ordre, et il suivait les Frères, et il aurait voulu que tous ceux de son Ordre et tous les autres clercs lettrés s'adjoignissent à l'Ordre des Prêcheurs, pour appliquer leurs efforts au salut des âmes.

276. La prédication était alors fervente, continue, volontaire ; ils annonçaient la parole de Dieu avec joie, avec ardeur, avec assiduité. Et Dieu, à qui il a plu de sauver ceux qui croient, par la folie de la prédication, suppléait en eux par l'effet de la grâce au défaut de la science, de sorte qu'ils procuraient le salut d'un grand nombre et les provoquaient à la pénitence.

Ils ne portaient avec eux, en allant prêcher, que l'Evangile de saint Matthieu, et les sept Epîtres canoniques. Notre divin Père, Dominique, avait sagement ordonné qu'ils les portassent, pour que la prédication de ses fils fût corroborée par la vérité évangélique et affermie par l'autorité des apôtres. — Ainsi allaient ces simples enfants de Dieu, méprisant la science des princes de ce monde, qui détruit et qui enfle, et préférant la charité qui édifie et la science des saints qui rend éloquents les plus stupides des hommes ; ils allaient et ils portaient du fruit, et leur fruit demeure. Leur âme, en prêchant, brûlait du feu de l'amour divin ; aussi les paroles qui en sortaient enflammaient les autres.

277. Et ce n'était pas seulement dans les paroles que brillait leur ardeur, elle s'enflammait encore bien plus dans l'action. Lorsque, à l'un des chapitres, général ou provincial, il s'agissait d'envoyer des Frères outre-mer, ou chez les Tartares, ou d'autres nations barbares, il serait impossible de dire le nombre de ceux qui s'offraient, en se prosternant, en versant des torrents de larmes, et en laissant échapper les plus ferventes prières ; ils brûlaient de la glorieuse ardeur du salut des âmes et du désir du martyre. Le Sauveur, qui a apporté sur la terre le feu de son amour, l'avait allumé dans le cœur de cette congrégation, voulant la voir brûler et briller, et

devenir la lumière et l'illumination des ténèbres de ce monde. — Ils allaient donc, ceints de vertus et brûlants des flammes de l'Esprit-Saint ; ils ressemblaient à des charbons ardents ; les paroles embrasées que Dieu leur fournissait enflammaient à la grâce de la componction les pécheurs les plus froids, elles illuminaient les âmes plus ferventes et plus pures, et leur humilité les élevait eux-mêmes, comme la flamme, au-dessus de tout ce qui les entourait.

278. Oh ! puisse reparaître, dans son éclat de feu, ce soleil de ferveur, maintenant, hélas ! obscurci par les nuages ! Puisse-t-il nous incendier et nous consumer, comme le feu envoyé du ciel consuma autrefois l'holocauste mystique des saints Pères ! O Seigneur Dieu, arrosez de cette eau épaisse de votre bénédiction, puisée dans le lieu où fut caché le feu sacré [1], les pierres les plus grandes et

---

1. Allusion au miracle que Dieu opéra en faveur des Israélites, lorsque Néhémie fit rechercher le feu sacré que les prêtres avaient caché au fond d'un puits desséché, avant de partir pour la captivité de Babylone. Les envoyés de Néhémie, au lieu de feu, ne trouvèrent qu'une eau épaisse, qu'ils versèrent sur l'autel ; mais à peine cette eau eut-elle été touchée par les rayons du soleil, que le bois qu'elle arrosait prit feu, et tous les assistants furent dans l'admiration de ce prodige (II Machab., 1, 32.)

les plus dignes, destinées à entrer dans cette construction et qui sont depuis longtemps déjà desséchées et refroidies ! Arrosez-les, pour que la flamme qui s'en élèvera illumine ceux qui sont dans les ténèbres, et qu'elle réchauffe l'ardeur de ceux qui sont tièdes, afin que, comme autrefois, ils vous servent avec ferveur et qu'ils brûlent de votre amour !

SEPTIÈME PARTIE

CHAPITRE PREMIER

DES MIRACLES DU BIENHEUREUX DOMINIQUE

279. Tandis que le saint Père Jourdain, et d'autres dévots Frères, ainsi qu'il a été dit, semblables à des étoiles radieuses, illuminaient par la prière de la prédication et par l'exemple de leur sainte vie, l'Eglise encore voyageuse au milieu des ténèbres de ce monde, le glorieux soleil qui déjà resplendissait dans le royaume de la gloire éternelle, le Bienheureux Dominique, exhalant les rayons de feu de sa charité, répandait des bienfaits éclatants, et la vive splendeur des miracles, produits nécessairement par sa vertu, faisait naître dans les cœurs des fidèles l'admiration, l'amour et la stupéfaction. — Pendant sa vie

mortelle, il n'avait jamais fermé à personne le sein de sa charité ; à présent qu'il s'enivre à la source de la tendresse, il accorde aussi à tous ceux qui l'invoquent ce qu'ils désirent. — A la hauteur où l'a placé la puissance de la Majesté divine, la vertu de Dieu opère par ses mérites toutes sortes de prodiges : la santé est rendue aux malades, la vue aux aveugles, l'ouïe aux sourds, la parole aux muets, la marche aux boiteux ; les membres paralysés, desséchés, inutiles, contractés, monstrueux, tombant en pourriture, languissants de fièvre, ou affligés de différentes infirmités, recouvrent la santé que désirent les mortels et redeviennent forts par l'effet de ses remèdes. Plusieurs de ces faits, examinés et discutés soigneusement, ont été lus devant le seigneur pape Grégoire IX, et approuvés par lui.

CHAPITRE II

GUÉRISON DES MEMBRES
DE PLUSIEURS INFIRMES A L'INVOCATION DU
BIENHEUREUX DOMINIQUE

280. Un écolier anglais, nommé Nicolas de Busc, du diocèse de Worcester, demeurant à Bologne, avait été tourmenté depuis la Saint-Michel jusqu'à la Pentecôte, par une grave douleur des reins et des genoux : il ne pouvait se lever tout seul, ni se mouvoir dans sa maison, sans l'appui d'un bâton ou d'un bras étranger. La force du mal s'aggravant de plus en plus, il fut quinze jours sans sortir du lit. De plus, sa cuisse gauche, réduite à une maigreur effrayante, se desscha tellement, qu'au jugement des médecins tout espoir de guérison avait disparu. Il avait employé une quantité de remèdes, prescrits par la médecine, et cela ne lui avait servi à rien ; il était toujours plus mal.

281. Abandonné de tout secours humain, il

se voua donc au Seigneur Jésus et au Bienheureux Dominique. Et voulant, en signe de son vœu, offrir un cierge qui fût de la même taille que lui, il prit un fil d'étoupe qui devait servir à faire le cierge, et s'en servit pour mesurer la longueur et la grosseur de son corps. Après s'être mesuré en long, il fit avec son fil le tour de sa tête, de son cou, de sa poitrine, ensuite de ses reins et de ses cuisses, et enfin de son genou, invoquant à chaque mesure qu'il prenait le nom du Seigneur Jésus-Christ et du Bienheureux Dominique. Et se sentant tout à coup soulagé, il s'écria : « Je « suis délivré ! » Et se levant, pleurant de joie, et sans chercher de bâton, ni aucun appui, il vint, à pied, tout courant, à l'église où reposait le corps du Bienheureux Dominique. Or, l'église était à une portée d'arc de sa demeure. C'est ainsi qu'il se retira, revenu à sa santé première et rendant grâces au nom de Jésus-Christ et témoignage à la sainteté du Bienheureux Dominique [1].

282. Une jeune fille de Bologne, nommée

1. Dans sa lettre encyclique aux Frères de l'Ordre, à l'occasion de la canonisation de saint Dominique et de la translation solennelle de ses reliques, le Bienheureux Jourdain dit que, le jour de cette solennité, il a vu lui-même sauter l'Anglais Nicolas qui avait été longtemps paralysé.

Thomasina, souffrait depuit quinze jours, à la joue gauche, d'un mal grave, presque incurable. Le pus qui sortait de sa plaie avait formé un ulcère qui rendait son visage affreux, et il semblait impossible qu'elle ne restât pas défigurée par quelque cicatrice ou quelque tache hideuse. Après avoir essayé en vain différents remèdes de la médecine, elle eut le bonheur de recouvrer la santé par l'invocation du Bienheureux Dominique; le lendemain matin, il ne restait plus même une trace du mal sur son visage, si ce n'est une petite rougeur, qui n'avait rien de disgracieux, mais qui portait seulement témoignage de ce grand miracle.

Une dame de Bologne, nommée Hilla [1], avait, depuis huit ans, perdu toutes ses forces du côté droit, à partir de la ceinture jusqu'en bas, tellement qu'elle ne pouvait remuer ni son pied ni sa jambe, à moins de les prendre avec ses mains, comme un morceau de bois. Ayant invoqué le Bienheureux Dominique, elle recouvra aussitôt la santé et ne ressentit plus aucun mal, ce dont elle rendit grâces à Dieu.

---

1. Le Bienheureux Jourdain l'appelle Gilla, femme du seigneur Marscot, demeurant rue de Châtillon.

283. Un jeune homme de Manzolino, nommé Manfredinus [1], était privé de toute force dans les membres depuis la fête de sainte Agathe [2] jusqu'à la fête de la Pentecôte. Il ne pouvait ni marcher seul, ni se coucher sur le côté, ni s'asseoir à terre, à moins qu'on ne l'y déposât, ni se lever, à moins qu'on ne le soutînt. Ses jambes ne lui rendaient aucun service, il les portait comme si elles eussent été à un autre. Après avoir constaté l'inutilité et les mauvais effets de tous les remèdes qu'il employait, il invoqua le Bienheureux Dominique, et il obtint aussitôt le don d'une santé parfaite.

Une certaine dame Ghislina [3], demeurant à Manzolino, avait été arrêtée, depuis l'entrée du Carême jusqu'à la translation du Bienheureux Dominique, par une grave maladie de tout le corps : elle avait perdu l'usage et le sentiment de son bras droit, tellement mort et desséché qu'elle ne sentait même pas de blessure quand on la saignait, et qu'il n'en sortait point non plus de sang ; ce bras était

---

1. Mainfroi.
2. 5 février.
3. Le Bienheureux Jourdain l'appelle Gilla, fille de Jean de Corviago.

aussi beaucoup plus grêle que l'autre, parce que la longue maladie l'avait entièrement amaigri. Lorsqu'elle se fut vouée au Bienheureux Dominique, elle obtint immédiatement le bienfait d'une guérison parfaite.

Une autre femme, nommée Ménathéta [1], demeurant aussi à Manzolino, était déjà depuis un an privée de l'usage de sa lèvre, de sorte qu'elle ne pouvait ni parler ni prendre d'aliments sans une grande difficulté : cette lèvre était énormément enflée et pendait comme morte.

Elle invoqua le secours du Bienheureux Dominique, et aussitôt elle revint à la santé qu'elle avait perdue. — Rien d'étonnant, du reste, à ce que le Saint guérit les lèvres du corps, lui dont les lèvres avaient si souvent guéri les maladies de l'âme.

284. Un nommé Cambrius de Bacicori, de Pragatoli [2], était en train de nettoyer son aire, lorsqu'il entra dans sa gorge un épi qui s'y attacha si bien qu'il ne put pas le rejeter. Pendant huit jours il eut une grande douleur à la gorge, puis, le mal s'aggravant, pendant

---

1. Le Bienheureux Jourdain l'appelle Monecata, fille de Hugues Massario de Sesso.
2. Le Bienheureux Jourdain dit : de Barticoribus.

quatre jours il ne put ni prendre de nourriture ni prononcer une parole. Comme les remèdes de la médecine ne pouvaient pas le délivrer, il invoqua le Bienheureux Dominique et fut aussitôt rendu à la santé.

Une femme, nommée Jeanne, ayant, depuis cinq ans, des scrofules et des glandes sous l'aisselle, avec des tumeurs autour du sein droit, d'où il coulait une matière, fétide, souffrait une très grande douleur, à tel point qu'elle ne pouvait pas se coucher du côté droit. Elle fut également délivrée subitement par la bonté de Jésus-Christ, à l'invocation du Bienheureux Dominique.

Une femme, d'au delà des monts, nommée Jeanne, qui, depuis vingt ans, avait perdu l'usage d'un doigt, desséché et contracté d'une manière incurable, le recouvra immédiatement par la dévote invocation du Bienheureux Dominique.

Un nommé Rafanélus, qui avait une enflure à l'aine, par laquelle ses intestins descendaient sur son bas-ventre, était très malheureux. Ayant invoqué le Bienheureux Dominique, il fut aussitôt délivré.

285. Avant la translation du corps du Bienheureux Dominique, un enfant nommé

Pétriolus [1], qui avait eu une rupture à l'aine, et qui, depuis deux ans, souffrait d'une descente d'intestins, ne pouvant être guéri par aucun secours des médecins, sa mère invoqua le Bienheureux Dominique, et contre toute attente il recouvra la santé dont on avait longtemps désespéré.

Pour ajouter à la gloire du Saint, et briser les mâchoires de l'impie blasphémateur, disons qu'à Imola, une femme nommée Geyla était tourmentée d'un grand mal de dents. En proie à des élancements violents, elle ne pouvait ni se reposer ni dormir ; elle poussait continuellement des hurlements et des cris comme une furieuse. Mais ayant fait un vœu au Bienheureux Dominique, elle recouvra la santé en un instant.

---

1. En italien *Pietruccio*, en français *Perrinet*.

CHAPITRE III

DE LA GUÉRISON DE DIVERSES INFIRMITÉS

286. Egalement un jeune homme nommé Géminien [1], arrêté, depuis plus de quatre ans, par une grave maladie qui avait fait tomber tous ses cheveux, et qui faisait couler du pus de sa tête, ce jeune homme, qui portait un air de très grande souffrance, eut le bonheur de recouvrer la santé par les mérites du Bienheureux Dominique. Comme les médecins ne pouvaient pas le soulager, il invoqua de loin le Bienheureux Dominique, et en peu de temps il fut délivré de sa maladie.

Un autre, nommé Marsilius [2], qui était dans un état désespéré, continuellement tourmenté par la fièvre et par de grandes douleurs de poitrine, et déjà réduit à la dernière extrémité, pour ainsi dire, se remit tout à coup, en se recommandant au Bienheureux Dominique,

---

1. Fils de Pierre Bachalar, dit le Bienheureux Jourdain.
2. Marsilius de Suaville, dit le Bienheureux Jourdain.

au grand étonnement de tous ceux qui furent témoins de cette guérison subite et inespérée.

287. Un écolier nommé Guillaume, du village de Var, au diocèse de Toulouse [1], étudiant à Bologne, était torturé par une fièvre double-tierce, et déjà il s'abandonnait au désespoir quant au recouvrement de sa santé. Il vint à l'église de Saint-Nicolas, s'étendit sur la pierre qui recouvrait le tombeau du Bienheureux Dominique, et il se releva après avoir subitement retrouvé la santé.

Une femme nommée Bonafilia était désolée par une tumeur au nez et à la lèvre supérieure ; il s'y était formé un mal appelé *fic* [2] qui avait gonflé sa lèvre et son nez à tel point qu'ils étaient aussi gros qu'un œuf de poule, et cette tumeur qui surmontait sa bouche exhalait une puanteur affreuse. Après avoir supporté ce mal pendant deux ans, sans jamais retirer aucun secours des médecins, elle adressa ses prières au Bienheureux Domi-

---

1. Le Bienheureux Jourdain l'appelle Guillaume Alare et nomme son village Vour. Il est probable que ce *Var* ou *Vour*, que d'autres appellent *Vaur*, était tout simplement la petite ville de Lavaur (département du Tarn, diocèse d'Alby), laquelle n'était pas encore ville épiscopale et qui devait faire partie du diocèse de Toulouse.

2. *Fic*, excroissance charnue ou tubercule ulcéreux qui peut occuper différentes parties du corps.

nique, et elle obtint incontinent la santé qu'elle désirait depuis si longtemps.

Un enfant nommé Jean fut retenu au lit pendant trois jours par une très grave maladie; et comme on voyait déjà apparaître les signes manifestes de la mort, et que tous ceux qui s'entendaient en médecine désespéraient de sa vie, sa mère invoqua le Bienheureux Dominique, qui le retira des portes mêmes de la mort et le lui rendit aussitôt sain et sauf.

288. Une femme nommé Corthesina [1], brisée par une année et demie de maladie, et même davantage, était presque privée de l'usage de ses membres et n'était plus bonne à rien, ne pouvant faire absolument aucun travail. Elle fit une invocation au Bienheureux Dominique, et aussitôt elle fut délivrée et recouvra ses forces et l'usage de ses membres.

Un enfant nommé Henri était au lit depuis plus de huit jours, très gravement malade; déjà il ne pouvait plus parler ni prendre de nourriture ou de boisson, et tout son corps, presque glacé par le froid de la mort, offrait les signes évidents d'une mort prochaine. Tandis que tout le monde désespérait de son

---

1. Femme de Magnard, dit le Bienheureux Jourdain.

salut, le Bienheureux Dominique fut invoqué, et tout à coup la santé lui revint.

Un autre enfant, nommé Pétrinus [1], était depuis plus de quinze jours en proie à une maladie très grave et très douloureuse qui faisait peine à tous ceux qui le voyaient. Depuis le milieu du ventre jusqu'en bas, il était entièrement enflé et n'avait plus une ombre de force : il ne pouvait ni marcher, ni se tenir, ni s'aider en quoi que ce soit. Et personne de ceux qui le voyaient ne pouvait s'empêcher de le mettre déjà au nombre des morts. Or, ayant fait un vœu au Bienheureux Dominique, contre l'attente de tous, il recouvra très rapidement la santé.

289. Il ne faut pas non plus passer sous silence l'admirable guérison d'un enfant, Rodolphe [2], afin de glorifier Celui qui sait tirer la louange de la bouche des enfants, et de renverser ainsi l'ennemi qui s'entête dans sa perfidie. Cet enfant, malade depuis plus de trois semaines, approchait évidemment des portes de la mort, et cela irrévocablement, d'après

---

1. Fils de Gérard Pétrinus de Tornello, dit le Bienheureux Jourdain.
2. Fils d'Hymélie, femme d'Hildebrand Jucelin, dit le Bienheureux Jourdain.

les lois de notre faible nature. Pendant les huit derniers jours, il n'avait pu ni prendre de nourriture, ni être allaité par sa mère, et son petit corps était tellement amaigri, tellement abandonné de la chaleur naturelle, que personne ne pouvait espérer qu'il reviendrait à la vie. Or, quand ses parents eurent fait un vœu au Bienheureux Dominique, ils le trouvèrent délivré à l'instant même.

Il n'est pas possible non plus d'ensevelir dans l'oubli le miracle arrivé à un nommé Andulfe de Mozanella. Atteint, depuis plus d'un mois, d'un énorme et dangereux apostème, tous ceux qui le voyaient croyaient qu'il en mourrait ; car cet apostème était extrêmement enflé à la partie intérieure du côté droit, sous l'aisselle, et aucun remède ne semblait pouvoir y rien faire. Mais lorsqu'on eut fait un vœu au Bienheureux Dominique, la vertu de Dieu se montra immédiatement en guérissant le mal ; l'ulcère commença tout de suite à désenfler, et celui dont on désespérait redevint bien portant.

CHAPITRE IV

GUÉRISONS DE MUETS, D'AVEUGLES ET DE SOURDS

290. Ecrivons encore ces faits pour la génération à venir, et que le peuple qui sera créé loue le Seigneur dans son serviteur Dominique, sans oublier, non plus, d'exalter Dominique dans le Seigneur, qui ouvre la bouche des muets et qui rend éloquente la langue des enfants.

Donc, deux enfants, fils d'un certain Albert de Casemat, étaient restés muets depuis leur naissance : l'un avait un peu plus de cinq ans et demi, et l'autre un peu plus de trois ans et demi. Le père fit un vœu en invoquant le Bienheureux Dominique, et aussitôt l'un et l'autre reçurent de Dieu le bienfait de la parole, et leur langue commença à rompre le long silence auquel elle était habituée.

Ajoutons à cela le fait de la jeune Berthe

qui avait depuis longtemps perdu la parole et qui la recouvra avec une rapidité merveilleuse. La langue avait été fendue par un coup de corne de vache, qui lui avait percé la gorge, et elle remplissait inutilement la cavité de sa bouche, qui avait été, dès lors, condamnée à un silence forcé ; elle ne pouvait prononcer absolument aucune parole. Or, ayant invoqué le Bienheureux Dominique, elle fit un vœu, et recouvra la guérison et l'usage de sa langue.

291. Il ne faut pas non plus laisser de côté une autre preuve surabondante et évidente de sainteté ; c'est que les malades ne sont pas les seuls à recouvrer la santé par les mérites du Bienheureux Dominique, ni les boiteux les seuls à recouvrer la faculté de marcher, ni les muets celle de parler ; les aveugles recouvrent aussi la vue et les sourds l'ouïe.

Une femme nommée Druda, privée de la vue, souffrait, depuis plus de trois ans, les inconvénients qu'amène la soustraction de la lumière, et aucun médicament n'avait pu la soulager. Or, en invoquant le Bienheureux Dominique, elle fit un vœu, et elle recouvra aussitôt la lumière de ses yeux.

Une jeune fille, nommée Gilborga, était devenue sourde, tellement que, pendant plus d'un mois, elle n'avait pu ni entendre, ni comprendre quoi que ce soit. Sa mère se mit donc à crier vers le Bienheureux Dominique, et elle fut exaucée, et elle obtint l'ouïe pour sa fille.

De même une femme, nommée Riochaldina, de Serra, au diocèse d'Imola, était incommodée, depuis plus d'un an, par une surdité telle qu'elle ne percevait aucun son, à moins qu'on ne se penchât vers elle et qu'on ne lui criât fortement aux oreilles. Elle invoqua le Bienheureux Dominique, et le Saint prêta l'oreille à ses instantes prières et rendit l'ouïe à ses oreilles, atteintes de surdité.

CHAPITRE V

DE CEUX QUI PROCURÈRENT LA TRANSLATION DU CORPS DE SAINT DOMINIQUE

292. En présence des miracles éclatants qui se multipliaient dans toute l'Italie par les mérites du saint confesseur Dominique, la dévotion des fidèles crut convenable d'exhumer son corps, qui, jusque-là, avait reposé dans la terre, et de le transporter respectueusement dans un lieu plus élevé, avec tous les honneurs qui lui étaient dus. Il semblait indigne, en effet, que ses ossements fussent foulés aux pieds des hommes et recouverts de terre, lorsque déjà son âme avait pris possession du trône sublime où elle régnait au ciel.

Le prieur provincial de la Lombardie était alors Frère Étienne, homme actif et éprouvé, qui, lorsqu'il faisait ses études à Bologne, avait eu pour confesseur le Bienheureux Dominique, dont il avait été le fils spécial et très cher.

Un soir, qu'il soupait avec ses compagnons, le saint Père lui envoya deux Frères qui lui dirent : — « Frère Dominique vous envoie dire « de venir tout de suite le trouver. » — Il leur répondit : — « J'irai lorsque j'aurai soupé. — « Non, dirent-ils, c'est tout de suite qu'il faut « venir. » — Il se leva alors, quitta tout, et vint trouver le saint Père.

Celui-ci était avec beaucoup de Frères à qui il dit : — « Apprenez-lui à faire la prostration « (la *venia*). » — Et ayant fait la *venia*, il se remit entre ses mains et il le revêtit de l'habit des Frères Prêcheurs en disant : — « Je vais « te donner des armes avec lesquelles tu com- « battras pendant tout le temps de ta vie contre « le diable, ton ennemi. »

Ceci fut l'œuvre du Seigneur, et le jeune homme en fut tout émerveillé ; car jamais le saint Père n'avait traité de ces choses avec lui.

293. Une fois arraché par le saint Père à ce siècle pervers, et adjoint à la compagnie des gens de bien, le fils fidèle rendit la pareille à son père, en s'appliquant de tout son pouvoir à le faire élever au-dessus des atteintes désho-norantes de la mortalité, et inscrire dans le catalogue des saints. Lui-même fixa le jour et régla la manière dont serait transporté le corps

sacré du très saint confesseur, et ce fut l'occasion d'un merveilleux concours de dévotion.

Une très grande multitude de Frères était alors réunie pour le chapitre général qui allait se tenir. Entre autres, il y avait le Frère Nicolas de Giovenazzo, distingué par sa vertu et sa réputation, qui se demandait si le Seigneur daignerait exalter son saint dans cette translation par quelques miracles. Tandis qu'il réfléchissait là-dessus, quelqu'un, lui apparaissant dans une vision, lui dit : « Il recevra « la bénédiction du Seigneur et la miséricorde « du Dieu qui l'a sauvé [1]. »

---

[1]. Ps. xx, 13. — Ce Frère Nicolas est le B. Nicolas Paléa de Giovenazzo, dont la fête se célèbre le 14 février dans l'Ordre des Frères Prêcheurs et dans le diocèse de Pérouse. Il fut le troisième provincial de la province romaine et fonda les couvents de Trani et de Pérouse. Il mourut en 1255 à Pérouse, après avoir été averti de sa mort, quelques jours auparavant, par le Frère Rao, autre disciple de saint Dominique, qui était mort depuis longtemps, et qui lui apparut pour lui dire de se tenir prêt à aller recevoir sa couronne. (Voir *Année dominicaine*, 14 février, p. 452-467. — Lyon, Jevain, 1884.)

CHAPITRE VI

DE CEUX QUI FURENT PRÉSENTS A L'OUVERTURE DU TOMBEAU

294. Ledit prieur de la province de Lombardie, Etienne, et les autres Frères du couvent de Bologne, considérant que le tombeau était dans un lieu bas et enfoncé où se déversaient les eaux de pluie, et craignant que, par suite de notre humaine misère, il ne s'en exhalât quelque odeur de corruption, se disposaient à faire la translation en secret, mais ils ne le purent pas. Le Tout-Puissant ne voulut pas que sa gloire, non plus que celle de son saint, fût cachée. Par ordre du podestat [1], un grand nombre de citoyens honorables de Bologne gardèrent le tombeau pendant plusieurs jours avant qu'on n'en fît l'ouverture, dans la crainte qu'il ne leur fût enlevé et qu'ils ne perdissent ce trésor inappréciable.

1. Premier magistrat de la ville, maire, syndic.

295. Donc, à l'heure dite, ceux qui avaient été jugés dignes et capables d'accomplir cette sainte cérémonie et d'y assister se réunirent. C'étaient le seigneur archevêque de Ravenne et plusieurs autres évêques, le Maître de l'Ordre, le doux Frère Jourdain avec les définiteurs du chapitre, le podestat avec beaucoup de Bolonais et un grand nombre de citoyens honorables d'autres villes, avec des Frères, des clercs et des laïques ; ils étaient là, entourant le sépulcre du vénérable confesseur.

En présence de tous, Frère Etienne, prieur provincial, Frère Rodolphe et les autres Frères, s'approchèrent pour ouvrir le tombeau. Ils trouvèrent une terre très dure et un ciment très compact, qui s'étaient consolidés pendant ces treize années. Néanmoins, ils creusèrent avec des pics et des instruments de fer ; Rodolphe brisa, avec des marteaux de fer, le mur du tombeau qu'il avait fait faire très fort. Cependant ce ne fut pas sans grande difficulté qu'ils levèrent, au moyen de barres de fer, la pierre placée au-dessus du monument.

CHAPITRE VII

DE LA TRÈS SUAVE ODEUR QUI SORTIT DU TOMBEAU

296. Lorsque l'on eut ainsi élevé la pierre, il en sortit une odeur si suave et si délicieuse, que l'on se serait cru non pas devant un tombeau, mais dans une chambre de parfums : c'était une odeur si forte et si pénétrante que l'église en était toute remplie, ainsi que tous ceux qui étaient là. Jamais on n'avait rien senti de pareil ; c'était quelque chose de tout différent des odeurs naturelles, et qui surpassait tous les parfums.

Alors l'archevêque, les évêques et tous ceux qui étaient là, transportés d'admiration et de joie, se prosternèrent à terre avec dévotion et avec larmes, louant le Seigneur qui glorifiait si magnifiquement son saint.

Lorsque la grande pierre qui surmontait le tombeau eut été entièrement renversée, ils trouvèrent une caisse de bois, soigneusement fermée, et consolidée avec des clous de fer, qui avait servi à recevoir le saint corps inanimé. Tandis qu'on la mettait au jour, l'odeur suave et exquise augmentait, et les assistants s'inclinaient sur la caisse qu'ils baisaient, tandis qu'un torrent de larmes s'échappait de leurs yeux et allait réjouir la cité de Dieu. — Quand on eut retiré les clous de fer qui consolidaient le cercueil, l'odeur incomparable s'exhala des ossements **sacrés**. Alors **Maître Jourdain et les autres Frères**, prenant ces saints ossements dans l'ancienne caisse, avec un grand respect et une grande dévotion, les déposèrent dans la nouvelle qu'ils avaient préparée. Ils la fermèrent et l'assurèrent avec une clé que **gardait le podestat de Bologne**, clef qui fut **remise au Maître et au provincial Etienne**. Ils transportèrent la châsse, en présence de tous ces témoins, jusqu'au sépulcre de marbre.

CHAPITRE VIII

DU PLACEMENT DES SAINTS OSSEMENTS DANS LE NOUVEAU SÉPULCRE

297. Le matin, en présence de l'archevêque et des évêques, des Frères et d'un grand nombre d'autres personnes, on ouvrit de nouveau la serrure de l'ancienne caisse qui répandit sa première odeur. Le coffre, avec les ossements sacrés, fut déposé, par les mains des évêques, dans le nouveau sépulcre, garni de serrures et de clefs. Huit jours après, sur les instances de ceux qui n'avaient pas assisté à la translation, le podestat de Bologne, accompagné de beaucoup de citoyens honorables, ouvrit de nouveau le sépulcre, pour que les reliques du Saint pussent être vues par ses fils dévoués. Alors le doux maître de l'Ordre, Jourdain, tenant entre ses mains très pures la tête de son très pieux prédécesseur saint Dominique,

l'offrit à baiser à ses enfants. Il y eut plus de trois cents Frères qui approchèrent leurs lèvres du visage du Saint et qui perçurent sensiblement cette incomparable odeur de suavité.

Pendant longtemps, le premier sépulcre, et tout ce qui y avait été placé, conservèrent cette odeur sacrée, de même que les vêtements et les mains de ceux qui avaient touché les saintes reliques, et jusqu'aujourd'hui elle persévère miraculeusement dans les ossements.

Cette translation eut lieu l'an du Seigneur 1233, indiction sixième, la sixième année du pontificat du seigneur Grégoire IX, la onzième année de Frédéric (II), empereur des Romains, la dix-septième année depuis la confirmation de l'Ordre, enfin la treizième année depuis la mort du Bienheureux Dominique.

Que Dieu soit béni en tout! Ainsi soit-il!

CHAPITRE IX

RÉSUMÉ ET RÉFLEXIONS SUR CE QUI A ÉTÉ DIT

298. Il est doux de s'arrêter un peu à contempler ce corps immaculé, à se rappeler et à récapituler ces grâces multiples de guérisons que nous remet sous les yeux la translation de notre Père, translation si riche en fleurs et en parfums, et en fruits de salut.

Ce corps virginal, qui avait été conservé intact dans une pureté sans tache et d'où s'échappait un parfum si merveilleux, ce corps, organe du Saint-Esprit, vase d'albâtre, plein d'essence salutaire, cellier de vertus, réceptable de grâces, tant que le souffle de vie l'avait animé en ce monde, avait porté tout ensemble des fleurs, des parfums et du feuillage : les fleurs d'une gracieuse conversation, les parfums d'une réputation embaumée, le feuillage d'une prédication éloquente ; il s'était ensuite desséché par une mort précieuse ;

mais, à sa translation, il refleurissait, il remplissait les sens d'une odeur merveilleuse, il réjouissait les cœurs et il guérissait les membres languissants. C'était une odeur si admirable et si forte qu'aucun parfum ne pouvait lui être comparé; elle n'avait rien de commun avec aucune des odeurs naturelles connues. En effet, elle ne venait pas de la terre ni des aromates terrestres; il fallait une cause non pas naturelle, mais surnaturelle et divine, pour faire jaillir un parfum si délicieux des ossements et de la cendre d'un défunt.

299. O sépulcre glorieux où a été caché le trésor si précieux de ce corps immaculé, où un Père si saint s'est reposé de ses travaux, et d'où s'exhale une odeur si suave, en même temps qu'il en sort la guérison merveilleuse de tant de maladies différentes! — Déjà, avant d'entrer dans le tombeau, il surabondait de grâces, et voilà pourquoi les délices et les grâces débordent de lui et se répandent sur les fidèles.

En effet, non seulement cette divine et délicieuse odeur avait inondé la poussière et les ossements sacrés de ce corps virginal, ainsi que le cercueil, mais elle s'était encore attachée à toutes les choses environnantes, à tel point que, quand on les portait dans des régions éloignées, elles conservaient encore longtemps cette odeur bénie. Egalement les mains des Frères qui avaient touché quelque chose de ces reliques sacrées étaient tellement imprégnées de ce parfum que, quoiqu'on les lavât ou qu'on les frottât, elles conservaient cette senteur embaumée.

Sur quoi il faut penser de quelles immenses délices doit jouir dans le ciel une âme dont le corps, encore gisant dans la poussière, exhale des parfums si suaves. — C'est qu'en effet, pendant qu'il vivait, il avait construit au Seigneur dans le temple de son corps un autel d'or, sur lequel il faisait brûler continuellement les parfums des saints désirs et l'encens des suaves oraisons ; et leur odeur délicieuse, montant en présence de la Majesté divine, apportait aux habitants du ciel des senteurs merveilleuses. Aussi le Seigneur, sentant la suavité de cette odeur, fit reposer la bénédiction de ce parfum incomparable sur les ossements du très fidèle prédicateur et du très saint confesseur. Et voilà comment une odeur exquise s'est fait sentir dans tous les lieux de sa domination, et comment les fidèles courent à l'odeur de ces parfums salutaires, les uns pour y chercher la grâce de l'esprit, les autres pour y trouver la guérison du corps.

300. Il me revient maintenant à la pensée un miracle insigne de cette sainteté embaumée de notre glorieux Père, miracle que le Seigneur daigna opérer par sa main, tandis qu'il était encore dans la chair.

Un écolier, que souillait le vice de la concupiscence charnelle, vint, à une fête solennelle, chez les Frères de Bologne, pour y entendre le sermon et la messe. Pendant que saint Dominique célébrait la messe, il s'approcha pour l'offrande, et il sentit, en baisant la main bénie du Saint, une odeur si suave et si exquise, qu'il n'en avait jamais senti de pareille dans sa vie. C'était déjà merveilleux que cette odeur ; mais ce qui fut plus merveilleux encore ce fut la destruction du vice de la chair dans ce jeune homme ; car, comme il l'avoua, l'odeur divine de ce parfum opéra en lui une telle tempérance de la chair, que, dans la suite, la continence, qui, auparavant, lui semblait impossible, lui devint facile.

Si du vase encore fermé s'échappait un parfum d'une suavité si efficace et si salutaire, quoi d'étonnant qu'une fois brisé et ouvert ce vase d'albâtre, rempli de tant d'aromates spirituels, ait exhalé non seulement une délicieuse odeur mais encore la guérison de maladies[1] ? Beaucoup de personnes, en effet, accourant à l'odeur de ce parfum répandu, y trouvèrent le bienfait de la santé.

Tombeau vraiment célèbre que celui qui, pendant si longtemps, abrita les membres de ce corps sacré ! La délicieuse odeur qui s'en exhale enflamme les cœurs, rétablit les corps languissants, et répand au loin les louanges de Jésus-Christ.

301. Pour cette translation des ossements sacrés de notre bienheureux Père, aimé de Dieu, Dominique, s'étaient réunis, avec toute la dévotion et tout le respect possible, le glorieux Père Seigneur archevêque de Ravenne, et également les vénérables évêques de Sabine, de Bologne, de Brescia, de Tournai. Il y avait aussi le très doux et très heureux successeur du même saint Père Dominique, le très digne Frère Jourdain, maître de l'Ordre, avec les définiteurs du chapitre et une multitude dévote de Frères. Le podestat de Bologne y assistait aussi respectueusement avec ses soldats. Tous furent inon-

---

1. *Vies des Frères*, II. 26.

dés de la bénédiction des dons célestes, pendant qu'on exhumait le trésor inestimable de ce corps virginal ; ils furent transportés de joie à la vue du tombeau si net et si pur, si suavement embaumé, et si rempli de la magnificence de la vertu divine.

C'était le transport de leur cœur et la joie de leur esprit qui faisaient pleurer les Frères avec toutes les âmes dévotes à Dieu. C'était aussi la cause du tressaillement du clergé, des cris d'enthousiasme du peuple, et de ces actions de grâces et de ces louanges qui retentissaient dans toutes les bouches. Tous étaient dans la stupeur et dans l'admiration que la grâce du Saint-Esprit s'échappât d'un tombeau avec une odeur si douce, et que le cercueil d'un défunt fût devenu un paradis de délices, un parterre aromatique, une cassette de parfums.

Cette mémorable translation eut lieu le mardi de la Pentecôte, dans ces jours où la grâce du Saint-Esprit se répandit sur les apôtres ; de même qu'alors il s'était servi du feu pour enflammer l'amour dans les cœurs des apôtres, de même il se servit de cette odeur suave pour porter les Frères à la dévotion.

302. Lorsque les saintes reliques eurent été ainsi placées dans un lieu honorable, chacun s'en retourna chez soi, louant Jésus-Christ dans son serviteur saint Dominique. Alors, par les mérites de ce saint Père, les Frères de l'Ordre jetèrent un si grand éclat, non seulement en Italie, mais encore dans les autres provinces, par la grâce de la prédication et par l'efficacité de leurs œuvres admirables, que tout le monde en fut dans la stupeur, et qu'il s'enflamma pour l'amour et la louange du Sauveur.

Frère Jean de Vicence, enfant de cet Ordre, homme très dévot, et surtout excellent prédicateur, commença à briller autour de Bologne par ses glorieux miracles, à tel point que dix morts furent ressuscités par la grâce et la vertu de sa foi, et que le Seigneur, dans sa puissance et sa miséricorde, daigna opérer par lui deux cents autres miracles admirables.

Une fois que ce même Frère Jean se fut mis à prêcher la révélation divine qui lui avait été faite sur le saint Père Dominique, et à annoncer au peuple la sainteté de sa vie et de sa conversation, et une fois que le Frère Etienne, prieur provincial, eut commencé à traiter de la translation de son corps sacré, dès ce moment on vit briller manifestement, et dans les Frères qui prêchaient sur ce sujet, et dans leurs auditeurs, une plus grande abondance de grâces et de bénédictions.

Dans les villes de Lombardie, une multitude d'hérétiques qui ne voulaient pas venir à résipiscence, fut brûlée par le feu, et plus de cent mille hommes, qui ne savaient pas s'ils devaient s'attacher à l'Eglise romaine ou aux hérétiques, furent convertis à la foi catholique par les Prêcheurs : maintenant ils poursuivent et détestent les hérétiques qu'ils défendaient au commencement.

Les villes de Lombardie et de la Marche remettent aussi presque tous leurs actes et leurs statuts entre les mains des Frères pour se régler par leurs conseils et par leur jugement. Egalement pour les guerres à extirper, les dissensions à apaiser, les usures et les biens mal acquis à restituer, ils se soumettent à la sentence des Frères.

Le bruit de cette grâce admirable qui agissait dans les cœurs des fidèles, et de ces merveilles étonnantes de Dieu, qui brillaient par le monde, vint aux oreilles du Pape.

CHAPITRE X

DES ENQUÊTES, DES DÉLÉGUÉS ET DES DÉPOSITIONS DES TÉMOINS

303. La même année donc où le corps du saint Père Dominique fut transporté, le seigneur Souverain-Pontife Grégoire IX délégua pour faire l'enquête, par l'autorité apostolique, les honorables maîtres Tancrède, archidiacre de Bologne et prieur de Sainte-Marie de Réno, ainsi que Frère Palmerio, de l'Eglise de Campagnole, des diocèses de Bologne et de Regina [1], pour qu'ils s'informassent soigneusement de la vie, de la conversation, de la mort et des miracles du saint confesseur.

Frère Philippe de Verceil, de l'Ordre des Prêcheurs, fut légitimement institué procureur de cette affaire par le Frère Ventura, prieur,

---

1. *Regina*, ville de la Nouvelle-Castille en Espagne; à moins que l'auteur n'ait mis *Regina* pour *Regien*; dans ce cas, ce serait ou *Reggio* dans le Modénais (*Regium Lepidi*), ou *Reggio* dans le royaume de Naples, sur le détroit de Messine (*Regium Julii*).

et par le couvent de Bologne, du même Ordre. Il réunit les Frères de divers couvents qui survivaient et qui avaient mérité d'être admis dans la société intime et dans l'amitié du même saint Dominique, et il les introduisit comme témoins.

Ces témoins, d'une dignité sans tache et au-dessus de tout soupçon, puisqu'ils étaient prêtres, religieux et saints, prêtèrent serment, en présence des commissaires de l'enquête, qu'ils rendraient témoignage, conformément à la vérité, sur les choses qu'ils avaient vues et entendues et auxquelles ils avaient assisté. Ce fut en l'année du Seigneur 1233, indiction sixième. Leurs témoignages furent accueillis, en présence desdits commissaires, par Olderand, fils de feu Théobald, notaire impérial, qui, sur leur ordre, les rédigea pour le public et les signa.

304. Ces hommes très distingués et ces témoins très dignes de foi, rendant témoignage, en présence des seigneurs susdits, à la sainteté de leur Père, apportèrent, en quelque sorte, chaque jour, de nouvelles légendes ; ce sont elles qui ont servi en grande partie à composer le présent opuscule. — Il était impossible, en effet, de renfermer en peu

de mots l'éloge et la louange d'une si grande sainteté.

Ces dépositions, très amples, attestant une non moins ample sainteté, vont nous fournir quelques courtes citations, petites fleurs cueillies, çà et là, pour nous récréer, dans ces vastes et verdoyantes prairies ; à la faveur de ces extraits succincts et abrégés se graveront plus profondément dans la mémoire des fidèles en général, et surtout de ses fils, l'éminente sainteté de l'humble Frère Dominique et l'imposante autorité du procès et la religieuse dignité des témoins.

305. Donc, l'année 1233, indiction sixième, le sixième jour d'août, Frère Ventura, prieur de Bologne, homme dévot et craignant Dieu, rendit témoignage en ces termes :

« Saint Dominique, notre Père, a exercé une grande autorité sur l'Ordre des Prêcheurs, confirmé par l'autorité du Siège apostolique. Muni des pleins pouvoirs de ce même Siège, il a dépouillé l'Ordre qu'il avait fondé de tous les avantages temporels, et il a établi qu'il serait privé de toutes possessions terrestres, soit présentes, soit à venir. Menant une vie sans tache et très rigide, il est mort vierge, et de son tombeau est sortie, au jour de sa translation, une odeur très suave, qui a duré longtemps, avant et après [1]. »

Le même jour, Frère Guillaume [2], homme prudent et constant, déposa en ces termes :

« Le saint Père était très religieux ; malade ou bien portant, il observait les jeûnes de l'Eglise et ceux de la règle. Il s'appliquait aux veilles et aux oraisons ; il gardait constamment le silence, selon la règle. Il est demeuré vierge. A l'ouverture de son tombeau, j'ai senti une odeur délicieuse et admirable. »

306. Le huitième jour d'août, Frère Amizo [3],

---

1. Frère Ventura, de Vérone, était entré dans l'Ordre, sur l'appel de saint Dominique, en l'an 1220, un peu avant la célébration du premier chapitre général de l'Ordre, auquel il fut présent. Il venait d'être nommé prieur du couvent de Bologne, lorsque saint Dominique y revint pour y mourir. C'est lui qui l'assista à ses derniers moments, et qui entendit sa confession générale. « Jamais, dit-il, il ne croit avoir vu un homme aussi saint, sous tous les rapports, quoiqu'il ait vu beaucoup de très bons religieux dans diverses contrées du monde. »

2. Frère Guillaume de Monfterrat avait connu saint Domique à Rome, dans la maison du cardinal évêque d'Ostie, plus tard Grégoire IX, chez qui le Saint venait souvent, et qui lui donnait l'hospitalité à lui-même. Après avoir été suivre les cours de théologie à Paris pendant deux ans, il entra dans l'Ordre des Frères-Prêcheurs, en 1219, lorsque le Saint revint d'Espagne en France. Depuis, le Saint le prit souvent pour compagnon dans ses voyages, soit à Rome, soit ailleurs.

3. Frère Amizo était de Milan ; il vécut quelque temps avec le Saint et le connut personnellement.

homme pieux et modeste, prieur de Padoue, parla ainsi :

« Maître Dominique fut un homme humble, doux, patient, bienveillant, calme, pacifique, sobre, modeste, mettant une grande maturité dans tous ses actes et toutes ses paroles, apportant à tous, et surtout aux Frères, de tendres consolations, particulièrement zélé pour l'observance régulière, grand amateur de la pauvreté dans le vivre, les vêtements, les édifices. J'ai senti une odeur douce sortir de ses ossements. »

Le neuvième jour d'août, Kanovisus[1], homme bon et dévot, dit : « J'ai entendu fréquemment l'homme de Dieu prier la nuit dans l'église, avec de grands cris et des larmes, et supplier le Seigneur avec des gé-

---

1. *Kanovisus*, faute de copiste, pour *Bonvisus*. Frère Bonvisus de Plaisance, entré dans l'Ordre depuis quelque temps, avait passé environ quatre mois dans la compagnie de saint Dominique, au couvent de Saint-Nicolas, de Bologne, et en allant à Rome et à Milan. C'est lui qui le soigna dans sa dernière maladie. Il était procureur du couvent de Bologne, lorsqu'eut lieu le miracle du pain et des figues, apportés par deux anges au réfectoire un jour de jeûne. (Voir n° 166, III° partie, chap. xi.) C'est lui encore que le Saint envoya, encore novice, prêcher à Plaisance quoiqu'il n'eût jamais appris la Sainte-Écriture, lui disant pour l'encourager : « Allez en toute confiance, le Seigneur sera avec vous, et il « mettra la parole de la bénédiction dans votre bouche. » — Et, en effet, après cette prédication, entreprise par obéissance, trois Frères entrèrent dans l'Ordre des Prêcheurs.

missements. Il aimait tous les religieux et tous les Ordres. En allant d'un pays à l'autre, il marchait nu-pieds. Souvent dans la psalmodie, et toujours dans la célébration de la messe, les larmes coulaient sur son visage en si grande abondance qu'une larme n'attendait pas l'autre. J'ai senti une odeur merveilleuse sortir de ses ossements. »

307. Le dixième jour d'août, Frère Jean d'Espagne [1], un des premiers, homme expert, rendit ce témoignage :

« Notre Père, qui méprisait le monde, ayant été élu à l'épiscopat, refusa. Il institua l'Ordre des Prêcheurs, parce qu'il désirait ardemment le salut des âmes. Il prêchait souvent et fréquemment, et il portait les Frères, autant qu'il le pouvait, à prêcher, les priant et les exhortant à avoir de la sollicitude pour le salut des âmes. Il persuadait aux Frères, par

---

1. Frère Jean d'Espagne était entré dans l'Ordre dès l'année 1216, et avait reçu l'habit des mains de saint Dominique, à la fête de saint Augustin de cette année, dans l'église de Saint-Romain de Toulouse. C'était donc un des premiers compagnons du Saint ; et comme il avait vécu avec lui en différents endroits, il pouvait rapporter sur lui une foule de choses qu'il avait vues lui-même. — Sa déposition est, en effet, très détaillée, car on a encore le texte entier de ces dépositions dont Thierry d'Apolda ne rapporte que des extraits. Elles sont dans les Bollandistes, à la suite de la Vie du Saint, par Thierry d'Apolda.

lettres et de vive voix, d'asseoir solidement leurs études sur l'Ancien et le Nouveau Testament. Il parlait rarement, si ce n'est de Dieu. Fidèle à l'abstinence, priant toujours avec larmes, il resta vierge et désira mourir pour la foi. »

Le treizième jour d'août, Frère Rodolphe de France, chapelain de l'église de Saint-Nicolas, homme bon et saint [1], dit :

« Notre Père priait fréquemment dans l'église avec beaucoup de gémissements et de larmes. Le saint de Dieu était ceint d'une ceinture de fer sur les reins, il dormait par terre tout habillé, comme il marchait pendant le jour. Jamais il ne dit une seule parole oiseuse, ou mauvaise, ou nuisible. En prêchant il pleurait. Il était religieux et dévot plus que tous, joyeux, aimable, patient, miséricordieux, bienveillant, consolateur de ses

---

[1]. Frère Rodolphe, de *Faënza*, et non de *France*, comme Thierry d'Apolda l'écrit par erreur, avait été chargé du soin de l'église de Saint-Nicolas dès le moment où cette église fut donnée aux Frères-Prêcheurs par l'évêque de Bologne. Par conséquent, il vécut dans la compagnie et même dans l'intimité de saint Dominique, étant en même temps procureur de la maison, tant que le Saint resta à Bologne. C'est lui qui, dans l'agonie du Saint, lui tenait la tête et essuyait la sueur qui couvrait son visage, pendant que le Saint disait : « Ne « pleurez pas, je vous serai plus utile au lieu où je vais « que je ne l'ai été ici. »

Frères, désireux du salut de tous les hommes. De son tombeau est sortie une odeur qui surpassait tous les parfums. »

308. Le treizième jour d'août, Frère Etienne, prieur provincial de Lombardie, homme respectable [1], déposa en ces termes :

« Après l'oraison faite en commun par les Frères, notre Père saint Dominique restait dans l'église à prier, et l'émotion le faisait tellement éclater en gémissements et en sanglots, que ceux qui dormaient dans le voisinage étaient réveillés et émus jusqu'aux larmes. Demeurant ainsi jusqu'à matines, il restait cependant à l'office, et il faisait le tour des deux côtés du chœur, exhortant les Frères à psalmodier à haute voix et à chanter les psaumes avec respect. En prêchant, ses paroles étaient si efficaces qu'elles le faisaient pleurer, lui et les autres. Lorsqu'il célébrait la messe, ses yeux et ses joues étaient mouillés de larmes. Souverain amateur de la pau-

---

1. Frère Etienne était cet étudiant de Bologne qui se confessait au Saint, et qui, un jour, étant à table, fut mandé par lui pour entrer incontinent dans l'Ordre (voir n° 292), ce qu'il fit en effet. Une fois revêtu de l'habit, il vécut avec le Saint, au couvent de Saint-Nicolas, pendant près d'un an, et il jouit toujours de son intimité.

vreté et gardien zélé de l'Ordre, il refusa les possessions qui lui étaient offertes. J'ai levé son corps de la terre, et j'ai senti, avec tous ceux qui étaient présents, une odeur d'une suavité incomparable. »

309. Le treizième jour, Frère Paul, de Venise, homme prudent et juste [1], déposa en ces termes :

« Je n'ai jamais entendu de parole oiseuse ou maligne sortir de la bouche de notre saint Père. Aimant la pauvreté, il recevait du pain de porte en porte comme un pauvre. Il fut toujours vierge, et il possédait tellement toutes les vertus que je ne crois pas qu'il y ait eu de son temps quelqu'un de meilleur que lui ; encore à présent je ne lui en ai pas trouvé de semblable. Dernièrement, en venant de Venise à Bologne, pour apporter ici mon témoignage, je fus saisi d'une grande douleur de reins, qui a l'habitude de me tourmenter pendant plusieurs jours. Comme je craignais d'être empê-

---

1. Frère Paul, de Venise, était entré dans l'Ordre à Bologne, et avait fait profession entre les mains du bienheureux Réginald, le deuxième dimanche de Carême (mars 1219). Il connut saint Dominique un peu après, lorsque le Saint arriva à Bologne, et il fut admis dans son intimité. Il fit avec lui plusieurs voyages à pied dans presque toute la Marche de Tréviso, et il raconta beaucoup de choses édifiantes sur sa manière de voyager, de parler, de manger, de dormir, etc.

ché d'accomplir cet acte saint, je priai au tombeau du Saint, et j'obtins immédiatement la santé. »

A la fin du quatorzième jour d'août, Frère Frigerio, de Penna, homme humble et dévot [1], dit :

« Notre saint Père était rude pour lui-même, gardant, même en voyage, les jeûnes de l'Ordre et ne prenant jamais sa réfection avant l'heure, bien qu'il en dispensât ses compagnons. L'été et l'hiver il se contentait d'une seule tunique. J'ai appris par ses confessions qu'il ne fut jamais souillé d'un péché grave, mais qu'il resta toujours vierge. Patient dans les tribulations, joyeux dans les adversités, consolateur miséricordieux de tous, il était tellement orné de toutes les vertus que je n'ai connu personne qui lui fût semblable. »

310. Ce sont les disciples du premier maître,

---

1. Frère Frigerio, de Penna, était aussi entré dans l'Ordre à Bologne, et avait fait profession entre les mains du bienheureux Réginald, pendant le Carême de l'année 1219, dans l'église de Mascarella, qui avait été d'abord donnée aux Frères. Ce fut la même année, pendant l'été, que saint Dominique vint à Bologne et y fonda le couvent de Saint-Nicolas. Frère Frigerio l'y trouva installé, au retour d'un voyage qu'il avait été faire dans son pays, et il resta avec lui pendant quatre mois, soit à Bologne, soit à Florence, soit à Rome. Il l'accompagna aussi en voyage, et il entendit plusieurs fois sa confession. Il rapporte que jamais il ne lui vit dire une seule messe où il ne versât beaucoup de larmes.

le bienheureux Dominique, qui rendent ainsi témoignage et qui ont écrit ces choses, et nous savons qu'ils ont dit vrai, car ils ont déposé sous serment, en s'appuyant sur le témoignage de leur conscience, dans le Saint-Esprit, et leur déposition a été reçue et approuvée par le Siège apostolique qui l'a fait suivre d'effet. — Il s'y joint, en outre, le témoignage de Dieu, qui est plus grand. En effet, le Père, le Verbe et le Saint-Esprit, qui sont un seul Dieu, qui, seuls, opèrent des choses admirables, attestent dans l'Eglise, par des signes et des prodiges, la sainteté vraie de leur bien-aimé serviteur Dominique.

Aussi le Souverain-Pontife, qui avait connu sa sainte conversation dans le Seigneur, et qui, pendant qu'il vivait encore, l'avait entouré d'une affection spéciale, résolut, de concert avec les cardinaux, qui partageaient sa dévotion, d'inscrire le serviteur de Jésus-Christ, Dominique, dans le catalogue des saints pour cette Eglise militante, sachant, de science certaine, qu'il régnait avec eux dans l'Eglise triomphante.

CHAPITRE XI

DE LA CANONISATION SOLENNELLE DU BIENHEUREUX DOMINIQUE

311. Donc, l'année de l'Incarnation du Seigneur 1233, le Père des Pères se trouvant à Pérouse, en présence des archevêques et évêques et des autres prélats des églises, en grand nombre, avec les Frères et le peuple, nomma et invoqua parmi les saints de Dieu le fidèle serviteur de Jésus-Christ, l'humble Dominique, et il ordonna que son nom fût inscrit avec celui des saints, et que sa fête fût célébrée dans l'Eglise universelle. La cérémonie de la canonisation fut accomplie solennellement à Pérouse, par le Seigneur Pape Grégoire (IX), sous le règne de Frédéric, empereur des Romains, la dix-huitième année depuis la confirmation de l'Ordre des Prêcheurs, la treizième depuis la mort du bienheureux Dominique, sous le vénérable et saint Père Jourdain,

deuxième maître de l'Ordre des Prêcheurs. Des lettres du Siège apostolique furent aussi envoyées dans tous les royaumes de l'Eglise, au sujet de la canonisation solennelle de ce saint Père, lettres où la pureté de sa vie et la sublimité de sa gloire sont déclarées à tous les fidèles du Christ [1].

1. Ces lettres seront reproduites dans la huitième partie, chap. XVII.

CHAPITRE XII

DE QUELQUES MIRACLES
QUI EURENT LIEU APRÈS LA CANONISATION

312. Il y avait alors au couvent de Limoges un Frère plus que sexagénaire, que le Bienheureux Dominique avait ordonné de recevoir dans l'Ordre. Ayant entendu parler, avant la canonisation, des prodiges merveilleux que la divine puissance opérait sur les infirmes auprès de son tombeau, il se prosterna devant l'autel et pria humblement en disant : « Seigneur Jésus-Christ, si cela est vrai, et si votre « serviteur Dominique peut quelque chose, « comme je le crois réellement, lui par qui « vous m'avez appelé à cet Ordre, je vous en « prie, daignez me guérir, par ses mérites, de « cette honteuse infirmité. » Car il souffrait des hémorrhoïdes depuis plusieurs années. — Il fut guéri sur-le-champ et rendit grâces à Dieu ; et jamais, depuis, pendant les sept ans

qu'il vécut encore, il ne fut tourmenté par cette infirmité.

313. Plus tard, le même Frère, ayant été placé au couvent de Cahors, apprit que le saint Père avait été canonisé. Tandis que les Frères, dans leur enthousiasme, chantaient l'hymne des anges, *Te Deum laudamus*, le bon vieillard, dans l'humilité de son cœur, dit : « O bon Père Dominique, délivrez aussi ma « vieillesse de cette grave maladie. » A peine eut-il fini cette prière, qu'il fut aussitôt guéri d'une rupture qu'il avait eue pendant quelques années [1].

Dans les mêmes régions, une religieuse qui avait été sourde pendant de longues années, apprenant les miracles du bienheureux Père Dominique, l'invoqua dévotement et recouvra entièrement l'ouïe [2].

314. Frère Barthélemi, homme très vénérable, se rendant outre-mer, transportait les lettres de canonisation du bienheureux Père Dominique, adressées aux contrées d'au delà de la mer [3]. Il arriva que, par la force des

---

1. *Vies des Frères*, II, 31.
2. *Vies des Frères*, II, 33. Gérard de Frachet dit que cette religieuse fut guérie au couvent de Bologne, pendant que le prieur prêchait sur les miracles de saint Dominique.
3. Barthélemy de Cluse avait été auparavant archidiacre de

vents et de la tempête, le vaisseau fut brisé et fit naufrage en face d'un port. Par suite, tout ce qui était joint aux lettres, par-dessus et par-dessous, fut entièrement gâté par l'eau ; les lettres de la canonisation, au contraire, ne furent endommagées en aucun endroit, et elles restèrent parfaitement intactes, quoique le contact des autres objets ruisselants d'eau eût dû les détruire. Mais elles furent gardées par un miracle de Dieu, pour que ces nations ne fussent pas privées du patronage du Saint, et que le Christ fût glorifié en lui [1].

315. A Bologne, un homme d'une grande religion souffrait extrêmement d'une descente d'intestins, car il craignait d'être à charge à ceux avec qui il vivait. Aussi il implorait pour sa guérison le bienheureux Jacques, dont il avait visité le tombeau [2], et d'autres saints qui lui étaient plus chers. Et comme il voyait qu'aucun ne lui donnait de secours, il lui vint à l'esprit la pensée du bienheureux Dominique, récemment cano-

---

Mâcon et chanoine de Chartres. Il était, alors, chantre de Tripoli, et il se rendait à son poste en Afrique, lorsque les Frères-Prêcheurs lui conférent une copie de la bulle de canonisation pour leurs Frères d'outre-mer.

1. *Vies des Frères*, II, 33.
2. Saint Jacques de Compostelle, en Espagne.

nisé. Il le croyait un homme vertueux, et il pensait bien qu'il régnait avec Jésus-Christ, mais non pas qu'il eût assez de mérite pour secourir ceux qui l'invoquaient, comme beaucoup le disaient. Cependant, s'encourageant lui-même à l'invoquer, il fit vœu qu'il croirait aux œuvres merveilleuses accomplies par lui, et qu'il glorifierait Dieu en lui, s'il était guéri par ses mérites.

S'étant endormi après une longue oraison, le bienheureux Dominique lui apparut, ramassant dans le devant de son scapulaire ses intestins qui tombaient. En se réveillant, cet homme, déjà âgé et faible, — il avait près de soixante-dix ans, — se trouva délivré de tous les inconvénients de son infirmité.

316. Il n'y a point de maladie que saint Dominique ne guérisse, pourvu que l'incrédulité n'endurcisse pas le malade. On a connu un grand nombre d'autres miracles qui se sont accomplis, soit pendant la vie, soit après la mort de ce glorieux Père ; mais ils n'ont pas été écrits. Ceux-ci ont été annotés, brièvement, pour démontrer sa sainteté, pour édifier les fidèles et pour glorifier et honorer celui qui seul fait des choses admirables, et qui, trine en personnes et un en essence, vit et règne sans fin pendant les siècles des siècles. Ainsi soit-il.

HUITIÈME PARTIE

CHAPITRE PREMIER

DU DÉPART DES FRÈRES QUE LE SAINT PÈRE DOMINIQUE ENVOYA EN HONGRIE

317. Les miracles que nous avons mentionnés jusqu'ici furent opérés au tombeau de saint Dominique, et en Italie, par la vertu de Dieu et par les mérites du Saint, avant sa translation. Alors, en effet, le saint Père n'était connu que dans ce pays, et son nom y était grand. Mais une fois placé sur le chandelier de la canonisation, son nom resplendit aux yeux de tous ceux qui sont dans la maison de l'Eglise, et l'éclat de ses bienfaits, le rayonnement de ses merveilles se répandent en tous lieux. Du levant au couchant, les enfants de Dieu louent le nom du

Seigneur en saint Dominique, car toutes les fois qu'ils l'invoquent dans leurs nécessités, ils éprouvent sa bienveillance. Les miracles l'ont fait resplendir d'une gloire éclatante, en différents endroits, mais surtout dans ceux qui sont voisins des pays infidèles. Ainsi, dans le royaume de Hongrie, limitrophe du peuple païen,des Cumans dont le bienheureux confesseur avait désiré si ardemment la foi et le salut, il s'est produit par ses mérites des merveilles étonnantes et innombrables.

318. L'an du Seigneur 1221, lorsque maître Paul de Hongrie, qui, alors, enseignait le droit canonique à Bologne, fut entré dans l'Ordre, il fut envoyé par le bienheureux Dominique, la même année, en Hongrie, avec quatre autres. S'étant mis en route, ils arrivèrent d'abord dans la ville de Lauria [1]. A leur prédication, une multitude d'hommes accoururent, comme à un spectacle nouveau et inouï. Là, pendant leur prédication même, trois des meilleurs écoliers furent reçus dans l'Ordre. Et comme ils n'avaient pas encore de place fixe, ils passèrent de là en Pannonie, où, la nuit même, Frère Sadoch, l'un des quatre,

1. *Lauria*, maintenant *Lorch*, au confluent de l'Enns et du Danube, entre Linz et Vienne.

homme d'une grande perfection, vit apparaître une multitude de démons qui lui crièrent à haute voix et avec des hurlements :

« — Vous êtes venus ici pour nous ravir nos « droits. »

Et se tournant vers les trois novices, ils leur disaient :

« — Hélas ! faut-il que ce soit par de tels « enfants que vous nous confondiez ! »

Frère Sadoch raconta cela à ses compagnons, quand ils eurent dit Matines.

319. Vers ce temps-là, deux Frères de la même province vinrent à un village, à l'heure où le peuple chrétien se réunit pour entendre la messe. Lorsqu'elle fut terminée, comme tout le monde s'en retournait chacun chez soi, et que le sacristain fermait l'église, les Frères restèrent seuls sous le portique, et il n'y eut personne qui leur ouvrît les entrailles de sa charité. Un pauvre pêcheur les vit et fut touché de compassion pour eux ; mais, comme il n'avait pas de quoi les nourrir, il n'eut pas le courage de les conduire chez lui. Cependant il courut à la maison, et exprima à sa femme sa compassion, en disant :

« — Oh ! si nous avions de quoi nourrir ces « deux Frères ! Je suis très tourmenté au sujet

« de ces deux Frères étrangers qui sont sous
« le portique de l'église et que personne n'ac-
« cueille. »

Sa femme lui dit :

« — Je n'ai qu'un peu de millet à manger. »

Cependant, sur l'ordre de son mari, ayant retourné sa bourse, elle y trouva, contre son attente, deux petites pièces de monnaie.

Le mari, tout joyeux, lui dit :

« — Dépêche-toi, achète des pains avec la
« première, et du vin avec la seconde. Fais
« cuire aussi le millet et des poissons. »

320. La femme obéit à l'ordre de son mari, qui retourna et trouva encore les deux Frères à l'endroit où il les avait laissés, debout sous le portique. Il les invita humblement, les conduisit et les reçut dans sa maison avec joie.

Après s'être restaurés à cette table de la pauvreté avec les mets de cette immense charité, ils rendirent grâces et s'en allèrent, souhaitant à leur hôte que Dieu le lui rendît.

Dieu, en effet, récompensa cet homme pour la miséricorde qu'il avait exercée, et depuis ce jour il y eut toujours dans sa ceinture deux pièces de monnaie qui ne cessèrent jamais de servir aux besoins du ménage. Quand il en avait dépensé ou donné deux, il en retrouvait tout de suite deux autres. Aussi cet homme s'enrichit en maisons et en terres, il eut des brebis et des bœufs et toutes sortes d'autres biens, et Dieu lui donna encore un héritier. Et lorsqu'il fut devenu assez riche pour sa position, la grâce des deux pièces de monnaie fournies par le ciel lui fut retirée. Dans la suite, il fut toujours l'hôte et l'ami des Frères.

CHAPITRE II

DE LA CONVERSION D'UN CHEF PAÏEN

321. Après cela, le nombre des Frères croissant, quelques-uns, que le Frère Paul avait envoyés, entrèrent dans le pays appelé « Feury [1] », dont les habitants étaient schismatiques et hérétiques déclarés. Après y avoir souffert bien des tribulations, ils prirent enfin le dessus, et ils en ramenèrent un grand nombre, de l'hérésie à la vraie foi, et du schisme à l'unité de l'Eglise. Se souvenant alors de la dévotion et du zèle de leur Père saint Dominique, qui avait résolu d'aller en personne chez les Cumans, dépourvus absolument de toute notion de Dieu, ses fils fidèles décidèrent, par le conseil de l'Esprit-Saint, d'envoyer vers cette nation des Frères vertueux. Mais après bien des tribulations et des misères à peine

---

1. Fury?

croyables endurées par eux, les païens les repoussant toujours, ils furent obligés de revenir chez eux, sans avoir rapporté aucun fruit.

322. Enflammés par le Saint-Esprit, et émus par le zèle des âmes, ils retournèrent une seconde fois dans cette nation, et après bien des dangers sur leur route, ils parvinrent jusqu'auprès du fleuve qu'on appelle Néper [1]. Là, ils furent souvent tourmentés par la faim, la soif et toutes sortes de persécutions ; les uns furent emmenés en captivité, d'autres furent massacrés par les infidèles. D'autres, cependant, persistèrent avec constance dans l'office de la prédication, qu'ils avaient commencée. Enfin, le Très-Haut jeta les yeux sur leur constance et leur labeur, et il leur donna la grâce d'être entendus par les païens. Et ainsi ils baptisèrent, le premier de tous, le chef nommé Brut, avec quelques membres de sa famille. Quelques années après, ce chef s'endormit dant le Seigneur, en persévérant dans la profession de la vraie foi ; il avait fait auparavant sa confession et reçu la communion, selon l'usage des chrétiens. Il fut ense-

---

[1]. Dnieper, le Borysthène des anciens.

veli avec honneur, par les mains des Frères, dans la chapelle de la bienheureuse Vierge, que les Frères habitant dans ce pays avaient construite pour s'y assembler de temps en temps.

CHAPITRE III

D'UN AUTRE CHEF PAÏEN CONVERTI

323. Ils convertirent ensuite à la foi de Jésus-Christ le noble chef Bernborch, avec mille personnes de sa maison environ. L'illustre roi de Hongrie, André, père de sainte Elisabeth, le tint, non sans une grande joie, sur les fonts baptismaux.

Ce chef étant à toute extrémité et agonisant entre les mains des Frères, dit :

« — Que tous les Cumans païens s'éloignent
« de moi, car je vois autour d'eux des démons
« horribles. Qu'il ne reste que les Frères et
« les Cumans baptisés, parce que je vois
« autour de moi les Frères martyrisés, qui
« m'attendent pour me conduire aux joies
« qu'ils ont prêchées. »

A ces mots, il expira avec une joie admirable et il fut enseveli dans la chapelle de la bienheureuse Vierge mentionnée ci-dessus.

Les Frères continuèrent à s'avancer dans le pays, en prêchant et en convertissant, comme il a été dit, à la foi catholique, les hérétiques, les schismatiques et les Gentils, grâce au secours de Dieu, qui confirmait leurs discours par des signes efficaces.

En effet, des miracles sans fin eurent lieu par la grâce de Dieu et par les mérites du bienheureux Dominique, dans plusieurs de nos couvents en Hongrie, tellement qu'ils **dépassent toute évaluation**. Nous avons eu soin d'en transcrire quelques-uns, qui sont prouvés par des témoignages dignes de foi, pour la gloire de Notre-Seigneur Jésus-Christ.

CHAPITRE IV

DE LA RÉSURRECTION DE QUELQUES MORTS

324. Il y a dans ce royaume une contrée qu'on appelle Sumlu, où sont conservées, dans le couvent des Frères, des reliques très saintes du bienheureux confesseur. Le peuple les visite et les vénère avec une grande dévotion, et il y trouve, par les mérites du Saint, le bienfait des guérisons qu'il désire.

Un homme noble vint avec sa femme à ce couvent des Frères, par dévotion, pour visiter les reliques du saint Père.

Là, son petit enfant, qu'il avait amené avec lui, étant tombé malade, fut réduit à la dernière extrémité. Le père, désolé, le porta à l'église, et, le plaçant devant l'autel du bienheureux Dominique, il se plaignit avec des accents déchirants.

« — Bienheureux Dominique, dit-il, je suis
« venu à vous joyeux, et voilà que je m'en

« retourne triste ; je suis venu avec mon en-
« fant, et voilà que je m'en retourne privé de
« lui. Rendez-moi mon fils, je vous en prie,
« rendez-moi la joie de mon cœur. »

Il continua ainsi à pleurer et à prier jusqu'à la nuit.

Vers le milieu de la nuit l'enfant fut rendu à la vie, il reprit le sein et se mit à marcher dans l'église, enfin ses parents le reportèrent chez eux sain et sauf, avec une grande joie.

325. Un jeune serf de la dame Justine, femme du comte Micha, étant occupé à pêcher, sans assez de précaution, dans la rivière Cris, tomba dans l'eau et y disparut noyé. Après un long espace de temps, son corps fut ramené mort du fond de l'eau où on l'avait cherché.

La dame, très affligée de la mort lamentable du serviteur qu'elle venait de perdre, pria saint Dominique de le ressusciter, promettant qu'elle irait elle-même, pieds nus, visiter ses reliques à Sumlu, et qu'elle rendrait à la liberté son serf s'il ressuscitait. Aussitôt le mort, revenant à la vie, se releva devant tout le monde, et sa pieuse maîtresse, venant à Sumlu comme elle l'avait promis, raconta au prieur de la maison et aux Frères comment il était ressuscité, et en même temps elle le leur présenta libre.

326. Le petit enfant d'un homme noble, nommé Ladislas, attaqué par une fièvre mortelle, venait de passer de cette vie à trépas, et son petit corps, enveloppé de linceuls, selon l'usage, était déjà porté hors de la maison. La noble dame, sa mère, reprenant un peu courage, au milieu de la grande tristesse qui l'avait absorbée, fit appeler sur-le-champ auprès d'elle un prêtre, en présence duquel elle fit un vœu. Lorsqu'elle eut invoqué dévotement le bienheureux Dominique, elle recouvra son fils, rendu subitement à la vie, tandis qu'elle pleurait sa mort. Avec lui elle vint, pleine de respect, à Sumlu, et, en présence encore du prêtre devant qui l'enfant avait été ressuscité, et de son mari, elle raconta comment les choses s'étaient passées, et elle rendit au Sauveur les actions de grâces qui lui étaient dues pour ce qu'avait fait saint Dominique.

CHAPITRE V

DE LA RÉSURRECTION D'AUTRES

327. Un homme nommé Gothard, du château de Somuf, au village de Lelei, venait de perdre son fils nommé Thomas, qui était mort; et, à l'entrée de la nuit, il était assis auprès du corps, pleurant et sanglotant. Le compagnon qu'il avait avec lui étant parti pour se reposer, et lui se trouvant seul, il alluma une lumière et vint se placer du côté de la tête de son jeune fils défunt; là, il donna libre cours à ses larmes, suppliant incessamment le bienheureux Dominique, et par ses vœux et par ses paroles, de rendre ce fils à son père.

Or, il arriva, vers le chant du coq, que celui qui était mort se remua, et, ouvrant les yeux, il dit à son père :

« — Qu'est-ce donc que cela veut dire, mon « père, que j'ai le visage tout mouillé ? »

Le père répondit :

« — Ce sont les larmes de ton père, mon
« fils ; car tu étais mort, et j'étais resté seul,
« privé de toute joie. »

Le fils reprit :

« — Vous avez beaucoup pleuré, mon père ;
« mais le bienheureux Dominique a eu com-
« passion de votre désolation, et il a obtenu
« par ses mérites que je vous fusse rendu
« vivant. »

328. Le bruit des miracles que la main du Seigneur opérait si fréquemment sur les vivants et sur les morts, par les mérites du bienheureux Dominique, se répandit dans toute la Hongrie.

Un homme persistait, malgré tout, à ne croire à rien et à tout nier. Or, il arriva qu'un fils qu'il avait tomba gravement malade, et même qu'il mourut de cette maladie. Quelqu'un de ceux qui étaient venus pour consoler le père et pour veiller la nuit auprès du corps du défunt, selon l'usage, lui dit :

« — Crois que le bienheureux Dominique a
« de grands mérites auprès de Dieu, et que la
« puissance de Dieu opère réellement par lui
« les miracles qu'on rapporte, et invoque-le

« en même temps de tout ton cœur ; comme il
« a déjà ressuscité par ses mérites un grand
« nombre de morts, peut-être qu'il ressusci-
« tera aussi ton fils. »

Le père, touché de repentir au fond du cœur de son incrédulité passée, se fit à lui-même d'amers reproches, et, reprenant confiance, il ne cessa d'invoquer le bienheureux Dominique pendant toute cette nuit, tant par les gémissements de son cœur que par les prières de sa bouche. Aussi, à la première heure du jour, le mort remua la main, retira le voile dont on avait enveloppé sa figure et se leva.

Enfin le père, avec son fils ressuscité, s'étant rendu à Sumlu, publia, pour la gloire du glorieux confesseur Dominique, tout ce que le Seigneur avait fait en sa faveur.

329. Un homme honorable, nommé Gent, du village de Pinar, qui fait partie du bourg de Crassu, vint avec les gens de sa paroisse trouver les Frères et apporta avec lui son petit enfant.

« — C'est là mon fils, dit-il, qui était tré-
« passé, et que le bienheureux Dominique a
« ressuscité des morts par ses mérites. Il
« gisait inanimé depuis le grand matin jus-

« qu'après midi, dans ma maison, au milieu
« de ma famille qui sanglotait. Je me retirai
« un peu à l'écart, et, me souvenant que Dieu
« avait donné au bienheureux Dominique une
« si grande grâce pour ressusciter les morts,
« je pris confiance, et j'allai dans le lieu où
« j'avais coutume de prier ; là, versant un tor-
« rent de larmes, j'invoquai le glorieux con-
« fesseur du Seigneur pour qu'il rendît un fils
« unique à son malheureux père. Lorsque je
« revins au corps de l'enfant, et que je me
« courbai sur son visage en pleurant et en
« sanglotant, l'enfant ouvrit les yeux : il était
« redevenu vivant. Je vous l'ai apporté avec
« joie, pour la louange et la gloire du Sauveur,
« qui ne cesse d'exalter les mérites de saint
« Dominique par tant et de si grands mira-
« cles. »

CHAPITRE VI

DE LA GUÉRISON DE QUELQUES MALADES ET DE QUELQUES ESTROPIÉS MONSTRUEUSEMENT CONTRACTÉS.

330. Un malade qui était au lit presque mourant, et qui, avec cela, avait perdu la vue depuis dix-huit ans, ayant entendu dire que son curé voulait partir avec ses paroissiens pour aller visiter les reliques de saint Dominique, se sentit encouragé et voulut partir aussi. Le curé essayait de toutes les manières de l'en détourner, comme d'une chose impossible. Enfin, son désir lui faisant surmonter sa faiblesse corporelle, il sortit de son lit, comme pour essayer de marcher, et il se sentit tout à coup infuser une si grande force qu'il se mit à marcher à grands pas ; à mesure qu'il avançait dans sa route, sa convalescence faisait chaque jour de nouveaux progrès, et ses yeux revenaient de plus en plus à la lumière, tellement qu'à la fin, arrivé au terme de son voyage, il obtint la parfaite guérison de ses deux maladies.

331. Une femme du village de Corzordinem, qui depuis longtemps avait le dos contracté d'une manière si monstrueuse que tout le reste du corps semblait n'être que dos, était conduite dans une voiture aux reliques du bienheureux Dominique. Il lui vint à la pensée que, pour obtenir plus facilement ce qu'elle demandait, elle ferait bien de marcher un peu à pied, par dévotion, quoique avec grande difficulté. S'étant donc fait déposer hors de la voiture, elle se mit à marcher, pouvant à peine retirer sa respiration ; lorsque tout à coup sa ceinture, se brisant, tomba à terre, et son corps s'étendit, se redressa et fut remis miraculeusement dans sa position naturelle. Son curé et les autres voisins qui étaient venus avec elle, en arrivant à l'endroit, la présentèrent aux Frères, rendant témoignage et de son infirmité passée et de la manière dont elle avait recouvré la santé.

332. Quelqu'un du village de l'église de Tytulia, nommé Tequeren, ayant été visiter les reliques du bienheureux Dominique, à cause de graves infirmités qu'il avait dans le dos,

les épaules et les bras, en revint avec la guérison complète de tous ses maux. Quelques jours après, il commença à éprouver des remords de conscience de ce qu'il n'avait pas révélé aux Frères le bienfait de sa guérison, pour qu'il en fût rendu à Dieu de dignes actions de grâces. Il promit donc d'y retourner incessamment. Mais ayant différé de nouveau d'y aller par négligence, une nuit, le bienheureux Dominique lui apparut et lui réclama le prix de sa santé recouvrée. Aussi, à peine éveillé de son sommeil, il se mit en marche, arriva à l'endroit, et se faisant à lui-même, en présence des Frères, les reproches que méritait son ingratitude, il exposa pieusement, et avec une grande exactitude, toute l'histoire, d'abord, de sa santé recouvrée, puis de la révélation faite par la suite ; il y avait là un peuple très nombreux qui l'entendit et qui rendit grâces à Dieu.

333. Un jeune homme qui avait les pieds repliés d'une manière déplorable, tellement qu'il ne pouvait marcher, avec une peine extrême, que sur le cou-de-pied, les paumes de ses pieds étant contractées et retournées en haut, se rendit auprès des reliques très saintes du bienheureux Dominique, et il obtint

la grâce d'une parfaite guérison. Sa mère, ses parents, ses voisins en très grand nombre, et jusqu'à la partie supérieure de ses pieds, qui garda toujours la forme d'une plante de pied enflée, rendirent témoignage de son ancienne infirmité.

Le fils d'un comte de la cour, gravement malade pendant plusieurs jours, ayant été enfin conduit auprès des saintes reliques, et les ayant touchées, recouvra, par la puissance du Seigneur, une santé parfaite, si bien que, quelques jours après, il tuait du gibier devant le roi.

CHAPITRE VII

DE LA GUÉRISON DE MUETS, DE SOURDS ET D'AUTRES

Un enfant muet, du village d'Ondon, dont le père s'appelait Morith, obtint subitement le bienfait de la parole au contact des reliques du bienheureux Dominique.

Une veuve d'Orodi, nommée Pita, avait perdu entièrement l'usage de la parole après trois ans de mariage et était devenue muette. Etant déjà vieille, elle sentit du premier coup, en touchant les saintes reliques, que le libre mouvement de sa langue lui était entièrement rendu.

334. Un vieux clerc, qui avait contracté une grave surdité de très ancienne date, vint avec des voisins visiter les reliques du bienheureux Dominique. Lorsqu'il les eut baisées, et qu'il en eut été touché à plusieurs reprises, l'ouïe lui revint progressivement tout entière.

Un homme nommé Tybi, du village de Refend, amena auprès des saintes reliques son fils nommé Gustu, entièrement sourd ; lorsqu'il les eut touchées, il obtint immédiatement la grâce d'entendre.

Un aveugle nommé Paul, du village de Vrecha, recouvra entièrement la vue par les mérites du bienheureux Dominique, à la fête des saints martyrs Abdon et Sennen [1].

Le même jour, une femme nommée Lenséva, femme d'Uvonet, paralytique, obtint la grâce d'une santé parfaite.

Un homme nommé Bulchum, du village de Thyca, était en proie à un délire tel qu'il se jetait sur les hommes qu'il rencontrait, comme un chien enragé ; il ne mangeait presque rien, et il était emporté jour et nuit par la fureur qui l'agitait. Ayant été conduit aux reliques du bienheureux Dominique, il fut, à leur contact, immédiatement remis dans son bon sens, et il revint à sa raison d'autrefois.

---

1. Cette fête est le 30 juillet.

CHAPITRE VIII

D'UN HOMME DÉLIVRÉ DU DÉMON
ET D'UN MIRACLE ACCOMPLI SUR DES CIERGES

335. Un jeune homme du village de Genen, qui servait à la table du prévôt d'Orody, était retenu par une maladie très grave, où il voyait manifestement une multitude innombrable de démons se précipiter sur lui, les uns le traînant pour le pendre, les autres le tourmentant de toutes sortes de manières. L'infortuné, au milieu de ces crises, succombant à une indicible frayeur, se recommandait, comme il pouvait, de cœur et de bouche, à Dieu et au bienheureux Dominique. Tout à coup, le bienheureux Dominique se présenta sous la forme d'un Frère, qui, serrant les plis de sa chape, s'en servait pour chasser les diables qui molestaient le pauvre jeune homme avec tant d'importunité et pour contenir leurs élans furieux. Au même moment, il le délivra entièrement du fardeau désespéré de sa maladie. Par suite le jeune homme se rendit auprès

des reliques du bienheureux Dominique, et, confessant humblement ses péchés, il rendit grâces, en présence des Frères, d'un si grand bienfait, et il prit la résolution et fit la promesse d'amender sa vie.

336. Une dame du village de Pinar, d'un âge et d'une vertu également dignes de confiance, se disposait à faire célébrer une messe votive en l'honneur du bienheureux Dominique, et elle prépara pour cela trois cierges convenables. Mais, à l'heure qu'il aurait fallu, elle ne trouva point le prêtre qui aurait dû célébrer la messe. C'est pourquoi elle reposa les cierges dans un vase, les enveloppant également d'une serviette propre. S'étant éloignée pour quelque temps, elle vit, quand elle revint au bout d'une heure, les cierges qui brûlaient en projetant une lueur éclatante. Stupéfaite, elle sortit aussitôt, et appela les voisines de tous les côtés. Toutes accoururent pour admirer ce spectacle, et elles restèrent là, tremblant et priant en même temps, jusqu'à ce que les cierges fussent entièrement brûlés sous leurs yeux. Or, ils continuèrent à brûler et à se consumer peu à peu jusqu'au bout, sans endommager ni la serviette, ni rien de ce qui était dans le vase.

CHAPITRE IX

D'UNE FEMME QUI BLASPHÉMAIT ET D'UNE JEUNE FILLE GUÉRIE DE LA PIERRE

337. Ajoutons à ce qui précède ce qui se passa en Sicile, à Augusta, au témoignage des Frères, qui y demeuraient alors.

A la fête de la translation du bienheureux Dominique, plusieurs dames, qui avaient assisté à la messe solennelle dans l'église des Frères, trouvèrent, en retournant à la maison, une femme qui était assise sur le devant de sa porte et qui filait. Comme elles lui faisaient de charitables reproches de ce que, pour la fête d'un si grand Père, elle ne s'était pas abstenue d'œuvres serviles, elle s'indigna aussitôt, et, le visage en feu, leur dit :

« — Célébrez les fêtes de votre saint, vous
« autres qui êtes les bigotes de ses Frères. »

A l'instant même, elle sentit des démangeaisons, ses yeux se gonflèrent, et il commença à en sortir des vers. En un instant, une voisine qu'elle appela, tout effrayée, lui retira dix-huit vers des yeux. Aussi, frappée de componction, elle courut en sanglotant à l'église du bienheureux Dominique, et, se prosternant devant la porte, elle confessa ses péchés à un Frère, et elle fit vœu qu'à l'avenir elle ne dirait jamais plus de mal du saint de Dieu, Dominique, et qu'elle garderait très dévotement ses fêtes. Aussitôt la tuméfaction et les démangeaisons disparurent, et il n'y eut plus un seul ver dans ses yeux.

338. Dans la même ville, la fille d'une dame dévote souffrait extrêmement depuis longtemps de la maladie de la pierre. Et tous les conseils des médecins ne lui servant à rien, il ne lui restait d'autre remède que l'incision. Comme le jour où on devait lui faire cette incision était fixé, sa mère, redoutant le danger pour sa fille, alla, la veille, à l'église du bienheureux Dominique; elle se mit en prière, et elle recommanda à Dieu et au bienheureux Dominique sa fille, par un vœu tel qu'elle pouvait en faire.

La nuit suivante, pendant que la jeune fille dormait, le bienheureux Dominique vint à elle, lui mit dans la main la pierre dont elle était tourmentée et s'en alla.

La jeune fille, en s'éveillant, se trouvant délivrée, la donna à sa mère et lui raconta sa vision. La mère, transportée de joie, porta la pierre aux Frères et leur déclara ce qui s'était passé devant elle.

Les Frères suspendirent cette pierre dans l'église, devant l'image du bienheureux Dominique, pour attester à l'avenir un miracle si surprenant.

CHAPITRE X

D'HYDROPIQUES GUÉRIS PAR LE BIENHEUREUX PÈRE DOMINIQUE

Un hydropique, qui était monstrueusement enflé, ayant entendu parler des miracles du bienheureux Dominique, l'invoqua dévotement lui-même et fit un vœu pour obtenir sa guérison. Pendant son sommeil, le saint Père lui apparut, lui ouvrit les entrailles, en retira les humeurs impures, sans lui faire de mal ni lui causer de douleur, et les raffermit ensuite de ses mains très saintes. En s'éveillant, le malade se trouva guéri, et il rendit de dignes actions de grâces à Dieu et à saint Dominique.

339. Dans un château de Sicile, qu'on appelle château de Jean [1], il y avait un jeune homme dont le ventre était prodigieusement enflé et distendu, tandis que ses autres membres étaient si affaiblis et si maigres qu'il s'attendait à une mort prochaine. Cependant son indigence le forçait à aller dans les champs

1. Castro di Giovanni.

chercher un fagot de bois, qu'il rapportait, bien qu'il pût à peine se porter lui-même.

Un jour, qu'étendu par terre il se lamentait en pleurant sur sa misère, il lui vint à l'esprit que le bienheureux Dominique était bien bon pour ceux qui l'invoquaient. Recourant donc à lui, il fit vœu que, s'il était guéri par ses mérites, il servirait les Frères gratis pendant un an à Plaisance [1]. Aussitôt un Frère se présenta à lui, étendant la main vers l'arbre sous lequel il était couché, et lui dit :

« — Prends des feuilles de ce sureau, bois-
« en le suc trois fois, et tu seras guéri. »

Après ces paroles, il disparut.

Le malade, se levant, exprima du suc de ces feuilles avec des pierres, en but trois fois, et aussitôt son ventre se dégonfla, et il fut entièrement guéri. Ses forces lui revinrent, et il rapporta à la maison un énorme fagot de bois sans en être incommodé. Il raconta son miracle à tout le monde, et, disant adieu à sa mère, il vint à Plaisance pour servir les Frères comme il en avait fait vœu [2].

340. De même, à Plaisance, une femme

---

1. Ou, selon Echard, à Piazza, petite ville située au centre de la Sicile.
2. *Vies des Frères*, II, 28.

pauvre voyant les Frères travailler à bâtir une église, fit vœu à saint Dominique qu'elle enverrait son fils prendre part aux travaux des Frères, s'il était guéri par ses mérites de la maladie dont il souffrait.

Or, voilà que, la nuit, saint Dominique apparut à cette femme sous la forme d'un Frère et lui dit :

« — Femme, connais-tu les choses que je
« vais t'indiquer ? »

Et il lui nomma le vert-de-gris, le pyrèthre [1], la patience sauvage et le suc du poireau.

La femme dit :

« — Je les connais. »

Alors le Saint reprit :

« — Prends-en, prépare-les avec du suc
« de poireau, mets-en sur des étoupes et
« applique-les au cou de ton fils, et il sera
« guéri. »

Le matin, la femme fit comme il lui avait été dit et son fils fut guéri ; elle l'amena aux Frères très bien portant pour prendre part à leurs travaux.

1. Ou pied d'Alexandre, plante excitant à la salivation, et employée contre les scrofules.

CHAPITRE XI

DU VIN AUGMENTÉ PAR LES MÉRITES DU BIENHEUREUX DOMINIQUE

341. Dans le même pays, dans un village nommé Placicia [1], il y avait une femme très dévouée à Dieu et aux Frères, mais à qui son mari faisait beaucoup d'opposition. Lorsque le vin manquait au couvent, elle en donnait aux Frères, à l'insu de son mari. A la fin, lorsque le mari demanda du vin de ce baril, d'où la pieuse femme en avait donné au couvent, il n'y en eut plus. La servante, ne trouvant plus rien dans le baril que de la lie, s'en vint toute troublée l'annoncer à sa maîtresse. Celle-ci y envoya une seconde fois sa servante. Et elle-même s'agenouillait à terre pendant ce temps, et invoquait le bienheureux Dominique, dans la crainte que son mari ne s'irritât et ne fît du

---

1. Probablement le même Piazza que plus haut.

tapage. Elle reprit ainsi confiance dans les mérites du saint Père, et elle renvoya sa servante au baril pour la troisième fois. Celle-ci, qui n'y retournait qu'en murmurant, le trouva rempli jusqu'au bord. C'était le Seigneur qui avait fait ce prodige ; car ce vin qui, d'ordinaire, suffisait à la famille et aux Frères pendant six semaines seulement, multiplié par Dieu, fut plus que suffisant pour les Frères et la famille pendant quatre mois. Le mari étonné, l'ayant appris par sa femme, devint tout dévoué à Dieu et aux Frères [1].

342. Dans le comté d'Orviéto, au patrimoine de saint Pierre, dans une ville qu'on appelle Sainte-Christine, il y avait un des habitants qui avait l'habitude de recevoir chez lui le bienheureux Dominique lorsqu'il passait par là. Dans ce temps-là, un orage très violent ayant éclaté sur le territoire de cette ville, toutes les vignes des environs, avec leurs ceps, furent broyées et anéanties. Alors, sous les yeux du peuple tout entier, et à son grand étonnement, un Frère, revêtu de l'habit de l'Ordre des Frères-Prêcheurs, apparut visiblement, debout en l'air, entre le ciel et la

---

[1]. *Vies des Frères*, II, 37.

terre, et protégeant de sa chape contre l'orage la vigne de cet homme hospitalier. Pendant que tous les vignobles étaient ravagés et frappés par le fléau de cette terrible tempête, seule cette vigne resta parfaitement intacte, grâce au manteau que le saint Père Dominique avait étendu au-dessus d'elle. Elle produisit cette année-là des raisins très abondants et un vin des plus délicats.

En mémoire d'un miracle si éclatant, le maître de cette vigne ordonna que les Frères-Prêcheurs fussent toujours bien reçus par ses successeurs, qu'on leur servît de ce vin en suffisance et qu'ils fussent largement traités : c'est ce que jusqu'à présent observent fidèlement les successeurs de cet hôte dévot.

Ce miracle si éclatant eut lieu pendant que le vénérable Père vivait encore ici-bas et qu'il profitait de l'hospitalité de cet homme. Toutes les autres parties de cette habitation ont été renouvelées à cause de leur vétusté ; mais seule, la petite maison du Saint a été conservée, par respect pour lui, et c'est là que les Frères se reposent encore aujourd'hui.

CHAPITRE XII

D'UNE RELIGIEUSE QUE LE SAINT PÈRE GUÉRIT PAR UNE ONCTION SALUTAIRE

343. Il y avait en Syrie un gentilhomme très dévot au bienheureux Dominique, à qui il s'était recommandé, lui, ses enfants et toute sa famille. Il avait deux filles vierges, qu'il avait consacrées au service de Dieu dans le monastère de Tripoli, appelé de Sainte-Madeleine.

L'une d'elles, nommée Marie, était d'une simplicité et d'une innocence admirables. Déjà éprouvée par plusieurs graves infirmités, elle fut atteinte, à la jambe et au pied, d'un mal tel que, pendant cinq mois, elle ne put ni se tourner dans son lit, ni souffrir qu'on la tournât; elle était toujours couchée sur le dos, et le lit, qu'elle gardait continuellement, avait fini par meurtrir son corps. Pendant les trois premiers mois, elle souffrit horriblement, et les Sœurs furent souvent troublées par ses cris lamentables. La violence de la douleur la fit languir pendant sept jours, sans prendre de nourriture ; à chaque heure, on attendait son dernier soupir, surtout lorsqu'on la voyait, par moments, perdre la respiration, pâlir et rester privée de sentiment et de mouvement. A la fin la cuisse, la jambe et le pied étaient entièrement desséchés et se laissaient remuer comme du bois mort [1].

344. Sa mère et ses parents voulurent, avec la permission des supérieurs, la faire sortir du monastère, pour la soigner plus facilement ; mais la jeune et modeste religieuse s'y refusa absolument. Sa sœur irritée lui fit des reproches.

« — Vous êtes si sainte, en vérité, que « Dieu vous guérira », lui dit-elle.

Et sa mère, indignée, lui dit aussi :

« — Nous ne sommes plus dans l'ancien « temps, où Dieu faisait des miracles. »

La jeune fille, effrayée du danger qu'elle courait, recourut au Seigneur, et, se souvenant de la dévotion avec laquelle elle avait aimé le bienheureux Dominique comme père, elle fit cette humble prière :

1. *Vies des Frères*. II, 35.

« Seigneur mon Dieu, je ne suis pas digne
« de vous prier, ni d'être exaucée par votre
« miséricorde ; mais je prie le bienheureux
« Dominique, mon Maître et votre bien-aimé
« serviteur, d'être médiateur entre vous et
« moi, et de m'obtenir, par ses mérites et son
« intercession, le bienfait de la guérison. »

345. Sa prière était si instante, et elle priait le bienheureux Dominique, à qui elle était très dévote, avec tant de larmes, qu'elle reçut dans son cœur l'assurance d'être exaucée. Cependant, pour l'éprouver, Dieu différait encore sa guérison. Elle s'en plaignit au Saint, avec une familiarité touchante, lui demandant pourquoi il tardait tant à exaucer ses prières.

Une nuit, qu'au milieu de ses douleurs elle le sollicitait avec plus d'ardeur et plus d'instance que jamais, elle fut ravie en extase, et elle vit le Saint, accompagné de deux Frères de son Ordre, ouvrir le rideau de son lit et s'avancer vers elle. Heureuse de le reconnaître, elle le supplie humblement de lui rendre la santé.

« — Pourquoi tant désirer la guérison ? » dit-il.

Elle répond :

« — C'est pour mieux servir Dieu, si toute-
« fois cela est utile à mon salut. »

« — Eh bien! au nom du Christ, étendez
« votre jambe. »

Elle assura qu'elle en était absolument incapable.

Alors le Saint, tirant de dessous sa chape un onguent merveilleux, d'un parfum incomparable, oint son corps de sa main bénie. Aussitôt la malade, se sentant parfaitement guérie, étend sa jambe et la retire.

346. Le bienheureux Père lui dit ensuite :

« — Cette onction salutaire est *précieuse*
« et *douce*, mais aussi très *difficile*. »

La jeune fille cherchant le sens de ces paroles, le Saint lui répondit :

« — Cette onction est le signe et la figure
« de l'amour de Dieu, qui est réellement *pré-*
« *cieux*, puisqu'il ne peut s'acheter à aucun
« prix, et qu'il n'y a rien de meilleur dans les
« dons de Dieu. Elle est *douce*, parce qu'il n'y
« a rien de plus doux que la charité. Elle est
« *difficile*, parce qu'elle se perd vite, si on ne
« la garde pas avec beaucoup de soin. »

La même nuit, le saint Père apparut à la sœur de la malade, au dortoir, et lui dit :

« — J'ai guéri ta sœur. »

Elle courut à elle, et la trouva bien portante et rendant grâces à Dieu et à saint Dominique.

Or, cette religieuse, en reconnaissant sur elle l'onguent dont elle avait été ointe, l'essuya avec un linge et le garda secrètement pendant plusieurs jours, par humilité. Enfin, pressée par sa conscience, elle s'en ouvrit à sa mère et à son confesseur, pour qu'ils lui apprissent ce qu'elle devait faire de cette onction si sainte qu'elle avait cachée. Lorsqu'elle la leur eut montrée, son confesseur, et sa mère, et sa sœur furent inondés d'une odeur pénétrante, si délicieuse et si extraordinaire, qu'aucun parfum ne pouvait lui être comparé [1].

1. Ce miracle, dit Gérard de Frachet, fut examiné et écrit par Fr. Yves, provincial des Frères en Terre-Sainte, homme de toute sainteté et de toute religion, plein de grâce devant Dieu et devant les hommes, excellent prédicateur en plusieurs langues, que le roi et la reine de France (saint Louis et son épouse) trouvèrent en passant outre-mer, et qu'ils aimèrent beaucoup, et dont ils firent un magnifique éloge.

CHAPITRE XIII

D'UN ENFANT RESSUSCITÉ DES MORTS

347. Il y avait en Hongrie une famille honorable dont le fils, encore dans ses plus jeunes années, entra dans la voie de toute chair et s'envola vers le ciel. Extrêmement affligés, ses parents adressèrent aux saints martyrs Cosme et Damien d'humbles et ferventes prières pour la résurrection de leur enfant ; car, entre tous les autres saints, ils avaient l'habitude d'honorer spécialement ces saints martyrs par des jeûnes, des prières, des aumônes et des offrandes. Les saints martyrs, s'appuyant sur le patronage de la bienheureuse Mère de Dieu, offrirent donc au Seigneur les vœux de leurs suppliants. Ils reçurent de l'oracle divin cette réponse que le décret du Très-Haut avait confié cette affaire à l'arbitrage de son serviteur Dominique. Interpellé alors par la Reine du ciel et par les

saints martyrs, le pieux et sage arbitre décida qu'il fallait accéder aux prières de si grands intercesseurs. Aussitôt l'enfant fut rendu à ses parents et les anges le replacèrent dans son corps.

Ce jeune homme entra dans l'Ordre de celui qui, comme arbitre, l'avait fait revivre, mais il ne dit à personne ce qui s'était passé en lui.

Mais pendant qu'il étudiait à Paris, un novice distingué fut tenté de sortir de l'Ordre, et aucune persuasion ne pouvait le retenir.

348. Alors, enflammé par le zèle de la charité, pour gagner au Seigneur son frère en péril, il lui révéla ce que les décrets de Dieu avaient fait pour lui, et il lui affirma qu'il avait vu en présence du Seigneur le bienheureux Dominique brillant entre tous d'un éclat admirable, et l'Ordre des Prêcheurs élevé au-dessus de tous par une gloire inénarrable. C'est ainsi que l'on connut ce qui avait été si longtemps caché, et le Frère, qui était tenté, se trouva consolé et resta.

Ce Frère qui avait été rendu à la vie était d'une dévotion et d'une maturité rares, continuellement appliqué et comme suspendu aux choses célestes qu'il avait goûtées. Quoiqu'il parlât rarement, il raconta cependant certaines choses très exactes sur les anges et sur la Vierge, Reine du ciel. Il dit, par exemple, que l'ange est une lumière très brillante et débordante, mais dont il ne pouvait presque rien dire auprès de ce qu'il avait compris. Il affirma aussi que la Vierge Mère de Dieu régnait avec son Fils d'une manière suréminente, et qu'elle était glorifiée en corps et en âme.

CHAPITRE XIV

DE CE QUE LES FRÈRES-MINEURS ÉCRIVIRENT ET RACONTÈRENT A NOS FRÈRES POUR L'ÉLOGE DE NOTRE SAINT PÈRE DOMINIQUE.

349. Avant que les ossements sacrés du bienheureux Dominique n'eussent été transférés du premier tombeau, deux Frères-Mineurs se rencontrèrent en voyage avec Frère Jean de Vicence, de l'Ordre des Prêcheurs. Frère Jean en prit un avec lui et adjoignit l'autre à son compagnon. Pendant qu'ils parlaient de Jésus en chemin, leur cœur devint ardent, et il naquit dans leurs âmes un sentiment de confiance mutuelle l'un pour l'autre. Entraînés par leur amour, ces saints religieux firent entre eux un pacte de charité dans le Seigneur, avec cette clause que celui qui sortirait le premier de cette vie apparaîtrait, si Dieu le lui permettait, à celui qui aurait survécu. Ces paroles échangées, ils reprirent leurs com-

pagnons et s'en retournèrent dans leurs couvents, et les deux qui avaient fait le pacte ensemble tombèrent malades.

350. Celui qui appartenait à l'Ordre des Frères-Mineurs mourut dans le Seigneur, et fut placé par les anges dans le sein d'Abraham. Frère Jean de Vicence, au contraire, se remit de son infirmité.

Après sa maladie, un jour qu'il se réveillait vers midi, un Frère-Mineur lui apparut, assis devant son lit. Il lui dit, tout effrayé :

« — Qui êtes-vous ? »

« — Je suis, répondit-il, celui qui a fait un « pacte avec vous, et je suis venu comme je « vous l'ai promis. »

Frère Jean lui dit :

« — Comment cela s'est-il passé pour vous ? »

Il dit :

« — L'amertume de la mort que j'ai endu« rée a effacé toutes mes fautes et enlevé « toutes les peines et la miséricorde de Jésus« Christ m'a conduit à la gloire. »

Et Frère Jean lui dit :

« — Qui vous a présenté au Seigneur ?

« — C'est saint François, répondit-il, qui « m'a présenté au Seigneur, comme saint « Dominique lui offre ses Frères. »

351. Lorsque la translation du corps sacré eut eu lieu, translation où, comme il a été dit, le Tout-Puissant fit paraître merveilleusement la sainteté de son serviteur par une odeur admirable, il arriva qu'un Frère de l'Ordre des Prêcheurs fit l'éloge de son saint Père [1]. Frère Nicolas de Vérone, de l'Ordre des Frères-Mineurs, qui était présent, se mit à le contredire et à l'attaquer obstinément avec beaucoup de vivacité. Or, comme Dieu corrige celui qu'il aime, une forte fièvre le saisit bientôt et le tourmenta toute la nuit. Le susdit Frère, allant le visiter, lui dit :

« — Prenez garde, mon Frère, que ce mal
« ne vous soit venu parce que vous avez blas-
« phémé le saint bien-aimé de Dieu, Domini-
« que. »

Mais lui, aveugle et obstiné, se moqua encore plus de lui, en l'entendant louer son glorieux Père.

352. Comme, vers midi, la fièvre augmentait, et qu'un feu intérieur le brûlait, devenu intelligent par la souffrance, il rentra en lui-même et dit :

---

1. Vincent de Beauvais, qui raconte aussi ce fait dans son *Miroir des exemples*, liv. XXX, chap. xii, appelle ce Frère-Prêcheur : Frère Jacobinus de Mantoue.

« — Je crains vraiment qu'en déshonorant
« le Saint, je n'aie appesanti sur moi la main
« du Seigneur qui me frappe et m'abat sous ce
« mal cruel. Je fais donc vœu à Dieu et à son
« serviteur saint Dominique, que si, par ses
« mérites, je suis délivré aujourd'hui de cette
« douleur, désormais je ne dérogerai plus
« jamais à sa gloire et je m'opposerai même
« à ceux qui y dérogeront. »

A peine avait-il fini ces paroles qu'il se sentit immédiatement délivré de toute douleur.

O admirable miséricorde de Dieu, acceptant si facilement les vœux du repentir, pour guérir ses douleurs, et augmentant la gloire de son saint, en la déclarant d'une manière si éclatante !

Frère Nicolas, après avoir éprouvé en lui-même la vertu de Dieu, fit connaître par lettres aux Frères-Prêcheurs ce qui s'était passé en lui. — Merveilleuses dispositions par lesquelles la miséricorde insondable de Dieu permet quelquefois que ses élus ne voient que ténèbres dans la lumière de la vérité, pour qu'ensuite ils y soient plus solidement affermis, et que la splendeur de la vérité projette une lumière plus éclatante.

CHAPITRE XV

D'UN FRÈRE GUÉRI

353. Un noble chevalier de Teutonie, sur le conseil d'un Frère très expérimenté de l'Ordre des Prêcheurs, avait embrassé l'Ordre et l'habit des Frères-Mineurs ; il y menait une vie très religieuse et très dévote, s'acquittait des travaux de ses Frères d'une manière très utile pour eux et avec beaucoup d'humilité, et il était aimé de tous les Frères. Quant à l'Ordre des Prêcheurs, par qui il était venu à la conversion, il l'aimait d'un amour particulier, et l'entourait de vénération et d'honneur, procurant aux Frères, quand ils venaient à la maison où il était, toutes les commodités qu'il pouvait, et leur rendant tous les devoirs de la charité. Enfin il tomba gravement malade, à tel point qu'on le crut atteint d'*éléphantiasis* [1]. Ses Frères lui portèrent la communion après

---

1. Sorte de lèpre.

Matines, comme à un homme dans un état désespéré, et lui, assoupi par sa grande faiblesse, s'endormit légèrement.

354. Il eut alors un ravissement et fut transporté dans une très belle maison, où il vit le Seigneur Jésus assis, revêtu de l'habit de l'Ordre des Prêcheurs. Cet habit était d'une merveilleuse beauté, et surtout le vêtement blanc de dessous était d'une blancheur éclatante qui enchantait les yeux. Auprès du Seigneur étaient tous les apôtres et quelques-uns des prophètes, les saints évêques Martin et Nicolas et beaucoup de docteurs. Il y avait aussi le bienheureux Frère François, avec beaucoup de saints de son Ordre.

Dans ce ravissement, ce saint et simple Frère remarqua aussi les deux hommes éminents qui avaient été Maîtres et Pères de l'Ordre des Prêcheurs, Jourdain et l'évêque Jean ; et, en outre, à côté de ces Maîtres, il reconnut les prieurs Jean de Magdebourg, Zacharie d'Halberstadt, Gotescalc de Leipzig. Or, il s'étonnait en lui-même que, dans une si grande multitude de saints Prêcheurs, il ne vît pas le Frère Wichman de Répin [1], prieur, mort

---

1. Peut-être Reppen, petite ville de Prusse, non loin de Francfort-sur-l'Oder.

depuis peu, qu'il avait connu comme un saint. Le Père Wichman, se levant alors tout à coup, lui montra en lui la gloire excellente dont il jouissait.

355. Le Sauveur, qui présidait, dit à haute voix :

« — Dominique ! Dominique ! »

Et saint Dominique, se levant, répondit :

« — Me voici, Seigneur. »

Et le Seigneur lui montrant le malade :

« — Voici, lui dit-il, un homme qui t'aime,
« toi et les tiens. Prends-le donc, en même
« temps que douze légions d'anges, et fais-lui
« prendre un bain dans une eau salutaire, et
« souviens-toi de procurer toujours le bien-
« fait de la santé à tous ceux qui aiment ton
« Ordre. Lorsque tu l'auras baigné, revêts-le
« des habits de son Ordre. »

Saint Dominique, prenant donc le malade, le baigna dans une baignoire d'or, avec l'assistance des anges, et dans ce bain, comme le malade l'attesta lui-même, il éprouva une grande jouissance. Lorsqu'il eut été ainsi baigné, selon l'ordre du Seigneur, et qu'il eut revêtu l'habit de son Ordre, le bienheureux Dominique lui dit :

« — Prends douze lettres, et porte-les au

« Chapitre d'Hildesheim, pour qu'on les envoie
« aux douze provinces de mon Ordre, et que
« tout le monde connaisse le miracle qui a été
« opéré en toi. »

Il avait entendu dire que le Chapitre avait été convoqué à Sosatum [1], et il apprit alors qu'il avait été transféré pour cause à Hildesheim.

356. Après avoir serré sur lui ces lettres, il

---

1. *Sosatum*, ou *Solatum*, probablement la même chose que *Susatum*, ville de Westphalie, qui a donné son nom à un historien de l'Ordre des Frères-Prêcheurs, Jacques de *Susatum*. Echard, parlant de cet auteur, dit qu'« il s'appelait « ainsi du lieu de sa naissance, vulgairement Soez ou Zoet, « en Westphalie, ville assez connue entre Münster et Mars-« burg, à quinze lieues de Cologne. » Cette ville, qui fut autrefois impériale et hanséatique, et qui est encore une belle et riche petite ville des Etats Prussiens, s'appelle actuellement Soest.

On ne trouve aucun Chapitre de ce nom qui se soit réuni de 1220 à 1230. Cependant, comme il paraît très difficile que Thierry d'Apolda ait mentionné un Chapitre purement fantastique, il est permis de supposer qu'il s'agissait là d'un Chapitre Général, non pas des Frères-Prêcheurs, mais des Frères-Mineurs. En effet, le miraculé appartenait à cet Ordre ; il était assez naturel que le Saint l'envoyât au Chapitre Général des Franciscains. La question des lettres à adresser aux douze provinces dominicaines s'explique facilement. A cette époque où la poste ne fonctionnait pas régulièrement, on profitait de toutes les occasions pour envoyer des lettres. Quoi de plus simple que de donner à douze membres du Chapitre Général des Frères-Mineurs des lettres pour les Provinciaux des Frères-Prêcheurs ? Du reste tout cela n'était qu'un songe, qui devait seulement offrir une certaine vraisemblance. Ces douze lettres n'existèrent jamais : le miracle fut raconté aux Frères-Prêcheurs d'une manière tout à fait secrète. Resterait à savoir si au XIIIᵉ siècle les Frères-Mineurs transférèrent un Chapitre Général de Soest à Hildesheim.

s'éveilla et revint à lui. Et comme, pour chercher ses lettres, il tournait ses mains çà et là, il sentit que son corps, qui avait été plein d'ulcères, comme celui d'un lépreux, était revenu entièrement à la santé. Remarquant en lui cette santé et cette force, il se leva bien portant, entra à l'église et y rendit grâces à Notre-Seigneur Jésus-Christ, Sauveur de tous.

Le matin, les Frères qui l'avaient cru près de mourir le trouvèrent à son travail habituel. Et lui ayant demandé la cause de sa guérison, il répondit :

« — Les saints m'ont guéri. »

Lui-même, après sa guérison, raconta aux Frères-Prêcheurs, avec une grande humilité, et sous le plus grand secret, toute l'histoire de sa vision. Ce prodige arriva au diocèse d'Havelsburg, dans la ville qu'on appelle Kyriz [1].

357. Frère Louis le Teutonique, de sainte mémoire, qui avait été gardien dans son Ordre

---

1. *Havelberg*, petite ville de la Régence de Postdam, en Prusse, est construite sur une île formée par le Havel, près du confluent de l'Elbe avec cette rivière ; elle a encore une très belle cathédrale. — *Kyritz* est aussi une petite ville de la Régence de Postdam, en Prusse ; il y a aux environs trois lacs qui communiquent par un canal.

et qui aimait sincèrement les Prêcheurs, leur raconta cette histoire :

Il y avait un prêtre, dans un Ordre religieux très renommé, qui, célébrant la messe à la fête du bienheureux Père Dominique, refusa de réciter, dans l'oblation de l'hostie salutaire, l'évangile *Vos estis sal terræ* [1] assigné à son office, et qui convient proprement aux docteurs et aux hommes apostoliques.

A l'anniversaire du même bienheureux Père, le même Frère, s'obstinant dans son erreur, célébra, il est vrai, la messe de saint Dominique, mais il laissa de côté ledit évangile.

Or, le Dieu Tout-Puissant, qui corrige avec bonté les âmes pieuses, ne voulut pas laisser son serviteur dans cette folle et coupable erreur. Au moment où, selon la coutume de son Ordre, il aurait dû prendre le sacrement du corps du Seigneur, déposé sur la patène, il trouva toute la patène couverte d'une masse effrayante de sel. Il apprit ainsi, en se voyant contraint de prendre un sel amer à la place du doux sacrement, que le bienheureux Dominique avait été assaisonné du sel de la divine sagesse et de la doctrine apostolique. Il se repentit

---

1. Vous êtes le sel de la terre.

donc, et, après s'être égaré par erreur, il conçut un brûlant amour pour lui.

358. Il arriva dans un autre couvent du même Ordre que certains religieux, séduits par un esprit malfaisant d'erreur, se mirent à déblatérer contre le saint de Dieu, Dominique, et à rabaisser ses mérites. Il y avait parmi eux un Frère dévoué à Dieu et bon, qui avait préservé sa langue de ce mal du blasphème.

Saint Dominique lui apparut et lui dit :

« — Dis au Gardien et à tes Frères d'empor« ter d'ici tout ce qu'ils voudront conserver, car
« je vais mettre le feu à cette maison, pour
« punir les blasphèmes dont ils m'attaquent.
« La sentence de la divine justice est portée
« contre eux à cause de cela. »

Quand il rapporta ces choses aux Frères, ceux-ci se moquèrent de lui et le traitèrent de visionnaire. Aussi, un jour où ils ne le croyaient pas et à l'heure où ils n'y pensaient pas, le feu vint, comme il avait été prédit, et tout fut consumé.

359. Pensant que c'était là un effet du hasard, et non de la vengeance divine, ils commencèrent à rebâtir, sans se repentir de leur péché. Ils élevèrent de petites constructions, basses et à peine habitables, mais sans

vouloir rentrer en eux-mêmes ni regretter ce qu'ils avaient fait. Lorsque ce fut fini, saint Dominique apparut une seconde fois au Frère auquel il s'était déjà montré auparavant, et il lui dit :

« — Dis aux Frères de retirer de ces petites
« constructions tout ce qu'ils ont, car je vais
« détruire leur demeure par le feu, en punition
« de leurs blasphèmes. »

Lorsqu'il rapporta ces choses aux Frères, ceux-ci regardèrent ses paroles comme des rêveries. Aussi, parce qu'ils n'avaient pas cru à Dieu, le feu éclata à l'improviste, comme la première fois, mais avec beaucoup plus de fureur et de ravages, et la flamme dévora tout.

Malgré cela, ils ne rentrèrent pas encore en eux-mêmes, et ils attribuèrent au hasard la punition de leurs blasphèmes.

360. Ils construisirent donc de nouveau ; mais leur ouvrage, manquant de la base du repentir pour ce qu'ils avaient fait, ne pouvait être durable. Quand les constructions eurent été renouvelées d'une manière convenable, le saint Père Dominique apparut une troisième fois à ce dévot Frère et lui dit :

« — Il faut encore que je vous punisse et
« que je venge sur vous mon injure. »

Le bon Frère lui dit :

« — Epargnez-nous, ô tendre Père, nous « sommes déjà devenus si paûvres ! »

Le saint Père lui dit :

« — La justice de Dieu exige que je tire de « vous une triple vengeance. »

Après cela, un feu envoyé par le Seigneur consuma tout ce qu'ils avaient, jusqu'aux fondements, ne leur laissant absolument rien. — S'ils avaient entendu la voix du Seigneur et qu'ils n'eussent pas endurci leurs cœurs, s'ils s'étaient convertis et qu'ils eussent fait pénitence, Dieu aurait été indulgent pour leur péché et il n'aurait pas détruit leurs demeures.

Que l'homme terrestre n'ouvre donc pas la bouche contre le ciel [1], pour parler mal des saints, car ils sont entrés dans la puissance du Seigneur, ils tiennent en main des glaives pour se venger de leurs ennemis et pour fouler aux pieds la tête des rois. Ils jugeront les nations et ils domineront les peuples. Si nous le voulons, nous pouvons, par une humble dévotion et une respectueuse supplication,

---

1. Ps. LXXII. *Posuerunt in cælum os suum, et lingua eorum transivit in terra* : Ils ont ouvert la bouche contre le ciel (par leurs blasphèmes), et leur langue a fait le tour de la terre (par ses calomnies).

nous en faire des amis et de bienveillants protecteurs, et par là être reçus, avec eux et par eux, dans les tabernacles éternels, où nous nous réjouirons dans le repos de l'opulence [1].

1. Les Bollandistes doutent de la vérité de ce récit, parce que Thierry d'Apolda n'a cité ni le lieu ni le temps où cela se serait passé. — Il est plus probable qu'il ne l'a pas fait par discrétion et par égard pour l'Ordre religieux auquel appartenaient les coupables.

CHAPITRE XVI

DE L'ABBÉ DITHMAR, DE L'ORDRE DE CÎTEAUX

361. En Thuringe, province d'Allemagne, dans un monastère de l'Ordre de Cîteaux, qui s'appelle Volkolderode [1], au diocèse de Mayence, il y avait un vénérable abbé nommé Dithmar, entièrement religieux et dévot, et de mœurs les plus suaves. Par respect pour sa sainteté, ecclésiastiques et séculiers, princes et nobles, clergé et peuple, tout le monde l'honorait et le chérissait. Il brillait au milieu de tous les Pères et les Frères de cet Ordre, dans ce pays, comme un soleil au milieu des astres. On admirait sa taille élégante et majestueuse, son grand air de bienveillance, son langage doux et affable, sa compassion pour les pauvres et les affligés, sa dévotion et son humilité à l'égard des moines, sa sollicitude pour l'observance de l'Ordre

---

1. Ou Volbrorde.

et pour la paix, son industrie et sa discrétion pour procurer l'avantage du monastère.

362. Ce glorieux Père, aimé de Dieu et également cher aux hommes, ressentait une dévotion particulière pour le bienheureux Dominique, et son cœur embrassait dans les bienfaits de sa charité tous ceux qui appartenaient à l'Ordre institué par lui. Souvent il donnait de larges aumônes aux couvents de cet Ordre les plus rapprochés, et, malgré cela, il consacrait encore quelques douceurs particulières aux Frères avec qui il était lié plus intimement.

Tandis qu'il s'adonnait à ces bonnes œuvres sans jamais se lasser, il arriva qu'en se rendant au Chapitre général, il tomba gravement malade dans un couvent de son Ordre. Le médecin qui vint le visiter, ayant considéré les circonstances de sa maladie, désespéra de le sauver et déclara qu'il mourrait bientôt. Malgré ces paroles, le cœur de l'abbé avait toujours confiance dans le Seigneur et dans les mérites de saint Dominique, son serviteur.

Il était accablé de faiblesse et plein d'anxiété, sur son lit, lorsque, en s'éveillant, il vit saint Dominique entrer auprès de lui avec un autre Frère. Saint Dominique s'assit à la tête du lit, et son compagnon au pied, à l'opposé. L'abbé pensait que c'étaient des Frères qui étaient venus pour le visiter, et il ne reconnaissait pas saint Dominique.

Alors, saint Dominique dit au malade :

« — Prends courage dans le Seigneur, abbé,
« et que ton cœur ne s'effraie pas, tu ne
« mourras pas, mais tu vivras et tu vas être
« guéri immédiatement de cette infirmité. »

Le malade lui dit :

« — D'où savez-vous cela, mon ami ? »

Le Saint répondit :

« — Je suis Dominique, serviteur du Très-
« Haut ; c'est moi qui ai fondé l'Ordre des
« Prêcheurs, que tu as toujours aimé d'un
« cœur sincère jusqu'à présent ; et mainte-
« nant je suis envoyé par le Seigneur pour
« t'annoncer cette joyeuse nouvelle de ta
« guérison. »

363. En entendant que c'était Dominique, l'abbé se réjouissait extrêmement, dans l'espérance de s'entretenir plus longuement avec ce Père chéri. Mais déjà le Saint s'était retiré et avait disparu.

Cependant l'abbé, réconforté par saint Dominique, recouvra entièrement la santé et fut **guéri**.

Le lendemain, le médecin, qui l'avait cru près de mourir, revint le voir et lui demanda comment il avait échappé à la mort qui le menaçait.

L'abbé lui dit :

« — Ce n'est pas l'art de la médecine ter-
« restre, c'est la grâce d'une onction céleste
« qui m'a guéri. »

L'abbé Dithmar vécut encore plusieurs années par la suite, portant un culte spécial à la bienheureuse Vierge Marie, Mère de Dieu, et la servant très dévotement. Il ne cessa de faire des progrès dans toute sorte de bien, et sa charité affectueuse pour les Frères-Prêcheurs s'accrut encore : sur son lit de mort il les recommanda encore très instamment à son successeur. Il mourut enfin, à un âge très avancé, après une vie sans tache et avec une dévotion admirable, l'an du Seigneur 1293, le 5 des ides d'octobre [1].

---

[1]. Le 11 octobre 1293.

CHAPITRE XVII

COPIE DE LA LETTRE QUE LE SEIGNEUR PAPE GRÉGOIRE IX ENVOYA DANS TOUTE L'ÉGLISE TOUCHANT LA CANONISATION DE NOTRE TRÈS SAINT PÈRE DOMINIQUE, VÉNÉRABLE CONFESSEUR [1].

364. « Grégoire, serviteur des serviteurs de
« Dieu, à nos vénérables frères les archevê-
« ques et évêques, et à nos chers fils les ab-
« bés, doyens, archidiacres, prévôts, prieurs
« et autres prélats des églises à qui ces lettres
« parviendraient, salut et bénédiction aposto-
« lique.

« La source de la sagesse, le Verbe du
« Père, dont la nature est bonté, dont l'œuvre
« est miséricorde, qui rachète et qui régénère
« ceux qu'il a créés, et veille jusqu'à la con-
« sommation des siècles sur la vigne qu'il a

[1]. *Vie de saint Dominique*, par le Révérend Père Lacordaire, chap. XVIII.

« tirée d'Egypte, Notre-Seigneur Jésus-Christ,
« fait paraître de lui de nouveaux signes, à
« cause de l'instabilité des esprits, et change
« les miracles à cause des défiances de l'in-
« crédulité.

365. « Au commencement de l'Eglise nais-
« sante, après la mort de Moïse, c'est-à-dire
« à l'expiration de la loi, il monte sur le char
« à quatre chevaux de l'Evangile, accomplis-
« sant les serments qu'il avait jurés à nos
« pères, et ayant en main cet arc de la parole
« sainte, qu'il avait tenu bandé pendant tout
« le règne des Juifs, il s'avance au milieu des
« flots de la mer, dans cette vaste étendue
« des nations, dont le salut était figuré par
« l'étoffe écarlate de Rahab ; il va fouler aux
« pieds la confiance de Jéricho, la gloire du
« monde, et celui qu'à l'étonnement des peu-
« ples il a déjà vaincu par le premier frémis-
« sement de la prédication.

366. « Le prophète Zacharie [1] avait vu ce
« char à quatre chevaux sortir quatre fois
« d'entre deux montagnes d'airain. Le premier
« char avait des chevaux roux, et en eux nous
« étaient représentés les maîtres des nations,

---

1. Ch. vi.

« les forts de la terre, ceux qui, se soumettant
« par la foi au Dieu d'Abraham, le père des
« croyants, ont, à l'exemple de leur chef, et
« pour assurer les fondements de la foi, teint
« leurs habits dans Bosra, c'est-à-dire dans
« les eaux de la tribulation, et rougi de leur
« sang tous les signes de leur milice, et qui,
« devenus martyrs, c'est-à-dire témoins de la
« loi nouvelle, ont souscrit le livre par la voix
« de leur confession, ajouté à leur confession
« le poids de leurs miracles, consacré le livre
« et le tabernacle, ouvrage de Dieu et non de
« l'homme, et tous les vases du ministère
« évangélique, par le sang d'hosties raison-
« nables substitué au sang des animaux, et
« jetant enfin le filet de la prédication sur la
« vaste étendue des mers, ont formé, de tou-
« tes les nations qui sont sous le ciel, l'Eglise
« de Dieu, multipliée au delà du nombre des
« grains de sable de la mer.

367. « Mais parce que la multitude a engen-
« dré la présomption, et que la malice est
« née de la liberté, le second char a paru avec
« des chevaux de couleur noire, symbole de
« deuil et de pénitence ; et en eux nous était
« représenté ce bataillon conduit par l'Esprit
« au désert, sous la direction du très saint

« Benoît, nouvel Elisée du nouvel Israël, ba-
« taillon qui rendit aux enfants des prophètes,
« avec les charmes de la société et d'une
« cohabitation agréable, le bien de la vie
« commune perdu au milieu de la multitude,
« qui rétablit le filet rompu de l'unité, et se
« répandit par les bonnes œuvres jusqu'en
« cette terre de l'aquilon d'où vient tout le
« mal, et fit reposer dans les cœurs contrits,
« qui ont pénétré dans les trésors de la neige,
« celui qui n'habite point dans les corps sou-
« mis au péché. Après cela, comme pour ré-
« créer les troupes fatiguées, et faire succéder
« la joie aux lamentations, le troisième char
« est venu avec des chevaux blancs, c'est-à-
« dire avec les Frères des Ordres de Cîteaux
« et de Flore, qui, semblables à des brebis
« tondues et chargées des fruits de la double
« charité, sont sortis du bain de la pénitence,
« ayant à leur tête saint Bernard, ce bélier
« revêtu d'en haut de l'esprit de Dieu, qui les
« a menés dans l'abondance des vallées cou-
« vertes de froment, afin que les passants
« délivrés par eux crient avec force au Sei-
« gneur, chantent des hymnes et asseoient sur
« les flots le camp du Dieu des batailles.

368. « C'est avec ces trois armées que le

« nouvel Israël s'est défendu contre un pareil
« nombre de Philistins. Mais, à la onzième
« heure, lorsque le jour penchait déjà vers
« le soir, et que, la charité s'étant refroidie
« dans l'iniquité, le Soleil de justice descendait
« lui-même au couchant, le Père de famille
« a voulu rassembler une milice plus propre
« encore à protéger la vigne qu'il avait plantée
« de sa main, et cultivée par des ouvriers
« loués en différents temps, laquelle, néan-
« moins, n'était plus seulement embarrassée
« de ronces et d'épines, mais presque démolie
« par une multitude ennemie de petits renards,
« qui voulaient lui faire contracter l'amertume
« d'une vigne sauvage. C'est pourquoi, comme
« nous le voyons présentement, à la suite des
« trois premiers chars différents par leurs
« symboles, Dieu a suscité, sous la figure du
« quatrième char attelé de chevaux forts et
« de couleur variée, les légions des Frères
« Prêcheurs et Mineurs, avec leurs chefs
« armés pour le combat. L'un de ces chefs
« fut saint Dominique, homme à qui Dieu
« avait donné la force et l'ardeur de la foi,
« et au cou duquel il avait attaché, comme au
« cheval de sa gloire, le hennissement de la
« divine prédication. Dès l'enfance, il eut un

« cœur de vieillard, pratiqua la mortification
« de la chair et rechercha l'auteur de la vie.
« Consacré à Dieu comme un Nazaréen sous
« la règle du bienheureux Augustin, il imita
« Samuel dans le service assidu du temple,
« et continua Daniel dans la ferveur de ses
« religieux désirs. Athlète courageux, il sui-
« vait les sentiers de la justice et la voie des
« saints, ne se reposait pas même un moment
« de la garde du tabernacle et des offices de
« l'Eglise militante, soumettait la chair à l'es-
« prit, les sens à la raison, et, transformé en
« un seul esprit avec Dieu, s'efforçait de se
« perdre en lui par l'excès de la contempla-
« tion, sans diminuer dans son cœur et dans
« ses œuvres l'amour du prochain. Pendant
« qu'il blessait à mort les délices de la chair,
« et qu'il transperçait les cœurs endurcis des
« impies, toute la secte des hérétiques trem-
« bla, toute l'Eglise des fidèles tressaillit.

369. « La grâce, cependant, croissait en
« lui avec l'âge, et le zèle du salut des âmes
« l'enivra d'une ineffable joie ; non content de
« s'être donné tout entier à la parole de Dieu,
« il convertit au ministère évangélique un si
« grand nombre d'hommes, qu'il mérita d'a-
« voir un nom et une œuvre dans la terre des

« patriarches. Devenu pasteur et prince parmi
« le peuple de Dieu, il institua par ses mérites
« un nouvel Ordre de prédicateurs, le régla
« par ses exemples et ne cessa de le confirmer
« par d'évidents et authentiques miracles. Car,
« outre les signes qui manifestèrent sa puis-
« sance et sa sainteté durant le cours de sa
« vie mortelle, il rendit la parole aux muets,
« la vue aux aveugles, l'ouïe aux sourds,
« l'action aux paralytiques, la santé à une
« foule de malades, et il parut clairement à
« tous ces prodiges quel était l'esprit qui
« animait la glèbe de son très saint corps.

370. « Nous donc qui l'avons connu familiè-
« rement au temps que nous occupions une
« moindre charge dans l'Eglise, et qui avons
« eu, dans le spectacle même de sa vie, une
« insigne preuve de sa sainteté, maintenant
« que des témoins dignes de foi nous ont
« attesté la vérité de ses miracles, nous
« croyons, avec le troupeau du Seigneur
« confié à nos soins, que, grâce à la miséri-
« corde de Dieu, il pourra nous être utile par
« ses suffrages, et qu'après nous avoir con-
« solé sur la terre par son aimable amitié, il
« nous aidera dans le ciel de son puissant
« patronage. C'est pourquoi, du conseil et du

« consentement de nos Frères et de tous les
« prélats assistant alors le Siège apostolique,
« nous avons résolu de l'inscrire au livre des
« saints, et nous statuons fermement et vous
« ordonnons à tous, par les présentes, de
« célébrer et de faire célébrer sa fête avec
« solennité aux Nones d'août[1], la veille du
« jour où il déposa le fardeau de la chair,
« et pénétra, riche en mérites, dans la cité
« des saints, devenu semblable à eux par la
« gloire, afin que le Dieu qu'il honora vivant,
« touché de ses prières, nous accorde la
« grâce dans le siècle et la gloire dans le
« siècle futur.

371. « Voulant, en outre, que la sépulture
« de ce grand confesseur, laquelle illustre
« l'Eglise catholique par d'éclatants miracles,
« soit dignement fréquentée et vénérée par
« les chrétiens, nous accordons à tous les
« fidèles pénitents et confessés qui la visi-
« teront chaque année avec dévotion et res-
« pect au jour de la fête du Saint la remise

---

1. Le 5 août. Le 6, le jour où le Saint était mort, était occupé par la fête de saint Sixte, pape et martyr. C'est pourquoi le Souverain-Pontife fixa sa fête au 5 août. Plus tard, ce jour ayant été consacré par Clément VIII à la fête de Notre-Dame des Neiges, la fête de saint Dominique fut reportée au 4 août, qu'elle occupe encore actuellement dans le calendrier.

« d'un an de pénitence, nous confiant, pour
« cela, dans la miséricorde du Dieu tout-
« puissant et dans l'autorité des bienheureux
« apôtres Pierre et Paul. — Donné à Riéti, le
« 5 des Nones de septembre, la huitième
« année de notre pontificat [1]. »

1. Les Bollandistes, d'accord avec Echard, rectifient ainsi cette date : « Donné à Riéti, le 5 des Nones de juillet » (11 juillet 1234). C'est en effet ce qu'on lisait encore dans la bulle authentique conservée à Toulouse dans le couvent des Pères Dominicains. Cependant, il serait possible que les deux dates fussent également vraies. La chancellerie romaine faisait souvent plusieurs *originaux* d'une Bulle. Si, ce que l'on peut supposer, elle donnait à chacun de ces originaux, non pas la date du premier, mais celle du lieu et du jour où chacun avait été fait, les plombs et les signatures autographes se trouvant répétés sur chacun, il y avait alors différentes dates sur les différents originaux, qui étaient tous également officiels. — La traduction de cette longue et éloquente bulle de Grégoire IX est empruntée (sauf quelques mots qui avaient été omis) à la *Vie de saint Dominique*, par le Révérend Père Lacordaire.

CHAPITRE XVIII

SUITE DES RÉVÉLATIONS FAITES A DES PERSONNES DÉVOTES, EN DIFFÉRENTS ENDROITS, SUR LES SAINTS PATRIARCHES DOMINIQUE ET FRANÇOIS, ET SUR LES ORDRES FONDÉS PAR EUX.

372. Il m'a semblé, opportun et convenable d'insérer ici ce que l'Esprit-Saint a daigné révéler à ses fidèles, pour la gloire de ses saints Dominique et François, nos Pères, ainsi que des Ordres fondés par eux.

La révélation qui suit est tirée des Actes de saint Isidore de Séville ; elle fut montrée du ciel vers le commencement des Ordres des Frères Mineurs et Prêcheurs, lorsque saint François et saint Dominique vivaient encore dans la chair, pour faire comprendre leur mérite et les accréditer l'un et l'autre. L'historien qui racontait les miracles de saint Isidore, alors remarquable par ses grands prodiges, l'a transmise au Seigneur Jacques, évêque de Tusculum [1], en ces termes :

373. « Il est venu ici un ermite du pays des Asturies, nommé Jean, qui est fameux dans nos contrées par sa merveilleuse abstinence. Il a avoué qu'il était envoyé par le bienheureux Isidore, et il m'a ordonné d'écrire, en présence de quelques Frères-Prêcheurs, ce qu'il racontait, de cette manière :

« Lorsque j'étais en prières, à la neuvième
« heure du jour [2], je vis la ressemblance d'un
« corps d'une admirable beauté, ayant six
« ailes, deux qui s'élevaient au-dessus de sa
« tête, deux dont il se servait pour voler, et
« deux dont tout le corps était couvert. La
« tête était Jésus-Christ, Fils de Dieu ; son
« visage étincelait comme un soleil éblouis-
« sant ; à l'entour brillait un diadème d'or. Sur
« la partie supérieure du diadème resplendis-
« sait la face du bienheureux Pierre, prince des
« Apôtres, et celles des Pontifes romains, ses
« successeurs ; sur le dos apparaissaient, en
« ordre, les visages éclatants de gloire de Paul,

---

1. Le cardinal Jacques, de Vitry, fut nommé par Grégoire IX à l'évêché de Tusculum (ou Frascati) en 1228.
2. Trois heures après midi ou, plus exactement, l'heure extrêmement variable qui est juste entre midi et le coucher du soleil, et à laquelle on peut dire les matines du lendemain.

« de Jacques et des autres apôtres et évangé-
« listes. A gauche se tenaient les patriarches
« et les prophètes de l'Ancien Testament,
« parmi lesquels Abraham, Moïse et David
« se distinguaient par leur beauté : la place de
« Salomon restait vide, bien qu'elle fût marquée
« et ornée de différentes pierres précieuses.

374. « Entre le visage et la poitrine de
« l'apparition se détachait, plus élevée, la face
« de la Mère de Dieu, Marie, avec une clarté
« et une gloire ineffables, ayant d'un côté
« Jean-Baptiste et de l'autre Jean apôtre et
« évangéliste. Sur les ailes étaient les douze
« docteurs de l'Eglise ; sur les ailes les plus
« élevées, Augustin et Jérôme, tenant des
« livres et des fioles d'or ; sur les ailes du
« milieu, Grégoire, avec des flèches de feu et
« un arc bandé, et Isidore de Séville, avec un
« feu et un glaive à deux tranchants qui lan-
« çait des éclairs ; sur les ailes qui recou-
« vraient le corps, Ambroise et Hilaire, tenant
« des encensoirs d'or, d'où la fumée des
« parfums montait avec une odeur très suave
« en présence du Seigneur. L'encensoir et
« l'odeur de l'encens, en se répandant sur la
« terre, faisaient ressusciter plusieurs morts [1].

1. Il est curieux de voir dans le nombre des docteurs cités

375. « Chacun de ces docteurs était sur une
« des ailes, et auprès d'eux on voyait le visage
« des saints dont les corps reposent dans les
« provinces où ces mêmes docteurs ont sur-
« tout enseigné la parole de vie. Toutes les
« ailes étaient embellies de pierres précieuses
« et de couleurs diverses, et l'on y voyait une
« multitude de visages de saints. — A l'en-
« droit des épaules, où les ailes supérieures
« se joignaient à celles du milieu, se mon-
« traient l'évêque Martin, tenant l'Evangile de
« Jésus-Christ, et Nicolas de Myre, avec l'An-
« cien Testament. — A l'endroit où les ailes
« du milieu se joignaient à celles qui recou-
« vraient le corps, étaient Benoît et Bernard,
« tenant en main des lampes éblouissantes. —
« L'apparition était d'une grandeur et d'une
« beauté merveilleuses, ses mains longues et
« blanches, ses pieds droits et enflammés, et
« sous ses pieds étaient deux roues de feu,
« envoyant de toutes parts des rayons écla-
« tants. L'esprit de vie était dans les roues,
« ainsi que le visage de l'homme.

ici saint Hilaire, qui ne reçut officiellement ce titre qu'en 1852, de la bouche de Pie IX. Les six autres docteurs qui complétaient le nombre de douze, et qui ne sont pas nommés dans cette vision, étaient probablement des docteurs de l'Eglise grecque.

376. « Quand l'apparition volait en l'air, elle « se portait en un instant de l'occident à « l'orient, du septentrion au midi, et elle reve- « nait de nouveau à sa première place. Quand « elle descendait vers la terre, c'étaient les « bienheureux François et Dominique, les « premiers de l'Ordre des Frères-Prêcheurs « et de l'Ordre des Mineurs, eux aussi armés « de six ailes, qui la conduisaient. François « avait une corde attachée aux roues à l'in- « térieur, et Dominique une chaîne d'or égale- « ment attachée aux roues. La corde de Fran- « çois était triple et de trois couleurs, rouge, « blanche et verte ; son aspect ressemblait à « la foudre ; celui de Dominique était blanc « comme la neige ; leur action consistait à « rendre la vie aux morts, la santé aux ma- « lades, et à décorer l'Eglise du Christ. Or, « les yeux du Seigneur, ceux des Apôtres et « des évangélistes, des patriarches et des six « docteurs qui régissaient les six ailes, étaient « continuellement fixés sur François et Do- « minique.

377. « Les roues étaient mobiles, et elles « roulaient avec autant de rapidité sur la terre « qu'elles en avaient en volant dans l'air. Quand « l'apparition s'avançait sur la terre, les traces

« des roues s'imprimaient sur les pierres qui
« s'amollissaient comme de la cire ; quand elle
« s'avançait dans des lieux pleins et arides, les
« traces des roues étaient toutes mouillées,
« comme si l'eau en eût coulé à flots ; dans
« les mers et les fleuves, les traces des roues
« restaient enflammées ; dans les endroits ma-
« récageux, on n'en voyait aucunes traces mar-
« quées, à moins que la boue, en se desséchant,
« ne les eût rendus arides. Quand l'apparition
« volait, François et Dominique la suivaient et
« lui aidaient de toutes leurs forces. Les ailes
« supérieures rendaient un son semblable à
« celui d'instruments de musique, les ailes du
« milieu résonnaient comme les trompettes et
« les cors qui excitent au combat, les ailes
« qui couvraient le corps avaient un son comme
« celui des grandes eaux. Le son des roues
« était semblable au bruit des tambours et des
« forgerons qui frappent sur l'enclume.

378. « Je regardais, et voilà qu'un dragon
« d'une grandeur énorme, un coq et beaucoup
« de renards, ayant l'aspect de femmes et de
« différentes bêtes, poursuivaient l'apparition.
« Et tous leurs efforts consistaient à détruire
« et à effacer de toutes leurs forces les traces
« imprimées par les roues. Tandis donc que

« François et Dominique conduisaient l'appari-
« tion dans le monde entier avec un très grand
« soin et une très douce harmonie, tandis que
« sur la terre, dans toutes les rues [1], chacun
« chantait mélodieusement : *Alleluia,* le dra-
« gon s'attacha aux roues et arrêta la course
« de l'apparition pendant près d'une demi-
« heure [2]. Alors François et Dominique, affli-
« gés, en quelque sorte, pour l'apparition, exci-
« tèrent un tumulte contre le dragon ; le son
« de la trompette et le cri de guerre retenti-
« rent dans toutes les ailes et les roues, et au-
« près de François et de Dominique accouru-
« rent une armée de peuples et une multitude
« innombrable de princes, qui, poussant l'ap-
« parition contre le dragon, brisèrent la tête à
« ce dernier et le firent périr. De la tête du
« dragon, François et Dominique firent sortir

---

1. Allusion au relèvement de Jérusalem, prédit par Tobie (XIII, 22). « Les portes de Jérusalem seront faites de saphir et d'émeraude, et toute l'enceinte de ses murs, de pierres précieuses. Toutes ses places seront pavées de pierres blanches et pures, et dans ses rues on chantera *Alleluia.* « *Et per vicos ejus alleluia cantabitur.* »

2. Cette apparition, dont la tête est Jésus-Christ, et qui parcourt le monde sur ses roues de feu, en faisant chanter partout : *Alleluia,* désigne incontestablement l'Église. Sa course, interrompue par le démon de l'hérésie, allait être rétablie par les efforts combinés de saint Dominique et de saint François.

« une multitude d'étoiles qui embellirent extrê-
« mement l'apparition.

« A cette vue, le coq, désolé d'avoir, autant
« qu'il l'avait pu, effacé les traces des roues,
« vola à l'endroit d'où il était tombé et prit
« place sur la poitrine de l'apparition [1]. Et tous
« les saints, avec des chants de joie, louèrent
« le Seigneur, disant en grec et en latin :
« *L'empire est au Seigneur, et c'est lui qui*
« *régnera sur les nations* [2].

379. « Ensuite, tandis que tout semblait jouir
« d'une tranquillité parfaite, une bête terrible
« sortit de l'abîme. Par devant elle ressemblait
« à une femme, par derrière à un lion, et elle
« avait des cornes de fer dorées sur la tête.
« Elle proférait des paroles douces et agréa-
« bles, et sa langue de vipère versait secrète-
« ment des poisons. Elle s'approcha traîtreu-
« sement de l'apparition, brisa la chaîne de
« Dominique et la corde de François, et ren-

---

1. Gracieuse image de la conversion de presque toute la France du midi, et de la place d'honneur qu'elle devait occuper dans l'Eglise. L'hérésie albigeoise avait infecté tout le Midi, lorsque saint Dominique fut envoyé de Dieu pour la combattre.

2. Saint Louis, roi de France, s'intitulait lui-même le « sergent du Christ » ; et Jeanne d'Arc, deux siècles plus tard, écrivait au roi Charles VII qu'il n'était que le « lieutenant » du roi des cieux, unique et véritable roi de France.

« versa en partie les roues. Le bélier se réjouit
« de voir la bête, et il reçut d'elle une cou-
« ronne d'airain dorée. Les renards s'atta-
« chèrent à la bête et mirent en elle leur con-
« fiance. L'apparition fut assombrie, et la bête
« tua une partie de l'armée des saints. Mais
« François et Dominique, se souvenant des
« ruses de la bête, prirent de la main de Gré-
« goire l'arc et les flèches, de celle d'Isidore
« le glaive, et combattirent énergiquement la
« bête. Les jours de la bête furent abrégés, et
« un feu, envoyé par le Seigneur, dévora la
« bête et beaucoup de renards [1].

380. « L'apparition devint plus belle encore,
« et elle étendit ses ailes jusqu'aux extré-
« mités de la terre. Ses roues furent rétablies,
« et la corde de François et la chaîne de
« Dominique furent attachées d'une manière
« indissoluble, et elles rayonnèrent d'un éclat
« sept fois plus grand. Les renards s'évanoui-

---

1. Cette bête serait-elle la figure de Frédéric II, qui fit une guerre si terrible à l'Eglise, et dont toute la postérité fut effacée du sol, après la mort malheureuse de l'empereur excommunié en 1250 ? — Ou bien, voyant plus loin dans l'avenir, le prophète aurait-il entrevu le grand schisme d'Occident, qui ne devait cesser qu'au concile de Constance, en 1414 ? — Ou bien, enfin, voulait-il désigner le protestantisme, qui séduisit tant de princes ? ou bien même la Révolution, la grande ennemie de l'Eglise, de notre temps ? — Dieu seul le sait.

« rent, et il n'en resta même plus un seul. Le
« peuple des saints se réjouit d'une joie éter-
« nelle en François et en Dominique, et ils fi-
« rent retentir des éloges et des cantiques à
« leur louange. — Le bélier, considérant qu'il
« s'était trompé jusque-là, rougit de douleur au
« fond de son âme ; il brisa la couronne qu'il
« avait reçue de la bête et la foula aux pieds.
« Le Seigneur regarda le bélier et lui montra
« une source d'eau vive, où il se plongea et où
« il devint plus blanc que la neige. Le Seigneur
« lui donna des ailes et une couronne d'or. Le
« bélier prit son vol et vint se placer sur la
« poitrine de l'apparition [1].

« Et il se réunit une multitude innombrable
« comme le sable de la mer, qui loua Dieu en
« latin, en grec et en hébreu, et qui chanta :
« *Alleluia*. — Alors, une trompette retentit du
« haut du ciel, et une voix, moitié douce, moi-
« tié terrible, se fit entendre, disant : — Morts,
« qui dormez dans la poussière de la terre,
« levez-vous, car voici l'heure de la miséricorde
« et du jugement qui approche.

---

1. Quel peut être ce bélier converti ? l'Allemagne protestante ? ou l'Angleterre ? ou la Russie ? ou l'Italie révolutionnaire ? ou simplement la puissance séculière en opposition avec l'Eglise ? Mystère, que l'avenir révélera, peut-être, mais qu'il serait prématuré d'expliquer à présent.

« Et aussitôt ils se levèrent, et ils se tinrent debout en présence de Dieu et de l'apparition.

« Alors les livres furent ouverts, et les mé-
« rites de chacun furent discutés, et beaucoup
« méritèrent une place dans l'apparition, et les
« autres furent envoyés dans l'étang de feu
« brûlant. Il sortit de l'apparition un feu qui
« consuma toute la terre et qui la rendit plus
« brillante que l'or.

381. « L'apparition se revêtit d'une beauté
« ineffable, et une multitude innombrable d'an-
« ges, félicitant François et Dominique, et louant
« Dieu d'avoir fait triompher son Eglise par ces
« vaillants soldats, la transportèrent au ciel. Et
« la couleur du ciel et de la terre devint si ra-
« vissante qu'on ne saurait l'exprimer, et des
« voix très douces ne cessèrent de retentir,
« chantant et disant : — Le Dieu tout-puissant
« est tout en tous ; il régnera éternellement et
« tous ses saints avec lui. »

La révélation de cette vision eut lieu l'an de l'Incarnation du Seigneur 1296 [1].

382. Comme ensuite nous interrogions l'ermite pour quelle cause ou à quelle occasion la corde de François et la chaîne de Dominique

---

[1]. L'année même, probablement, où Thierry d'Apolda publia sa *Vie de saint Dominique*.

se sépareraient des roues, ou comment l'Antechrist pourrait dominer, il nous répondit :

« — Les saints seront dégoûtés de l'avidité
« que les religieux montreront pour les biens,
« et de l'avarice des prélats. Les religieux s'élè-
« veront contre les évêques, à cause de l'op-
« pression de leurs monastères et de l'anéan-
« tissement de leurs privilèges ; les rois et les
« princes contre le clergé, à cause de l'abon-
« dance de ses possessions et de ses richesses,
« et le royaume divisé contre lui-même sera dé-
« solé. Alors l'homme de péché, le fils de la tra-
« hison se révélera, il s'emparera du royaume,
« du sacerdoce et de l'empire, il partagera la
« terre gratuitement[1]. Il parlera contre Dieu
« et contre le Pontife romain, et renversera les
« traditions des saints Pères. Mais, grâce aux
« efforts combinés des saints, tout rentrera
« dans l'état normal, de sorte que chacun sera
« content de sa position, et que le Pontife ro-
« main se glorifiera d'être le Vicaire de Jésus-
« Christ. »

« J'ai écrit ces choses à votre paternité, parce
que votre prudence saura bien y cueillir les
fleurs au milieu du gazon. »

---

[1]. Curieuse prédiction du *communisme*, six ou sept siècles à l'avance.

CHAPITRE XIX

DE RÉVÉLATIONS TRÈS VRAIES FAITES PAR DES SAINTS

383. Ce qui suit est emprunté à des révélations très secrètes et très vraies [1].

Lorsque Notre-Seigneur Jésus-Christ, selon sa promesse, eut pris avec lui ses disciples, élevés par lui à la dignité d'apôtres, et qu'ils furent allés partager sa gloire au ciel, la suite des temps amena peu à peu un relâchement dans les maîtres, et le peuple, oubliant la multitude de la miséricorde de Dieu, commença à s'écarter de la voie droite de ses commandements. Mais Dieu, notre Père plein de miséricorde pour tous, prit compassion de ses élus, et sa grâce fit naître en même temps, au sein de l'Église son épouse, deux enfants jumeaux en quelque sorte, pour le salut des fidèles

---

[1]. Sont-elles du même auteur que les précédentes ? Thierry d'Apolda ne le dit pas.

leurs frères. L'Eglise, leur mère, les nourrit fidèlement du lait de ses mamelles, où le ciel verse toujours une douceur si abondante et inépuisable. Ce sont les deux Testaments [1], au moyen desquels l'Eglise élève tous les enfants que Dieu lui a donnés. — Les deux fils jumeaux de cette mère sont les Ordres des Frères Mineurs et Prêcheurs, qui ont pris **naissance** avec les bienheureux François et Dominique.

384. Pendant que j'admirais la divine Providence, le Seigneur me dit :

« J'ai fait choix de mon serviteur François
« et je l'ai destiné à montrer au monde com-
« bien l'avarice des clercs est une chose
« mauvaise, déraisonnable, et détestable, à
« flétrir les gains superflus et condamnables, à
« faire voir dans sa conduite combien la libé-
« ralité et la miséricorde sont dignes d'imita-
« tion, combien l'humilité exquise de toutes ses
« vertus m'a plu ; enfin combien la pauvreté
« évangélique mérite la vénération de tous
« et combien elle est agréable à mes yeux.
« — Pour les laïques superbes, que gonflent
« la vaine gloire et le faste du monde, je l'ai
« placé devant eux avec les stigmates de ma

---

1. L'Ancien et le Nouveau Testament sont comme les deux mamelles de l'Eglise.

« croix, comme un modèle et un miroir dans
« lequel ils puissent reconnaître leur malice
« et leur faiblesse.

« Quant à mon serviteur Dominique, porteur
« de ma parole et excellent prédicateur, je
« l'ai envoyé pour briser la dureté des incré-
« dules et la perfidie des hérétiques, et pour
« vanner par son exemple l'aire de mon Eglise
« et la purifier des erreurs de doctrine. Je l'ai
« établi lumière des nations ; il se devra éga-
« lement aux sages et aux insensés ; il illumi-
« nera ceux qui sont assis dans les ténèbres
« et à l'ombre de la mort ; il donnera la science
« du salut à mon peuple ; les paroles de sa
« bouche seront un soutien pour ceux qui sont
« las, une consolation pour les affligés, un
« remède très salutaire pour les pécheurs.

385. « Ce sont là les deux plus jeunes fils
« du patriarche Jacob dans sa vieillesse : par
« l'époque de leur naissance, la dernière en
« date, par l'amour singulier dont ils sont l'ob-
« jet, et par la signification de leurs noms, ils
« figurent d'avance les deux Ordres [1].

« En effet, ils s'appellent *accroissement de*

---

1. Joseph et Benjamin, les deux fils de Rachel, étaient pré-
férés de leur père Jacob. *Joseph* signifie *accroissement ;*
Benjamin, fils de ma droite.

« *douleur* et *fils de la droite*. — Or, la droite
« du Seigneur qui produit des merveilles de
« puissance, les exalte et les multiplie outre
« mesure dans la tribulation et la douleur cau-
« sées par leurs maux, et ses consolations
« réjouissent leurs âmes au sein même de
« toutes leurs épreuves.

« Donc, après avoir fait de ces fils de sa
« dilection les Pères d'une multitude de saints,
« le Père éternel les a honorés dans leurs en-
« fants, en les établissant sur toute la terre.
« Le Seigneur ne laissera pas périr leur gloire
« ni leur descendance, et ses biens demeure-
« ront éternellement avec leur postérité. Même
« dans la vie présente, qui pourrait raconter la
« bienveillance insigne dont le Père des misé-
« ricordes entoure ces enfants de son amour?
« Il leur a enlevé le poids de la sollicitude qui
« opprime les cœurs, voulant que tout leur
« souci soit de marcher avec le Seigneur leur
« Dieu, et que leurs sentiments et leurs actes
« expriment la sollicitude de toutes les églises.
« C'est pourquoi son esprit est descendu dans
« les cœurs des enfants des hommes, pour
« les leur faire honorer et recevoir comme des
« anges, quand ils viennent leur annoncer la
« **parole de Dieu.**

386. « En leur faveur, le Très Haut renou-
« velle aussi le souvenir de ses antiques
« merveilles. Celui qui pendant quarante ans
« nourrit Israël dans le désert, distribue gra-
« tuitement à ses serviteurs, dans tous les
« climats du monde, ce qui leur est nécessaire,
« et rien ne leur fait défaut. Et pour comble
« de générosité, il les nourrit du pain de vie et
« d'intelligence, de la parole qui procède de
« la bouche de Dieu, parole qui seule fait la
« vie de l'homme, nourriture solide des par-
« faits, et pain fortifiant pour le cœur de
« l'homme.

« Ils le reçoivent de la main de Dieu, ils le
« mangent, et quand ils sont rassasiés, ils le
« distribuent au peuple au moment convenable.
« — Et pour qu'il ne manque rien à la gloire
« des enfants de Dieu, ils ont à la main le
« glaive à deux tranchants de l'autorité et de
« la science : ils imposent aux rois et aux no-
« bles les chaînes d'une pénitence salutaire,
« ils châtient les peuples et gourmandent les
« nations, en évoquant les péchés à leur tribu-
« nal, et en faisant tonner la justice de Dieu.

« Tel est l'héritage, telle est la gloire des
« serviteurs de Dieu ; c'est par là que ces
« enfants des saints s'élèvent à un si haut

« rang dans l'Eglise universelle : l'humilité, la
« dévotion, la charité de leurs Pères ont
« obtenu cette grâce à leurs descendants. »

387. Hommes vaillants, glorieux Pères et chefs illustres, ils sont suivis d'une multitude innombrable de pieux enfants et de braves soldats. Mais, jusqu'à présent, il ne s'en est pas trouvé comme eux, qui soient parvenus à une aussi éminente prérogative de pureté, à une aussi grande sainteté de vie, à une telle rigueur de discipline, une telle observance religieuse, une abstinence aussi sévère, ni qui aient pu égaler la ferveur de leur incomparable charité, leur zèle pour le salut des âmes, leur ardeur de dévotion, ni la perfection de toutes leurs vertus.

Hélas ! hélas ! hélas ! combien de coutumes très saintes, combien d'exercices de piété et d'humilité, combien de pratiques de discipline spirituelle et d'observances régulières très salutaires sont tombées en désuétude, quoique nos Pères les aient observées avec une scrupuleuse fidélité, qu'ils les aient apprises à leurs descendants par leurs exemples efficaces, et qu'ils les aient prescrites par leur incontestable autorité !

388. Mais à mesure que la ferveur de cette

dévotion enflammée diminue, à mesure que l'affection, le désir et l'imitation de la pauvreté de Jésus-Christ se ralentissent et cessent de progresser, le danger de la ruine devient plus imminent. — De même qu'à l'approche de la destruction de Babylone, la synagogue mosaïque enfanta le saint roi Josias, zélateur de la loi et de la justice, ainsi, à l'approche de l'Antechrist, l'Eglise, épouse de l'Agneau, enfantera deux Ordres d'une très haute perfection, qui fortifieront les fidèles contre le dragon venimeux, et qui, grâce à la cruauté de cette bête féroce, par laquelle ils seront broyés, recevront la couronne du martyre. Le noble empire romain sera leur berceau, et la durée de ces saintes et sublimes religions [1] ne sera que de trois dizaines d'années.

A présent, les supérieurs des Ordres actuels feront bien, en attendant, de ne plus commander avec empire à leurs sujets ; car un commandement trop dur les fait mépriser et occasionne de tristes séparations.

1. Ordres religieux.

CHAPITRE XX

DE L'EXCELLENTE SAINTETÉ DES PREMIERS PÈRES ET FRÈRES DE L'ORDRE DES PRÊCHEURS

389. « Les premiers débuts de cet Ordre ont été enflammés du feu d'une charité divine. Il disputait au lis l'éclatante blancheur d'une pureté sans tache, et il en exhalait les parfums ; la feinte, l'hypocrisie lui étaient inconnues, l'éclat de la simplicité vraie brillait en lui. Aussi le Seigneur me dit[1] :

« — Il y a dans cet Ordre des Prêcheurs deux
« choses que j'aime d'une affection si vive,
« que je m'en réjouis en moi-même, et que
« je m'y arrête avec toute la complaisance de
« mon cœur : ce sont le culte qu'ils me rendent et les fruits abondants qu'ils produi-
« sent. Les deux hommes qui sont en eux
« prêchent avec ardeur et de toutes leurs for-

---

1. On voit que c'est toujours la même révélation qui continue, comme dans le chapitre précédent.

« ces la gloire de ma majesté. C'est du fond
« de leur âme que sortent ces gémissements
« ardents, ces larmes amoureuses, ces désirs
« si purs, cette vigilance à retenir leurs pen-
« sées, cette humilité confiante, cette charité
« joyeuse, ces fréquents déplacements à l'é-
« tranger. Pour l'extérieur, ce sont les dévotes
« et solennelles fonctions du saint ministère,
« les prédications fructueuses, le pouvoir d'ab-
« soudre les pécheurs, les pieuses et douces
« consolations portées aux affligés, les encou-
« ragements donnés à ceux qui chancellent,
« l'application à resserrer le lien de l'unité
« catholique. »

« Le Seigneur me dit aussi :
« — Les aumônes qu'ils donnent en mon nom,
« pauvres généreux, et tout ce que leur libéra-
« lité distribue, malgré leur indigence, efface
« et diminue les fautes de ceux qui le reçoi-
« vent ; la vertu de la pauvreté évangélique qui
« s'y trouve, repousse et chasse le démon. »

CHAPITRE XXI

DE LA GLOIRE QU'ILS DOIVENT AVOIR DANS LA PATRIE

390. « Dans mon exil, je n'aurais jamais osé former un tel désir ; mais le Tout-Puissant daigna me révéler lui-même la gloire réservée aux Prêcheurs.

« Je vis, dans le chœur des chérubins, les sièges resplendissants et les diadèmes merveilleux décernés à leurs mérites.

« Sur le devant des sièges brillaient comme deux torches ; l'une était leur charité ardente, l'autre, l'éclat lumineux de leurs exemples, accompagnés de l'intention la plus pure. A l'intérieur, le fond des sièges et leurs dossiers faisaient goûter un repos ineffable et des délassements d'une douceur inexprimable. Pour prix de leurs fatigues, dans leurs courses et leurs voyages, leurs pieds étaient devenus d'une beauté ravissante, et des rangées de perles et de pierres précieuses, telles que je souhaiterais d'en avoir une couronne sur la tête, en faisaient l'ornement.

« O Prêcheurs, pourquoi faire tant de difficultés pour ouvrir la bouche et desserrer les lèvres quand il s'agit de prêcher ? Pourquoi tant de répugnance à écouter les pauvres avouer leurs fautes, et à approcher votre oreille de la bouche des pécheurs ? J'ai vu le souffle qui sortait de votre bouche : il s'élevait comme un parfum d'encens vers le trône de l'éternelle majesté, d'où vous est inspirée la sagesse, et il glorifiait le Fils de Dieu, associé à votre mission, et le Saint-Esprit, très libéral distributeur de toutes les grâces.

391. « Il s'éleva, un jour, une violente persécution de quelques faux docteurs et d'autres pécheurs livrés à l'avarice contre l'Ordre des Prêcheurs, que l'éternelle Vérité a élus elle-même. Comme mon âme leur portait une compassion profonde, je priai le Seigneur de conserver sa gloire dans un Ordre si nécessaire à l'Eglise.

« Et le Seigneur me dit :

« — Aussi longtemps qu'il plaira à ma vo-
« lonté de les conserver, il est impossible à
« toute la malice des hommes de les détruire. »

« Et je dis au Seigneur :

« — Est-ce que cet Ordre, Seigneur, demeurera jusqu'à la fin du monde ? »

« Et le Seigneur me répondit :

« — Il demeurera jusqu'aux derniers temps. »

CHAPITRE XXII

DE QUELLE MANIÈRE LE BIENHEUREUX DOMINIQUE REÇOIT LES FRÈRES DÉFUNTS, ET COMMENT IL LES SURPASSE TOUS.

392. « J'avais l'habitude de me rendre au tombeau des pieux défunts et de les saluer comme habitants de la maison de Dieu.

« Un jour que, selon mon habitude, je saluais un prêtre de l'Ordre des Prêcheurs dans son tombeau, il m'invita à la solennité de son entrée au ciel.

« L'immense multitude des habitants du ciel, se rangeant en cohortes et en légions, se mit en marche pour aller joyeusement à la rencontre de cette âme bienheureuse.

« A la tête de l'armée sainte des Prêcheurs, s'avançait le glorieux patriarche Dominique, avec une grande multitude de ses enfants, portant tous des couronnes d'or d'un éclat indescriptible, telles que la miséricorde de Dieu leur avait accordé de les mériter lorsqu'ils étaient dans leur chair mortelle.

« En voyant ce fils qui revenait de l'exil, son père lui tendit les bras ; en voyant ce soldat retourner triomphant du champ de bataille, son chef lui présenta une couronne éblouissante à l'égal du soleil, parce qu'il avait suivi les traces de ses exemples.

393. « Mais la gloire du père s'élevait incomparablement au-dessus de celle de tous ses fils ; car leurs mérites à tous ne faisaient qu'accroître sa béatitude. Son vêtement de fin lin était orné de pourpre et rehaussé d'une couleur verte ravissante, emblème de la vérité de sa doctrine, de son désir des souffrances et de son innocence virginale.

« Les Prêcheurs et ceux qui s'étaient laissé guider par leurs conseils marchaient à la suite d'un étendard insigne que l'on portait devant eux, et qui n'était fait pour personne autre que pour eux.

« L'âme bienheureuse du Frère, ayant été présentée à Celui qui était assis sur le trône, reçut de sa main, en échange de l'obéissance, de la pauvreté et de l'abjection qu'il avait librement et volontairement choisies, la liberté, les richesses et la gloire éternelles.

394. « L'âme rendit grâces à Dieu et dit :

« — Gloire à vous, Seigneur, pour les ta-
« lents que vous m'avez confiés, et pour ceux
« que j'ai conservés par votre grâce, et pour
« les miséricordieuses condescendances de
« votre Majesté envers moi. »

« Et, s'inclinant devant la divine Majesté, elle se tourna vers les Frères, et elle fut reçue avec une grande allégresse.

« Et son glorieux Père Dominique lui dit :

« — Te voilà heureusement arrivé, mon
« cher fils ; entre dans la joie de ton Seigneur,
« *alleluia.* »

« Alors, au milieu de la jubilation dont Dieu m'inondait, je vis cette âme s'élancer vers l'adorable Trinité et se plonger, pour ne plus lui être ravie, dans les délices de ses divins embrassements.

« Non, vraiment, Dieu ne fait point d'acception de personnes, puisqu'un mendiant même est reçu en triomphe, et que le Très-Haut le place entre ses bras, comme un joyau, pour l'y faire jouir de la joie la plus pure.

CHAPITRE XXIII

DU TRIPLE ÉTAT DES AMES PRIVILÉGIÉES

395. « Je regardai, et je vis une triple armée de saints privilégiés, revêtus d'ornements splendides, chantant délicieusement et portant des couronnes, paraître glorieuse en présence du Seigneur. — Les vierges avaient des vêtements blancs comme le lis ; ceux des Prêcheurs lançaient des rayons de feu comme le soleil ; ceux des martyrs étaient d'un rose éblouissant. Les couronnes des vierges affectaient différentes formes ; celles des martyrs étaient plus grandes et plus apparentes ; celles des Prêcheurs étaient fleuries et embaumées : c'est la parole de Dieu qui les forme. — Ces sublimes phalanges, réunies ensemble, dansaient et chantaient en chœur, avec une allégresse indicible, devant le trône. Et un triple torrent, sortant de là, enivrait leurs âmes de volupté et remplissait leurs bouches de délices.

396. « Alors la troupe des Prêcheurs, élevant la voix, entonna son chant et s'écria :

« — Nous vous louons, grand Dieu, parce que
« nous avons été trouvés dignes de suivre vos
« traces, en devenant volontairement pauvres
« et méprisés. — Nous vous adorons, bon et
« éternel Pasteur, parce que nous avons mé-
« rité de réunir, de ramener, de paître et de
« placer dans votre bercail ces brebis errantes
« que les mercenaires avaient abandonnées, et
« pour lesquelles vous avez sacrifié votre vie. »

« Devant eux, on portait un étendard d'une beauté merveilleuse et d'une inconcevable magnificence. Nul des autres saints n'y avait part; mais ceux qui, de leur vivant, s'étaient attachés aux Prêcheurs par la foi et par l'amour, en suivant leurs conseils, ceux-là y tenaient fixés leurs regards, et marchaient avec joie à sa suite.

« Les saints martyrs s'écriaient aussi :

« — Vous êtes béni, Seigneur Jésus, Fils
« de Dieu, Agneau sans tache, dont le sang
« innocent nous a purifiés et a sanctifié
« notre mort, en nous assimilant et en nous
« associant à votre bienheureuse et très
« divine Passion. Louange et gloire à vous,
« *alleluia.* »

397. « On entendait aussi la voix mélodieuse des vierges qui remplissait les tabernacles éternels d'une délicieuse harmonie.

« O doux Jésus, disaient-elles, votre sang
« très pur et le nôtre ne sont plus qu'un par
« une union ineffable. Votre amour et le nôtre
« ne sont plus qu'un par une charité dont
« rien n'approche. Votre bouche et la nôtre,
« toutes deux préservées de tout contact im-
« pur, ne sont plus qu'une dans l'inscrutable
« vérité. Votre cœur et le nôtre, tous deux
« à l'abri des souillures, ne sont plus qu'un
« dans la sainteté, dans la pureté sans tache. »

« Ces paroles du céleste concert, j'ai pu les retenir; mais ni la parole ne saurait redire, ni la plume ne saurait décrire tout ce qu'il y avait de suavité et de tendresse dans les instruments, tout ce qu'il y avait de douceur et de sentiment dans les voix des élus. »

CHAPITRE XXIV [1]

DE LA MANIÈRE DE PRIER CORPORELLEMENT DE SAINT DOMINIQUE

398. Les saints docteurs Augustin, Léon, Ambroise, Grégoire, Hilaire, Isidore, Jean Chrysostome, Jean Damascène et Bernard, et d'autres très savants docteurs grecs et latins, ont longuement parlé de l'oraison, pour la recommander, la décrire, en expliquer la nécessité, l'utilité, la méthode, la préparation,

---

1. Ce chapitre semble avoir été détaché d'un traité à part, peut-être sur l'oraison, dont il aurait formé le couronnement, et d'où il aurait été extrait pour servir d'appendice à la *Vie de saint Dominique*. Les Bollandistes supposent qu'il aurait été écrit par le Frère Gérard, provincial de Lombardie, lorsque, en revenant du chapitre général de Lucques, il eut eu l'occasion de s'entretenir avec la vénérable Sœur Cécile de Bologne : Thierry d'Apolda l'aurait tout simplement ajouté à la fin de son travail sans y rien changer. — Le Père Souèges, dans sa *Vie de saint Dominique*, rapporte qu'il y avait à la bibliothèque de Carcassonne un manuscrit très ancien contenant ce chapitre sur les différentes manières de prier de saint Dominique, et différentes gravures explicatives, auxquelles l'auteur renvoie à plusieurs reprises.

les obstacles. De plus, le glorieux et vénérable docteur saint Thomas, et Guillaume et Albert, de l'Ordre des Prêcheurs, dans les livres où ils traitent si noblement et si savamment des *Vertus*, ont continué le même sujet d'une manière très dévote et très belle.

Cependant il y a une manière de prier où l'âme se sert des membres du corps pour se porter elle-même avec plus de dévotion vers Dieu, et où cette âme, qui meut le corps, s'éloigne du corps pour entrer soit en extase, comme saint Paul, soit en agonie, comme le Sauveur, soit en ravissement d'esprit, comme le prophète David. Cette manière de prier qu'employait souvent le bienheureux Dominique, il faut en dire ici quelque chose pour terminer notre ouvrage.

399. On trouve, en effet, que les saints de l'Ancien et du Nouveau Testament ont, de temps en temps, prié de cette manière. Ce mode de prier excite à la dévotion, il la fait rejaillir alternativement de l'âme sur le corps et du corps sur l'âme. C'est lui qui faisait fondre saint Dominique en un torrent de larmes, et qui enflammait la ferveur de sa volonté à tel point que rien ne pouvait empêcher la dévotion de son âme de se manifester dans

ses membres par des indices certains. — La seule véhémence de son oraison intérieure l'élevait à la supplication, à l'obsécration, aux actions de grâces.

Dans la prière, outre ces attitudes, toutes si dévotes, qu'il avait dans la célébration de la messe, et dans le chant de la psalmodie, où on le voyait souvent ravi tout à coup hors de lui-même et s'entretenir avec Dieu et les anges, dans les heures canoniales, soit au chœur, soit en voyage, voici quelles étaient ses manières habituelles :

400. La première manière était de s'humilier devant l'autel, comme si Jésus-Christ, représenté dans son autel, était là réellement et personnellement présent, au lieu d'y être seulement en image : c'était l'application de ces paroles : « La prière de l'humilité péné-
« trera les nues. »

Il disait quelquefois aux Frères ces paroles de Judith : « La prière des humbles et des
« doux vous est toujours agréable, Sei-
« gneur [1]. Par l'humilité, la Chananéenne a
« obtenu ce qu'elle désirait ; de même l'enfant
« prodigue. — Pour moi, je ne suis pas digne

---

1. Judith, ix, 16.

« que vous entriez sous mon toit[1]. Humiliez
« profondément mon esprit, Seigneur ; devant
« vous, ô mon Dieu, je me suis humilié jusqu'à
« terre[2]. » Et ainsi le Saint, se tenant debout,
inclinait profondément sa tête et ses reins
devant son chef Jésus-Christ, en considérant
sa condition d'esclave et l'excellence de Jésus-
Christ, et en témoignant par tout son corps le
respect qui lui est dû.

Il apprenait aux Frères à faire cela, quand
ils passaient devant le crucifix, pour honorer
l'humiliation de Jésus-Christ ; afin que, là où
il s'est le plus humilié pour nous, il vît aussi
que nous nous humilions devant sa divine
Majesté.

De même, il recommandait aux Frères de
s'humilier devant la Sainte Trinité, lorsqu'on
disait solennellement *Gloria Patri*, « Gloire
« au Père et au Fils et au Saint-Esprit. » Et
cette manière de s'incliner profondément, telle
qu'elle est exprimée dans la figure[3], était la
première de ses dévotions.

401. Souvent aussi le bienheureux Dominique priait en se prosternant, tout de son long,

---

1. Matth., VIII, 8.
2. Ps. CXLVI, 6.
3. Malheureusement la figure manque, mais on peut s'en faire une idée facilement.

le visage contre terre. Son cœur était déchiré par la componction, et il s'excitait lui-même à rougir, disant quelquefois à haute voix, de manière à être entendu, cette parole de l'Evangile : « Mon Dieu, soyez-moi propice à moi pécheur [1]. » Et il répétait pieusement, avec une crainte respectueuse, la parole de David : « J'ai péché et j'ai commis l'iniquité [2]. » Il pleurait alors et gémissait avec force, puis il disait : « Je ne suis pas digne de voir la hauteur des cieux, à cause de la multitude de mes iniquités, parce que j'ai fait le mal en votre présence. » — Et dans le psaume : *Deus auribus nostris audivimus* (Seigneur, nous avons entendu de nos oreilles) [3], il disait avec beaucoup de force et de dévotion : « Mon âme s'est humiliée dans la poussière, mes entrailles se sont attachées à la terre [4]. » Et encore : « Mon âme s'est attachée au pavé : vivifiez-moi selon votre parole [5]. »

402. Quelquefois, dans l'intention d'apprendre aux Frères avec quel respect ils devaient prier, il leur disait :

1. Luc., XVIII, 13.
2. Ps. L, 5.
3. Ps. XLIII, 1.
4. Ps. XLIII, 24.
5. Ps. CXVIII, 25.

« — Les pieux rois Mages, en entrant dans
« la maison, trouvèrent l'Enfant avec Marie sa
« Mère. Or, il est certain que nous trouvons
« aussi l'homme-Dieu avec Marie sa servante.
« Venez donc, adorons-le et prosternons-nous
« en sa présence, pleurons devant le Seigneur
« qui nous a créés. »

Il exhortait les jeunes gens en ces termes :
« Si vous ne pouvez pas pleurer vos péchés,
« parce que vous n'en avez point, pensez au
« grand nombre de pécheurs qui pourraient
« être préparés à la miséricorde et à la cha-
« rité : c'est sur eux que soupiraient les
« prophètes et les apôtres ; c'est sur eux que
« Jésus pleurait amèrement en les voyant :
« sur eux aussi que pleurait le saint roi David,
« lorsqu'il disait : « J'ai vu les prévaricateurs
« et je me consumais de douleur [1]. » C'est
pourquoi il se tenait dans cette position [2].

1. Ps. XVIII, 158.
2. Le manuscrit de Carcassonne indiquait par des figures
ces différentes positions de saint Dominique. La première
était de se tenir profondément incliné, le corps courbé en
deux ; la seconde, celle qui est décrite ici, était de se prosterner tout étendu par terre. La première, dans le langage
liturgique, s'appelle *inclination profonde*, la seconde, *prostration*, et n'a lieu que dans la Semaine Sainte et dans les
ordinations. — L'inclination profonde, chez les Dominicains,
est beaucoup plus marquée que dans le rit romain : le corps
est plié en deux, les coudes pouvant toucher les genoux.
La prostration du corps, chez les Dominicains, se fait un

403. Pour ce motif, en se relevant de terre, il prenait la discipline avec cette chaîne de fer dont il a été question plus haut, et il disait : « Votre discipline m'a corrigé jusqu'à la fin [1]. » — C'est pourquoi tout l'Ordre a décidé qu'en mémoire de l'exemple de saint Dominique, tous les Frères se mettraient en prière et réciteraient le *Miserere mei Deus*, etc., et le *De profundis*, et que pendant ce temps, les jours de férie [2], après complies, ils prendraient la discipline avec des verges de bois sur le dos nu, soit pour leurs propres péchés, soit pour les péchés des autres dont les aumônes les font vivre. Aussi personne, quelque innocent qu'il soit, ne doit s'écarter de ce saint exemple. En voici la figure [3].

404. Ensuite saint Dominique, le visage tourné vers le crucifix, devant l'autel, ou bien dans le chapitre, le regardait fixement, fléchissant les genoux à plusieurs reprises, jusqu'à

---

peu sur le côté, le pied gauche s'appuyant sur le pied droit ; elle s'appelle, en langage monastique, la *venia*. C'est ce que saint Dominique faisait enseigner à ce nouveau novice qu'il avait envoyé chercher à table : « Apprenez-lui à faire la « *venia* » disait-il à ses Frères. (Voir n° 292.)

1. Ps. xvii, 35.
2. Dans les rubriques de l'Ordre de saint Dominique les jours de férie s'appellent *profestus dies*. Les veilles des fêtes, la discipline ne doit pas se donner.
3. Le manuscrit de Carcassonne contenait cette figure.

cent fois. Quelquefois même, depuis les complies jusqu'à minuit, il ne faisait que se relever et s'agenouiller alternativement, comme l'apôtre saint Jacques [1], et comme le lépreux de l'Evangile, qui disait, en fléchissant le genou : « Seigneur, si vous voulez, vous pouvez me « guérir [2] » ; et comme saint Etienne, les genoux en terre, il criait à haute voix : « Sei« gneur, ne leur imputez pas ce péché [3]. » Alors le saint Père Dominique sentait naître en lui une grande confiance dans la miséricorde de Dieu, pour lui-même et pour tous les pécheurs, et pour la conservation des Frères novices qu'il envoyait prêcher. Quelquefois il ne pouvait contenir sa voix, et on l'entendait parmi les Frères répéter : « Je crierai vers vous, « Seigneur ; ne gardez pas le silence vis-à-vis « de moi ; ne restez pas muet pour moi, de « peur que je ne devienne semblable à ceux « qui descendent dans le lac [4] », et d'autres passages semblables de la divine Ecriture.

405. Quelquefois il parlait en dedans de lui-

---

1. Saint Jacques le Mineur, premier évêque de Jérusalem. Saint Jérôme dit qu'à force de prier à genoux, la peau de ses genoux était devenue dure comme celle des chameaux.
2. Luc., v, 12.
3. Act., vii, 59.
4. Ps. xxvii, 1.

même ; on ne pouvait pas entendre sa voix ; mais il s'arrêtait dans sa génuflexion, comme frappé de surprise, quelquefois très longtemps. Parfois, à la manière dont il regardait, on aurait cru que sa pensée avait pénétré dans le ciel, et on le voyait bientôt rayonner de joie et essuyer les larmes qui coulaient de ses yeux. Il éprouvait les désirs ardents d'un homme altéré qui est en face d'une fontaine, ou du voyageur qui est à la porte de sa patrie. Son animation et son ardeur croissaient alors, ses mouvements devenaient plus rapides, quoique toujours bien réglés, soit en se relevant, soit en s'agenouillant.

Il était tellement habitué à fléchir les genoux que, même en voyage, dans les hôtelleries, après les fatigues de la route et jusque sur les chemins, tandis que les autres dormaient et se reposaient, lui en revenait à ses génuflexions ; c'était comme sa tâche personnelle et son office. Et par son exemple, plus que par ses paroles, il enseignait la même chose aux Frères, de cette manière.

400. Lorsqu'il était au couvent, le saint Père Dominique se tenait quelquefois tout droit devant l'autel, le corps bien dressé sur ses pieds, sans s'appuyer ni s'attacher à quoi

que ce fût, les mains parfois étendues devant la poitrine, en forme de livre ouvert ; il se tenait ainsi debout devant le Seigneur, comme s'il eût lu avec respect et dévotion. Il méditait alors, ce semble, dans son oraison, les oracles de Dieu, et il se les répétait doucement à lui-même ; il s'était habitué à cette attitude de Notre-Seigneur dont parle saint Luc, lorsqu'il dit que « Jésus entra, selon sa coutume, un « jour de sabbat dans la synagogue, et qu'il « se leva pour lire [1]. » Il est dit aussi dans le psaume que « Phinéès se leva et pria, et que « le fléau cessa [2]. »

407. D'autres fois, il joignait les mains et les tenait fortement étendues devant ses yeux, en se contraignant lui-même ; ou bien il les levait à la hauteur de ses épaules, imitant le prêtre qui célèbre la messe : il semblait vouloir tendre l'oreille pour mieux entendre une voix qui lui aurait dit quelque chose. En voyant sa dévotion, lorsqu'il se dressait ainsi dans la prière, vous auriez cru voir un prophète conversant avec un ange ou avec Dieu, tantôt parlant, tantôt écoutant, tantôt méditant en silence les mystères qui lui étaient révélés.

1. Luc., iv, 16.
2. Ps. cv, 30.

Que si, en voyage, survenait l'heure de la prière, toute son âme se tournait tout à coup vers le ciel, et vous l'eussiez entendu parler doucement et répéter affectueusement quelque suave parole tirée de la moelle et de la graisse de la Sainte Ecriture, qu'il semblait avoir puisée dans les sources du Sauveur.

Cet exemple était un puissant stimulant pour les Frères à qui il était donné de voir leur Père et leur Maître. Sa dévotion leur apprenait à prier parfaitement, avec respect et sans interruption, de même que la servante ne cesse d'avoir les yeux sur les mains de sa maîtresse, et le serviteur sur les mains de son maître. C'est ce que l'on voit ici [1].

408. Quelquefois on vit aussi le saint Père Dominique — je l'ai entendu dire à quelqu'un qui l'avait vu de ses yeux — prier les mains et les bras déployés et fortement tendus, en forme de croix, et dressé sur ses pieds autant qu'il en était capable. C'est de cette manière qu'il pria, lorsque Dieu ressuscita à sa prière le jeune Napoléon à Rome, à Saint-Sixte, dans la sacristie; de même à l'église, pendant la célébration de la messe, lorsqu'il fut élevé de

---

1. Il y avait encore là une figure qui nous manque.

terre, ainsi que me le raconta cette pieuse et sainte Sœur Cécile qui était présente, et qui le vit avec tout le reste de la multitude. De même qu'Elie, quand il ressuscita le fils de la veuve, s'étendit et se mesura sur l'enfant. — Il pria aussi de la même manière, quand, auprès de Toulouse, il délivra les pèlerins d'Angleterre, en danger de se noyer, ainsi qu'il a été dit plus haut [1].

C'est de cette manière que priait le Seigneur suspendu à la croix, les mains et les bras étendus, et au milieu de ses cris et de ses larmes, il fut exaucé à cause de son respect [2].

---

1. N° 48.
2. C'est cette manière de prier, les bras en croix, que Notre-Seigneur apprenait, quelques années plus tard, à sainte Gertrude. (Voir les *Révélations de sainte Gertrude*, traduites sur la nouvelle édition latine des Pères Bénédictins de Solesmes, t. II, 85. — Voir également l'*Année de sainte Gertrude*, par le Révérend Père Cros, S. J., p. 81-82.)

« O excellent Maître, disait la Sainte à Notre-Seigneur, ne
« pourriez-vous pas m'indiquer un acte particulier, que nous
« nous efforcerions de bien faire, selon votre désir, en mé-
« moire de vos douleurs ?

« — En voici un, répondit Jésus : priez quelquefois pour
« l'Eglise tout entière, et, vous unissant à l'amour qui me fit
« étendre les bras sur la croix et les y retenir cloués, étendez
« aussi vos bras en croix pendant votre prière. Vous rap-
« pellerez ainsi au Père céleste la douce image de son Fils
« crucifié.

« — Mais, observa Gertrude, il faudra chercher un recoin
« solitaire pour prier ainsi, car l'usage n'en est point établi.

« — Eh bien, répondit le Sauveur, j'aurai pour agréable
« la dévotion qui vous fera chercher ce recoin solitaire, afin
« d'y prier un moment les bras étendus en croix. Mais, ajouta

409. Le saint de Dieu, Dominique, n'employait pas très fréquemment cette manière, mais seulement quand il savait que quelque chose de grand et d'admirable allait se passer, sous l'inspiration de Dieu et dans la véhémence de sa prière. Il ne défendait pas aux Frères de le faire, et il ne les y exhortait pas non plus.

Lorsqu'il ressuscita cet enfant, en priant ainsi debout, les bras et les mains étendus en forme de croix, nous ne savons pas ce qu'il dit. Peut-être répéta-t-il la parole d'Elie : « Seigneur, mon Dieu, que l'âme de cet enfant, « je vous en conjure, revienne dans ses en- « trailles [1] » ; de même qu'il empruntait sa

---

« Notre-Seigneur, si quelqu'un accoutumait les fidèles à prier « ainsi publiquement, les bras en croix, de sorte que personne « ne songeât à se rire, à s'occuper même de leur dévotion, « celui-là me donnerait autant de gloire qu'en donne à son « souverain le sujet qui le rétablit solennellement sur le « trône. »

Le Père Cros rappelle à ce sujet que, pendant les trois premiers siècles de l'Église, tous les fidèles priaient fréquemment ainsi, même en public, ce qui suppose que cet usage venait des Apôtres. Aujourd'hui encore, l'attitude du prêtre pendant qu'il célèbre la messe rappelle cet usage primitif.

Dans beaucoup de pèlerinages anciens (comme Notre-Dame-des-Ermites, en Suisse, Sainte-Anne-d'Auray, en Bretagne, Notre-Dame-de-Lorette, en Italie) et même nouveaux (comme Notre-Dame-de-la-Salette, Notre-Dame-de-Lourdes, etc.), les pèlerins ne craignent plus maintenant de prier ainsi publiquement.

1. III Reg., xvii, 21.

manière de prier. Mais, ni les Frères, ni les Sœurs, ni les seigneurs cardinaux, ni les autres, attentifs à cette manière de prier, insolite et étrange pour eux, ne se rappelèrent les paroles qu'il prononça ; et plus tard, ce grand et admirable saint avait inspiré à tous, par ce miracle, tant de vénération et de crainte, qu'on n'osa pas l'interroger là-dessus.

410. Il prononçait avec recueillement et gravité, posément et attentivement, les paroles des psaumes qui font mention de cette manière de prier ; par exemple : « — Seigneur, « mon Dieu, Dieu de mon salut, j'ai crié en « votre présence jour et nuit ; j'ai crié sans « cesse vers vous, Seigneur, j'ai étendu tout « le jour mes mains vers vous », et le reste jusqu'à la fin [1]. — De même : « Seigneur, « exaucez ma prière, prêtez l'oreille à ma « supplication ; exaucez-moi dans votre vérité « et dans votre justice », jusqu'à cet endroit : « J'ai étendu mes mains vers vous, mon âme « est devenue comme une terre sans eau, « hâtez-vous de m'exaucer [2]. »

Par là, tout fidèle pieux qui prie, pourra comprendre l'enseignement de ce saint Père,

---

1. Ps. LXXXVIII, 2 à 10.
2. Ps. CXLII, 1 à 6.

qui employait cette manière de prier, quand il voulait que la vertu de son oraison allât émouvoir fortement le cœur de Dieu, ou plutôt quand une secrète inspiration lui faisait sentir que Dieu le poussait à demander avec une sainte audace quelque grâce signalée, soit pour lui-même, soit pour d'autres ; il s'appuiera sur les leçons de David, sur l'exemple d'Elie, sur la charité de Jésus-Christ, sur la dévotion de Dominique, ainsi qu'il appert de la figure ci-contre [1].

411. Souvent aussi on le voyait se dresser de toute sa taille vers le ciel en priant, comme une flèche choisie qu'un arc bien tendu lance tout droit en l'air. Ses mains étaient élevées au-dessus de sa tête et fortement tendues, tantôt jointes ensemble, tantôt un peu arrondies, comme pour recevoir quelque chose du ciel. Alors la grâce était augmentée en lui, à ce que l'on croit, il était dans le ravissement, et il obtenait de Dieu pour l'Ordre fondé par lui les dons du Saint-Esprit, et pour lui-même et ses Frères les délicieuses douceurs qui se trouvent dans les actes des béatitudes, c'est-

---

[1]. Cette figure représentait saint Dominique debout, les yeux et la tête élevés vers le ciel, les bras étendus en forme de croix.

à-dire que l'on se regarde comme bienheureux lorsque l'on souffre les angoisses de la pauvreté, l'amertume de la douleur, la violence de la persécution, la faim et la soif de la justice, les étreintes de la miséricorde, et que la dévotion éprouve de la joie à accomplir les préceptes et à observer les conseils évangéliques. Dans ces moments, le saint Père entrait, en quelque sorte, comme à la dérobée, dans le Saint des saints, et jusqu'au troisième ciel.

Aussi, après une telle prière, s'il avait à corriger, ou à dispenser, ou à prêcher, il se comportait à la façon d'un prophète, ainsi qu'on l'a vu dans les miracles rapportés plus haut.

412. Ici nous rapporterons brièvement un fait pour l'édification commune.

Etant à Bologne, le saint Père Dominique, après avoir prié, un jour, de cette manière, demanda, selon sa coutume, l'avis des anciens sur certaines choses à faire ; car, disait-il, « ce « qui n'est pas révélé à l'un peut être révélé à « l'autre ; on le voit bien dans les prophètes. » Le sacristain vint alors appeler à l'église des femmes un de ceux qui assistaient au conseil, probablement pour entendre une confession, et il ajouta niaisement, pas assez haut, cependant, pour être entendu par le saint maître Dominique, pensait-il : « — Une belle dame « vous demande, venez vite. » Aussitôt saint Dominique, saisi de l'Esprit de Dieu, sentit une agitation si violente s'emparer de lui que tous les membres du conseil le regardèrent avec effroi. Il commanda au sacristain de venir et lui dit :

« — Qu'est-ce que tu as dit ?

« — J'ai demandé, répondit-il, un prêtre « pour l'église. »

Et le Père lui dit :

« — Accuse-toi toi-même et confesse le « péché qui est venu jusqu'à tes lèvres. Dieu « qui a fait toutes choses, a fait que tes « paroles, que tu croyais cachées, ne m'ont « pas échappé. »

Et il lui donna la discipline en ce lieu même, si fort et si longtemps, que les assistants étaient émus de compassion à la vue de ses plaies.

Et il lui dit :

« — Va, mon fils ; tu as appris pour l'avenir « comment tu pourras regarder fixement une « femme sans juger de son teint. Prie, toi « aussi, pour que Dieu te fasse chaste dans « tes yeux. »

C'est ainsi qu'il connut ce qui était caché,

qu'il réprimanda une parole niaise, et qu'il instruisit celui à qui il fit ce reproche : tout lui avait été montré d'avance dans son oraison. Et les Frères furent étonnés de ce qu'il leur dit qu'il fallait agir ainsi.

413. Le saint maître disait aussi :

« — Nos justices, comparées à la justice « divine, ne sont que des immondices. »

Aussi le saint Père ne priait pas longtemps de cette manière, mais il rentrait en lui-même, comme s'il fût revenu de loin, et il paraissait comme un étranger dans le monde : cela se remarquait facilement à son air et à ses manières.

Cependant, quelquefois les Frères l'entendaient prononcer à haute voix les paroles du Prophète :

« Exaucez la voix de ma prière, pendant que « je prie vers vous et que j'élève mes mains « vers votre saint temple [1]. »

Et pour apprendre aux Frères, par ses paroles et par son exemple, à prier ainsi, le saint maître leur répétait ce passage du Psalmiste : « Maintenant, serviteurs du Seigneur, « louez tous le Seigneur [2]. » — Et cet autre :

---

1. Ps. xxvii, 2.
2. Ps. cxxxiii, 1.

« Seigneur, j'ai crié vers vous, exaucez-moi ;
« prêtez l'oreille à ma voix, pendant que je
« crie vers vous ; l'élévation de mes mains est
« comme un sacrifice du soir [1]. » — La figure
ci-jointe vous le représente pour qu'on le
comprenne mieux [2].

414. Le saint Père Dominique avait encore
une autre manière de prier, belle, dévote et
gracieuse.

Après les heures canoniales et après l'action
de grâce qui suit ordinairement les repas, le
Père, sobre en fait de nourriture, mais rassasié
de l'esprit de dévotion qu'il avait puisé dans
les paroles divines chantées au chœur ou
à table [3], se mettait bien vite dans un endroit
solitaire, dans sa cellule ou ailleurs, afin de lire
et de prier tranquillement seul avec lui-même
et avec Dieu. Il s'asseyait posément et ouvrait
un livre devant lui en s'armant du signe de la

---

1. Ps. cxl, 1, 2.
2. Cette figure représentait le Saint debout, les bras élevés
au-dessus de sa tête, et les mains fortement tendues vers le
ciel.
3. La lecture de table se faisait probablement en chantant
depuis le commencement du repas jusqu'à la fin, comme c'est
encore l'usage chez les Chartreux. Le B. Humbert, parlant
des livres du réfectoire, dit qu'ils doivent être ponctués et
versiculés, ce qui signifie qu'ils doivent avoir les mêmes
signes pour la flexe, la médiante et la finale, que les psautiers
choraux, les lectionnaires et les évangéliaires, où se trouvaient
certains signes qui servaient pour le chant.

croix. Puis il lisait, et son âme éprouvait une douce émotion, comme s'il eût entendu le Seigneur lui parler, ainsi qu'il est dit dans le psaume : « Je raconterai ce que le Seigneur « Dieu dit au dedans de moi; comme il parlera « de paix à son peuple, à ses saints et à ceux « qui se convertissent du fond du cœur [1]. »

Et comme s'il eût discuté avec quelqu'un, on le voyait tantôt faire des gestes d'impatience, tantôt écouter attentivement, contester et lutter, tantôt sourire et pleurer en même temps, tantôt baisser les yeux et les tenir fixés à terre, tantôt parler de nouveau à voix basse et se frapper la poitrine.

415. Si quelqu'un, par curiosité, voulait le voir à la dérobée, le saint Père Dominique lui apparaissait comme un autre Moïse, entré dans l'intérieur du désert, contemplant le buisson ardent, conversant avec Dieu et s'humiliant devant lui. — C'était, en effet, la coutume de l'homme de Dieu de s'élever tout à coup, comme les prophètes, de la lecture à la méditation, de la méditation à la contemplation. Et lorsqu'il lisait ainsi dans la solitude, il faisait des révérences à son livre, il s'in-

---

1. Ps. LXXXIV, 9.

clinait devant lui, il le baisait, si c'était le livre des Evangiles, ou s'il lisait des paroles que Notre-Seigneur eût prononcées de sa bouche. — Quelquefois même il se cachait le visage, ou bien il le tournait d'un autre côté, ou bien il l'appuyait sur ses mains, ou bien il le couvrait un peu de son capuchon. Alors aussi il devenait tout inquiet, et plein de désirs et d'empressement, comme s'il eût eu à rendre grâces à un auguste personnage de quelque bienfait : il se levait à demi par respect, s'inclinait, puis se remettait à lire dans son livre, satisfait et tranquille.

416. Il gardait aussi cette même manière en allant d'un pays dans un autre, quand il était dans quelque solitude ; il se faisait un plaisir de méditer et de se livrer à la contemplation [1]. Quelquefois, en route, il disait à son

---

1. Le véritable portrait de saint Dominique, qui est placé en tête de cet ouvrage, indique probablement l'attitude habituelle qu'avait le Saint, soit dans ses prières, soit même dans ses voyages : la tête penchée, le visage grave et recueilli, l'air méditatif et tout plongé en Dieu. Ce portrait, qui est conservé depuis un temps immémorial au Couvent des Frères-Prêcheurs de Bologne (*San-Dominico*), avait été primitivement placé au-dessus du tombeau du Saint. Lorsque, plus tard, on voulut restaurer l'église, on l'enleva de là, mais on eut soin de conserver le pan de mur sur lequel ce portrait était peint à fresque, et on le plaça dans une autre chapelle, au-dessus d'un confessionnal, en face du tombeau de l'infortuné fils de Frédéric II, Enzius. Malheureusement, comme ce portrait à fresque ne portait pas d'inscription, un certain

compagnon : « Il est écrit dans Osée : « Je
« la conduirai dans la solitude et je lui par-
« lerai au cœur [1]. » De là, il s'écartait un
peu de ses compagnons, marchant en avant,
ou plutôt les suivant de loin ; et en chemi-
nant ainsi, à part, il priait tout le long de la
route, et le feu s'enflammait dans sa méditation. Lorsqu'il priait ainsi, il avait un geste
fréquent, comme d'éloigner des mouches ou
ces cendres légères qui voltigent au-dessus
des brasiers. Pour cela, il s'armait souvent
du signe de la croix. — Dans la pensée des
Frères, c'était par cette manière de prier qu'il
avait acquis cette plénitude de connaissance
de la Sainte Ecriture, et cette intelligence

Macchiavelli, homme à esprit bizarre et à imagination inventive, eut l'idée d'écrire au-dessous le nom de saint Thomas d'Aquin, quoique le portrait de ce Saint, conservé à Viterbe, n'offre pas avec celui-ci la moindre ressemblance. Les Pères du Couvent protestèrent toujours contre cette substitution de nom qui démentait leurs traditions séculaires, mais ils n'osè- rent pas effacer l'inscription du nom de saint Thomas. Il n'y a que quelques années qu'ils se sont décidés à faire photo- graphier ce portrait en mettant au-dessous son nom véritable, c'est-à-dire le nom de saint Dominique, leur bienheureux Père. — Ce portrait, gravé par la maison Schulgen, est celui qui donne le mieux l'idée du Saint, et qui s'accorde le mieux avec la description détaillée que nous en a laissée la Vén. Sœur Cécile Césarini, fille spirituelle et bien-aimée du saint pa- triarche, qui lui avait donné lui-même l'habit au couvent de Saint-Sixte à Rome et qui avait toujours eu pour elle une tendresse particulière.

1. Osée, II, 14.

de la moelle des oracles divins, et cette hardiesse pour prêcher fortement et avec ferveur, et cette familiarité intime avec le divin Esprit pour connaître les choses cachées.

417. C'est ainsi, pour ne citer qu'un fait entre tous ceux qui ont été omis, qu'un jour le diable vint dans l'église des Frères-Prêcheurs à Bologne, sous la forme d'un jeune homme vain et lascif, et il demanda un confesseur. — On lui amena successivement cinq prêtres l'un après l'autre; car il avait tellement affecté et surexcité le premier par ses paroles, que celui-ci se leva du confessionnal, ne voulant pas entendre jusqu'à la fin ces abominations. Le second fit la même chose, le troisième également, et de même le quatrième et le cinquième. Ils se retirèrent en silence sans vouloir rien révéler de cette confession, parce que pour eux qui l'entendaient, c'était une confession sacramentelle, quoiqu'elle ne le fût pas pour le diable.

418. Alors le sacristain alla chercher saint Dominique qui était au couvent, et il se plaignit de ces prêtres qui, à cinq, n'avaient pas pu entendre un seul pécheur.

« — C'est un grand scandale, dit-il au saint
« Père ; les Frères prêtres prêchent la péni-

« tence, et ils ne veulent pas imposer la péni-
« tence aux pécheurs. »

Le saint Père Dominique se leva, quittant sa lecture, son oraison et sa contemplation. — Il n'était pas, je pense, sans connaître la chose. — Et il vint pour entendre la confession du diable. Lorsqu'il fut entré dans l'église, le diable s'approcha de lui, et aussitôt notre saint Père le reconnut et lui dit :

« — Esprit malin, pourquoi tentes-tu les
« serviteurs de Dieu sous cette apparence de
« piété ? »

Et il le réprimanda très durement.

Le diable s'évanouit sur-le-champ à cette place même, et il quitta l'église en la laissant empestée d'une odeur de soufre.

Le sacristain apaisa alors son indignation contre les prêtres [1].

FIN DE LA VIE DE SAINT DOMINIQUE [2].

---

1. Saint Antonin raconte le même fait dans ses *Chroniques*, IIIe Partie ; il raconte aussi le précédent à peu près dans les mêmes termes que Thierry d'Apolda.
2. Le texte latin de cette Vie se trouve dans les *Acta Sanctorum* des Bollandistes, t. 1er d'août. C'est sur ce texte qu'elle a été traduite. Nous avons ajouté en leur lieu, sous forme de notes, quelques indications qui nous ont paru propres à intéresser le lecteur, et dont nous sommes en partie redevables à un religieux du Couvent des Frères-Prêcheurs de Vienne (Autriche).

TABLE DES MATIÈRES
PAR ORDRE ALPHABÉTIQUE

(Les chiffres indiquent les numéros, non les pages.)

A

ABSTINENCE de saint Dominique, 16, 24, 42, 165, 192, 227, 252 ; — des premiers Frères, 265.

AIMÉE (Sœur), sa guérison, 98, 99.

ALATRI (L'évêque d') survit à saint Dominique, 206 (note).

ALBERT (Frère) à Rome, 80 ; — donne un pain à un ange, 131-132 ; — sa mort, 136.

ALBERT, prieur de Sainte-Catherine de Bologne, 244 ; — saint Dominique lui prédit sa mort, 245.

ALBERT de Casemate, ses deux fils, 290.

ALBIGEOIS. Mission des abbés de Citeaux contre ces hérétiques, 29 ; — mission de Don Diégo, 30 ; — de saint Dominique, 33 ; — croisade prêchée contre eux, 34 ; — guerre contre les Albigeois, 52.

ALEXANDRE (Saint), pape et martyr, à Sainte-Sabine, 94.

ALEXANDRE, citoyen romain, père du Frère Gaudion, 139.

AMABILITÉ de saint Dominique, 246.

Amaury de Montfort, 55.

Amizo (Frère) de Milan, sa déposition sur saint Dominique, 306.

André, roi de Hongrie, parrain du duc Bernborch, 323.

Andulfe de Mozanella, guéri par saint Dominique, 289.

Anges apportent des pains aux Frères à la prière de saint Dominique, 132-135 ; — un ange se fait donner un pain par charité, 131 ; — conduit saint Dominique à Sainte-Sabine la nuit, 142 ; — les anges apportent des pains et des figues, 166 ; — défendent les Frères à Bologne, 209 ; — un ange prédit à saint Dominique sa mort, 330 ; — ange, lumière brillante et débordante, 348.

Angleterre (Frères envoyés en), 75, 206 (note) ; — Laurent d'Angleterre, 48 (note), 75.

Anguille donnée par saint Dominique guérit une femme de la fièvre, 156.

Apparitions *de la sainte Vierge* à saint Dominique, à Sainte-Sabine, 112, 114, 117, 115-116 ; à Notre-Dame de Paris, 156 (note) ; au B. Réginald, 104, 105, 106 ; au Frère Rodolphe à Bologne, 129 ; — *d'un ange* à Frère Henri de Rome, 138 ; à saint Dominique à Sainte-Sabine, 142 ; — *de deux anges* au réfectoire à Saint-Sixte, 133-135 ; à Bologne, 166 ; — *de saint Dominique* à un malade guéri, 332 ; à un jeune homme obsédé, 335 ; à une jeune fille malade, 338 ; à un hydropique, 338, chap. x ; à un jeune homme enflé, 339 ; à la mère d'un jeune homme scrofuleux, 340 ; au-dessus d'une vigne pendant un orage, 342 ; à un religieux de Tripoli, 343-346 ; à l'abbé Dithmar, 361-363 ; avec saint François et les saints Docteurs, 373-382 ; — *d'un Frère Mineur* au B. Jean de Vicence, 350 ; — *de Notre-Seigneur et de saint Dominique* à un Frère Mineur, 353-356.

Aquilée (Le patriarche d') assiste à la sépulture de saint Dominique, 246.

Aragon (Le roi Pierre II d'), sa mort, 52, 53.

Argent. Saint Dominique défend aux Frères d'en porter, 228.

Ariège. Miracle des livres de saint Dominique tombés dans cette rivière, 36.

Augusta (Sicile). Punition d'une femme qui blasphémait saint Dominique, 337 ; — guérison d'une jeune fille qui souffrait de la pierre, 338 ; — guérison d'un hydropique, 338, chap. x.

B

Barthélemy (Frère), de Clusa, conserve intactes dans un naufrage les lettres de canonisation de saint Dominique, 314.

Bénédiction de la T. S. Vierge refusée à un Frère de Sainte-Sabine, 117 ; — de saint Dominique opère des miracles, 119, 120.

Bernborch (Le duc), sa conversion, 323 ; — sa mort, 323.

Berthe guérie par saint Dominique, 290.

Bertrand (Saint) de Garrigue, 74 ; — envoyé à Bologne, 102 ; — présent à la guérison de Lucie la recluse, 120 ; — parle allemand avec des Allemands, 151-152 ; — ne veut pas dire la messe pour les défunts, 152-153 ; — saint Dominique lui défend de pleurer ses péchés, 153 ; — préservé miraculeusement d'un orage, 155.

Blasphèmes contre saint Dominique punis dans une femme, 337 ; — dans un Frère Mineur, 351-352 ; — dans des religieux, incendiés trois fois, 358-360.

Bologne. Envoi des premiers Frères à Bologne, 102 ; — Frère Réginald à Bologne, 121-126 ; — prophétie

d'une sainte femme sur les Frères de Bologne, 122 ;
— ferveur de ces Frères, 124 ; — punition de deux
Frères par le B. Réginald, 125-126 ; — tentation de
défiance des Frères, 127, 129 ; — arrivée de saint
Dominique à Bologne, 157 ; — il se plaint qu'on y
ait exhaussé les cellules, 158 ; — chapitre général
de Bologne en 1220, 182-184, 210, 211 ; — S. Dominique y fait entrer dans l'Ordre Maître Conrad,
206 ; — il y envoie le Frère Thomas d'Apulie, 208 ;
— il y voit deux cents anges qui défendent les
Frères, 209 ; — Maître Paul de Hongrie y entre
dans l'Ordre, 211 ; — S. Dominique y prédit sa
mort, 231 ; — il y revient mourir, 232-239 ; — visite
de l'évêque Conrad de Porto, 272 ; — le corps de
saint Dominique est exhumé, 293, 297 ; — le Podestat garde la clef du tombeau, 296 ; — une religieuse guérie pendant qu'on prêche sur saint Dominique, 313 ; — un homme âgé y est guéri d'une
hernie, 315.

BONAFILIA guérie par saint Dominique, 287.

BONNE la recluse et les vers de sa poitrine, 118-119.

BONVISUS (Frère) de Plaisance, sa déposition sur saint
Dominique, 306.

BRESCIA. Frère Guala, prieur puis évêque de Brescia,
240.

BRUT (Le duc), sa conversion, 322.

BULCHUM, fou furieux guéri, 334.

C

CAMBRIUS de Bacicori guéri par saint Dominique, 284.

CARCASSONNE. S. Dominique demeure dans les environs, 45 ; — pourquoi il s'y plaît, 221 ; — honneurs
que la ville lui rend après sa mort, 221 (note).

CASSANEL donné à saint Dominique, 55.

Cassien (Conférences de). S. Dominique les lit, 22.

Castres. Miracle de saint Dominique dans cette ville, 50.

Castro di Giovanni. Guérison d'un jeune homme par saint Dominique, 339.

Catherine (Sainte) dans l'apparition de Sainte-Sabine à Rome, 113 ; — le prieur de Sainte-Catherine de Bologne assiste à la mort de saint Dominique, 244-245.

Cécile (Sainte) dans l'apparition de Sainte-Sabine à Rome, 113.

Cécile (Sœur) de Rome reçoit l'habit de saint Dominique, 95 ; — vit encore en 1290 à Bologne, 148.

Cellani (Pierre), à Toulouse, 56 (note).

Cendres (Lit de) des religieux mourants, 239 (note).

Chaîne de fer de saint Dominique, 169, 244.

Chapelet (Le) et Pie IX, exergue, 1.

Chapitre. Ce que le démon y perd, 175 ; — chapitre général de Bologne, 182-184.

Charité de saint Dominique pour les âmes, 198 ; — pour un captif, 40, 198 ; — pour les païens, 198, 199 ; — pour tous les hommes, 216, 226 ; — S. Dominique la recommande en mourant, 235 ; — Notre-Seigneur la loue, 251-254 ; — charité fraternelle des premiers Frères, 266-267 ; — charité dont deux Frères sont l'objet, 200.

Chatillon. Résurrection d'un enfant, 156.

Chevaux de Zacharie : Frères-Prêcheurs, 263, 366.

Chœur. Péchés qu'on y commet, 174 ; — comment saint Dominique y chantait l'office, 170.

Chrétien (Frère) envoyé à Bologne, 102.

Christine (Sainte-). Apparition de saint Dominique pendant un orage, 342.

Ciel, récompense des Frères-Prêcheurs, 392-397.

Cierges brûlant miraculeusement, 336.

CITEAUX (Les abbés de) envoyés contre les Albigeois, 29, 30 ; — un Frère interroge saint Dominique, 52.

CLAIR (Frère) à Bologne, 127, 130.

CÔME (Saint) et saint Damien ressuscitent un enfant, sur le désir de saint Dominique, 347-348.

COMMUNISME prédit au XIIIe siècle, 382.

COMPLIES. Dévotion des premiers Frères pour cet office, 262.

CONCILE de Latran (IVe), 61.

CONFESSION du diable, 415-416 ; — publique de saint Dominique avant sa mort, 234 ; — fréquente des premiers Frères, 256, 257, 264 ; — générale de plus de cent Frères, 268 ; — délivre un possédé, 259 ; — comment saint Dominique confessait, 195.

CONFIANCE EN DIEU de saint Dominique, 201.

CONRAD (Maître). S. Dominique obtient sa vocation à l'Ordre, 206 ; — sa mort, 207.

CONRAD, évêque de Porto, à Bologne, 272.

CONSERANS, évêché refusé par saint Dominique, 221.

CONSTANCE de saint Dominique, 215.

CONSTANCE (Sœur), tourière de Saint-Sixte, 100.

CONVERS (Frères). S. Dominique veut leur laisser l'administration du temporel, 194.

CONVERSION de neuf jeunes filles de Fanjeaux 43 ; — d'un guide qui avait égaré saint Dominique, 35 ; — de plusieurs dames nobles chez qui il loge en carême, 42 ; — d'un albigeois prédite, 54 ; — parfaite des premiers Frères, 256 ; — du duc Brut, 322 ; — du duc Bernborch, 323.

CORRECTION tendre de saint Dominique, 159, 186, 187, 226, 251, 253.

CORTHESINA MAGNARD guérie par saint Dominique, 288.

CORZORDINEM. Guérison d'une femme, 331.

CRASSU. Résurrection d'un enfant, 329.

Cris (La rivière) en Hongrie, 325.
Croix (Signe de la) préserve saint Dominique et saint Bertrand d'un orage, 155 ; — prière avec les bras en forme de croix, 408 (note).
Cumans. S. Dominique veut les évangéliser, 73, 198.

D

Damien (Saint) et saint Côme ressuscitent un enfant à la demande de saint Dominique, 347, 348.
Définiteurs, établis au chapitre général de Bologne, 184.
Démon, sous la forme d'un chat, 43 ; — d'un lézard, 145 ; — d'un passereau, 146 ; — d'un singe, 147 ; — démon vaincu par la discipline, 125-126 ; — jette une pierre à saint Dominique, 171 ; — feint de prier, 172 ; — lit les péchés des Frères, 173 ; — lieux où il gagne et où il perd, 174-175 ; — entre dans un Frère qui mangeait de la viande, 188 ; — se plaint du chapitre général de Bologne, 210 ; — abandonne un démoniaque au tombeau de saint Dominique, 249 ; — se plaint de l'arrivée des Frères en Hongrie, 318 ; — obsède un jeune homme, 335 ; — feint de se confesser, 417-418.
Dépositions des témoins sur la vie de saint Dominique, 303-310.
Dévotion de saint Dominique et des premiers Frères au Saint-Sacrement, 220, 264 ; — des premiers Frères à la sainte Vierge, 265, 268 ; — aux saints, 262.
Diégo (Don), évêque d'Osma, 21 ; — son amitié pour saint Dominique, 27, 29 ; — sa mission dans les Marches, 27 ; — Son voyage à Rome, 28 ; — son passage à Cîteaux, 28 ; — son apostolat à Mont-

pellier, 29, 30 ; — son retour en Espagne, 32 ; — sa mort, 33.

Discipline. S. Dominique se la donne trois fois chaque nuit, 220 ; — chasse les tentations, 125, 126 ; — à trois branches de saint Dominique, 224 ; — que se donnent les premiers Frères, 263 ; — à un sacristain qui vantait la beauté d'une dame, 412.

Dispense du silence, 147 ; — accordée aux Frères, 165.

Dithmar (L'abbé) guéri par saint Dominique, 361, 363.

Dominique (Saint), sa naissance, 11 ; — sa famille, 11 (note) ; — vision de sa mère, 12 ; — son baptême, *ibid.* ; — vision de sa marraine, *ibid.* ; — signification de son nom, 13 ; — les abeilles à son berceau, 14 ; — couche par terre, *ibid.* ; — va à Palencia, 16 ; — sa chasteté, *ibid.* ; — son application à l'étude, 17 ; — son amour pour les pauvres, 19 ; — il lit Cassien, 22 ; — il devient chanoine d'Osma, 22 ; — il vit retiré, 23 ; — son amour de la prière, 24 ; — sa mortification, 16, 24, 165, 185, 192, 222 ; — son zèle pour les âmes, 25, 26, 39, 40, 41, 101, 102, 193, 194, 198 ; — son amitié avec Don Diégo, 27, 28, 29, 30 ; — fondation de Prouille, 32 (note) ; — son amitié pour Simon de Montfort, 34 ; — il marche pieds nus dans les épines, 35 ; — son manuscrit jeté au feu à Fanjeaux, 31 ; à Montréal, 46 ; — ses livres tombés dans l'Ariège, 36 ; — il donne un denier à un batelier, 37 ; — il parle une langue étrangère, 38, 151-152, 154 ; — il désire le martyre, 39, 41 ; — il veut se vendre pour un hérétique, 40, 198 ; — il convertit des dames hérétiques, 42 ; — il institue le Rosaire, 45 (note) ; — une église s'ouvre devant lui par miracle, 47 ; — il délivre des possédés, 47 ; — il sauve des pèlerins qui se noyaient, 48 ; — il refuse trois évêchés, 49 ; — il est élevé de terre à Castres, 50, 51 ; — il prédit la mort du roi d'Aragon, 52, 53 ; la conversion d'un albigeois, 54 ; — il reçoit des donations pour son Ordre, 55 ; — il se rend au IVe concile de Latran, 61 ; — il soutient la basilique de Latran, 62 ; — il renonce à toute possession, 63, 182 ; — il construit le couvent de Saint-Romain, 63 ; — vision et rencontre de saint François, 66 ; — de saint Pierre et de saint Paul, 70 ; — il disperse ses Frères par le monde, 71 ; — il laisse pousser sa barbe, 73 ; — il connaît d'avance la mort de Simon de Montfort, 72 ; — il ressuscite un enfant mort à Rome, 79 ; un ouvrier écrasé, 81 ; le jeune Napoléon, 89-92 ; — il prêche à Rome, 77 ; — il est vénéré des Romains, 80 ; — on lui coupe sa chape et son capuce, 80 ; — il réunit les religieuses à Saint-Sixte, 82 ; — il transporte à Saint-Sixte la madone miraculeuse de Sainte-Marie au delà du Tibre, 84, 96, 97 ; — il reçoit l'obéissance des Sœurs de Saint-Sixte, 85, 88 ; — il reçoit la Sœur Cécile de Rome, 95 ; — il transfère ses Frères de Saint-Sixte à Sainte-Sabine, 93 ; — il délivre une femme possédée, 98-99 ; — il guérit trois Sœurs de la fièvre, 100 ; — il envoie des Frères à Bologne, 102 ; — il voit la T. Ste Vierge oindre le B. Réginald, 106 ; — il voit la T. Ste Vierge bénir les Frères à Sainte-Sabine, 112, 113 ; — il voit son Ordre sous le manteau de la T. Ste Vierge, 114-116 ; — il guérit Bonne la recluse, 118-119 ; Lucie, 120 ; — il obtient des pains par miracle, 132-135 ; — il multiplie du vin dans un baril, 134 ; dans une coupe, 140 ; — il prédit la mort de deux religieux, 136 ; — il guérit Fr. Jacques d'une maladie, 137 ; — il reçoit et délivre Fr. Henri, 138 ; Fr. Gaudion de Rome, 139 ; — il rentre à Sainte-Sabine les portes fermées, 142 ; — il délivre Fr. Jacques d'une tentation, 143-144 ; — il chasse le démon sous la figure d'un chat, 43 ; d'un lézard, 145 ; d'un passereau, 146 ; d'un singe, 147 ; — il change de l'eau en vin, 149 ; — il passe une nuit à Rocamadour, 150 ; — il parle allemand à des Allemands, 151-152 ; — il parle une autre langue avec un homme de Dieu, 154 ; — il ordonne à Fr. Bertrand de ne plus pleurer ses péchés, 153 ; — il est préservé miraculeusement d'un orage, 155 ; — il est séché miraculeusement après une grande pluie, 155 ; — il établit deux couvents en Espagne, 149 ; — il passe quelque temps à Paris, 156 ; — il ressuscite un enfant à Châtillon, 156 ; — il guérit une femme avec de l'anguille, 156 ; — il se fixe à Bologne, 157 ; — il refuse les biens d'Odéric Gallicani, 157 ; — il se plaint qu'on ait exhaussé les cellules, 158 ; — il souffre joyeusement la pauvreté, 122, 158, 176-179, 180 ; — il garde scrupuleusement la règle, 159, 165, 186 ; — il punit avec tendresse les transgresseurs, 159, 186 ; — il observe le silence de règle, 159, 189, 191 ; — il envoie Fr. Réginald à Paris, 160 ; — il voit la T. Ste Vierge à N.-D. de Paris, 156 (note) ; — son caractère, 164, 185 ; — son abstinence, 165, 185, 192, 222 ; — il multiplie les pains au réfectoire, 166-167 ; le vin, 168 ; — sa pauvreté dans ses vêtements, 169, 176, 187, 222 ; — il ne couche jamais dans un lit, 169, 192, 218 ; — il porte une chaîne de fer, 169, 244 ; — il prie pendant la nuit, 170, 218, 219 ; — il chante de toutes ses forces au chœur, 170 ; — il prie sans distraction, 171, 219 ; — le démon lui jette une pierre dans l'église, 171 ; feint de prier, 172 ; lui lit les péchés des Frères, 173 ; lui explique ce qu'il gagne et ce qu'il perd au dortoir, au chœur, au réfectoire, au parloir et au chapitre, 174-175 ; —

sa pauvreté, 122, 176, 179 ; — il va quelquefois mendier, 180 ; — il remercie à genoux d'un pain, 180 ; — il célèbre le premier chapitre général de Bologne, 182-184 ; — il veut donner sa démission, 183 ; — il fait établir des définiteurs, 184 ; — il est de nouveau nommé général, 185 ; — ses exemples édifiants, 185-187 ; — sa bonté pour les Frères, 186, 187 ; — il délivre un Frère possédé du démon, 188 ; — comment il voyageait, 189-192 ; pieds nus, 189 ; en chantant, 190 ; — comment il prêchait en voyage, 189, 192 ; — comment il disait la messe en voyage, 191, 220 ; — comment il célébrait l'office, couchait et jeûnait en voyage, 191, 192 ; — sa manière de prêcher, 193-197 ; de confesser, 155 ; — il recommande d'étudier l'Ecriture Sainte, 195 ; — il veut laisser aux Frères convers l'administration du temporel, 194 ; — il veut prêcher l'Evangile aux Cumans, 198 ; — il veut se vendre pour un jeune homme, 198 ; — il veut délivrer un hérétique, 40, 198 ; — il délivre un doyen de tentations impures, 204 ; — Dieu ne lui a jamais rien refusé, 205 ; — il obtient la vocation de Maître Conrad, 206 ; — il fait rentrer au couvent Fr. Thomas, 208 ; — il empêche qu'on n'entraîne un Frère, 209 ; — portrait de saint Dominique, 213 ; — sa pureté, 214, 215, 234 ; — il soumet la chair à l'esprit, 214 ; — son égalité d'âme, 213, 215 ; — sa sérénité, 216 ; — sa constance, 215 ; — sa tendresse pour tous, 216 ; — sa simplicité, 216 ; — son amabilité, 216 ; — son humilité, 216 (note) ; — il donne le jour au prochain, la nuit à Dieu, 217 ; — il tire sa prédication du livre de la charité, 217 ; — il évite de boire beaucoup devant le monde, 218 ; — comment il passe la nuit, 218, 219, 220 ; — il se donne trois fois la discipline, 219 ; — ses larmes continuelles,

220, 225 ; — il visite ses Frères endormis, 219 ; — sa dévotion au Saint-Sacrement, 220 ; — son mépris de la gloire et des grandeurs, 221 ; — pourquoi il se plaît mieux à Carcassonne qu'à Toulouse, 221 ; — sa pauvreté et sa mortification, 224 ; — il évite tous les péchés de la langue, 225 ; — sa vénération pour les religieux, 226 ; — il défend de porter de l'argent, 228 ; — un ange lui prédit sa mort, 229-230 ; — il prédit sa mort à des clercs de Bologne, 231 ; — il visite le cardinal Ugolin à Venise, 232 ; — il revient mourir à Bologne, 232-239 ; — sa dernière maladie, 233 ; — sa dernière confession, 234 ; — ses dernières recommandations, 235 ; — il veut être enseveli sous les pieds des Frères, 236, 238 ; — Fr. Moneta lui prête sa cellule et sa tunique, 237 ; — il encourage ses Frères en mourant, 237 ; — il prie pour eux, 239 ; — il meurt, 239 ; — il apparaît au Fr. Guala enlevé au ciel, 240, 241 ; à Fr. Raon couronné d'or, 240-241 ; — il est porté à l'église des Frères, 244 ; — il console le Prieur Albert, 245 ; — il lui prédit sa mort, 245 ; — le cardinal Ugolin lui rend les derniers honneurs, 246 ; — il est enseveli dans un coffre de bois, 247 ; — il apparaît à un clerc de Bologne, 249 ; — un démoniaque est délivré sur son tombeau, 249 ; — son tombeau exhale une odeur suave, 250 ; — éloge que Notre-Seigneur fait de lui dans une révélation, 251-254 ; — comment il apparaît revêtu, 252 ; — miracles qu'il opère après sa mort, 279-291 ; — son corps est exhumé, 292, 294-297 ; — suave odeur qu'il exhale, 296-299 ; — elle guérit un écolier du vice impur, 300 ; — il fait entrer Fr. Etienne dans l'Ordre, 292 ; — enquête sur sa vie, 303-310 ; — **sa canonisation solennelle, 311** ; — miracles opérés après sa canonisation, 312-316 ; — miracles opérés en Hongrie, 317, 323-336 ; — il apparaît à un malade qu'il a guéri, 332 ; à un jeune homme obsédé du démon, 335 ; — punition d'une femme qui le blasphémait, 337 ; — il apparaît à des malades qu'il guérit, 338-340 ; au-dessus d'une vigne pendant un orage, 343 ; à une religieuse de Tripoli, 343-346 ; — il décide au ciel qu'un enfant doit ressusciter, 347 ; — punition de Fr. Nicolas qui avait mal parlé de lui, 351-352 ; — il guérit un Fr. franciscain dans une vision, 353-356 ; — il punit des religieux pour avoir mal parlé de lui, 358-360 ; — il guérit l'abbé Dithmar, 361-363 ; — bulle de sa canonisation, 364-371 ; — il apparaît dans une vision symbolique, 373, 382 ; — sa mission d'après Notre-Seigneur, 384, 385 ; — mission et excellence de son Ordre, 389-391 ; — ses différentes manières de prier, 398-418 ; — son véritable portrait, 416 (note).

DORTOIR. Péchés qu'on y commet, 174.
DRUDA guérie par saint Dominique, 291.

E

EAU débordée traversée sans accident, 190.
EBERHARD (L'abbé) et Fr. Jean le Teutonique, 202-203.
EGLISES (Pauvreté dans les), 176 ; — les premiers Frères y sont toujours, 261.
ENFANT ressuscité à Châtillon, 156 ; — à Sumlu, 324.
ENQUÊTE officielle sur la vie de saint Dominique, 303-310.
EPITRES CANONIQUES. Les premiers Frères les portent toujours, 276.
ESPAGNE. Saint Dominique y établit deux couvents, 149.
ETIENNE (Fr.) de Metz, 52.
ETIENNE, prieur de la Chartreuse de Lyon, 57.

Etienne (Fr.), provincial de Lombardie, 292 ; — il exhume le corps de saint Dominique, 292-297 ; — il prêche sur la gloire de saint Dominique, 302 ; — sa déposition sur saint Dominique, 308.

Etienne de Fosseneuve, cardinal, 83 ; — son neveu Napoléon est ressuscité, 89-92 ; — il transporte avec saint Dominique la Madone miraculeuse de Sainte-Marie au delà du Tibre à Saint-Sixte, 96.

Etude de l'Ecriture Sainte recommandée par saint Dominique, 195.

Evêchés refusés par saint Dominique, 49.

Eventius (Saint), martyr, à Sainte-Sabine, 94.

Everhard, archidiacre de Langres, 212 ; — il meurt à Lausanne, 212.

F

Fanjeaux. Miracle de l'écrit de saint Dominique jeté au feu, 31 ; — conversion de neuf dames qui voient le démon sous la figure d'un chat, 43 ; — l'église de Fanjeaux donnée à saint Dominique, 55.

Femmes. Les regarder sans juger de leur beauté, 412 ; leur société est toujours suspecte, 234.

Ferveur des premiers Frères, 256-278 ; — des premiers novices, 258 ; — des premiers Frères pour prêcher, 273 ; — pour les missions, 277.

Feu sacré du temple retrouvé, 279 (note).

Flora (L'abbé Joachim de), 58 (note).

Foulques, évêque de Toulouse, 55, 61, 63.

François (Saint). Vision de saint Dominique et de saint François, 66 ; — apparition de saint François et de saint Dominique, 373-382 ; — sa mission, d'après Notre-Seigneur, 384-385.

Frigerio (Fr.) de Penna, sa déposition sur saint Dominique, 309.

Fury. Souffrances qu'y endurent les Frères, 321.

G

GALGAN (Saint), monastère de Toscane, 274.

GALLICANI (Odéric) veut donner son bien aux Frères à Bologne, 157.

GAUDION (Frère), de Rome, 139.

GEGLA, de Vour, 285.

GÉMINIEN Bochalard, 286.

GÉNEN (Guérison d'un jeune homme de), 335.

GENT obtient la résurrection de son fils, 339.

GÉNUFLEXIONS des Frères, 261.

GERTRUDE (Sainte) et la prière les bras en croix, 408 (note).

GHISLINA (ou Gilla) de Corviego, 283.

GILBORGA de Vour, 291.

GILLA (ou Hilla) de Bologne, 282.

GNONINOCIUS (Frère), envoyé en Espagne, 74.

GOTHARD obtient la résurrection de son fils, 329.

GOTHESCALC (Frère) de Leipzig, vu au ciel, 354.

GRÉGOIRE (Saint) le Grand, pape, pendant la peste de Rome, 97 ; — parle de l'Ordre des Prédicateurs, 1 (note).

GRÉGOIRE (Frère) à Rome, 80 ; — sa mort, 136.

GRÉGOIRE IX (Cardinal Ugolin), 83 ; — il assiste à la résurrection du jeune Napoléon, 89-92 ; — il fait donner aux Frères l'église de Saint-Nicolas de Bologne, 122 ; — il ordonne une enquête sur la vie de saint Dominique, 303 ; — il canonise solennellement saint Dominique à Pérouse, 311 ; — sa bulle de canonisation, 364-371.

GUALA (Frère) de Brescia voit saint Dominique enlevé au ciel, 240-241.

GUÉRISONS miraculeuses opérées par saint Dominique :

de Frère Jacques, 137 ; — de trois Sœurs malades, 100 ; — de Bonne la recluse, 118-119 ; — de Lucie la recluse, 120 ; — d'un enfant tombé, 156 ; — de Nicolas de Busc, 280-281 ; — de Thomasina de Bologne, 282 ; — de Hilla, ou Gilla, 282 ; — de Manfredinus de Manzolino, 283 ; — de Ghislina, ou Gilla, 283 ; — de Monatheta, ou Menecata, 283 ; — de Cambrius de Bacicori, 284 ; — de Géminien Bachalard, 286 ; — de Marsilius de Suavitis, 286 ; — de Guillaume Alar de Vour, 287 ; — de Bonafilia, 287 ; — du petit Jean, 287 ; — de Corthesina Magnard, 288 ; — du petit Henri, 288 ; — de Petrinus de Tornello, 288 ; — de Rodolphe Jucelin, 289 ; — d'Andolphe de Mazanello, 289 ; — des deux fils d'Albert de Casemate, 290 ; — de Berthe, 290 ; — de Druda, 291 ; — de Gilborga, 291 ; — de Riochaldina, 291 ; — d'un malade aveugle, 330 ; — d'une femme de Corzodinem, 331 ; — d'un homme de Tytulia, 332 ; — d'un jeune homme qui marchait sur le cou-de-pied, 333 ; — du fils d'un comte de la cour, 333 ; — d'une femme muette, 333 ; — d'un enfant muet, 333 ; — d'un vieux clerc sourd, 334 ; — d'un enfant sourd, 334 ; — d'un aveugle, 334 ; — d'une femme paralytique, 334 ; — d'un fou furieux, 334 ; — d'un jeune homme obsédé par le démon, 335 ; — d'une femme qui avait blasphémé saint Dominique, 337 ; — d'une jeune fille qui souffrait de la pierre, 338 ; — d'un hydropique, 338 ; — d'un jeune homme enflé, 339 ; — d'un jeune homme scrofuleux, 340 ; — du Frère Nicolas de Vérone qui avait blasphémé contre saint Dominique, 351-352 ; — de l'abbé Dithmar, 361-363.

GUILLAUME (Frère), de Montferrat, sa déposition sur saint Dominique, 305.

GUILLAUME ALAR, de Vour, 287.

Gustu, enfant sourd guéri, 334.

Gutadonia de Rome obtient la guérison de son fils, 78-79.

H

Habit de l'Ordre montré au B. Réginald, 105 ; — respect qu'il mérite, 107, 108, 111 ; — punition d'un professeur qui s'en était moqué, 108-109 ; — Jean le Teutonique explique sa signification, 202-203.

Henri (Frère) à Rome, 80, 133 ; — novice, miracle en sa faveur, 138.

Henri (Frère), de Cologne, 160-163.

Henri, enfant guéri par saint Dominique, 288.

Hongrie. Frères qu'on y envoie, 210 ; — Maître Paul de Hongrie entre dans l'Ordre ; — Frère Paul et Frère Sadoch y sont envoyés, 211 ; — et s'y rendent, 218 ; — miracles qu'y opère saint Dominique, 317, 323-336.

Honorius III, 65, 76, 79, 82 ; — miracles de saint Dominique à Rome sous son pontificat, 148.

Hospitalité donnée à deux Frères, 200 ; — à Frère Jean le Teutonique, 202-203 ; — à deux Frères en Hongrie, 319-320 ; sa récompense, 320.

Hugues de Saint-Cher, 94.

Hugues de Billom, 95 (note).

Humilité de saint Dominique, 81, 152, 158, 180, 183, 189, 205, 216 (note), 221 ; — saint Dominique la recommande en mourant, 235.

I

Image miraculeuse de Saint-Sixte, 84, 96, 97.

Incrédule. Un père incrédule obtient la résurrection de son enfant par saint Dominique, 328.

INNOCENT III fait prêcher la croisade contre les Albigeois, 34-60 ; — reçoit saint Dominique, 61 ; — son songe sur l'église de Latran, 62 ; — sa mort, 65.

J

JACOBINUS (Frère), de Mantoue, prêche sur saint Dominique, 351 (note).

JACQUES. Couvent de Saint-Jacques à Paris, 75.

JACQUES (Frère) guéri à Rome par saint Dominique, 137 ; — délivré d'une tentation, 143-144.

JACQUES DE SAINT-GALGAN reçoit la révélation des prières qu'il doit faire pour les Frères-Prêcheurs, 274 (note).

JEAN LE TEUTONIQUE, 3 (note) ; — explique ce que signifie l'habit des Frères-Prêcheurs, 202-203.

JEAN D'ESPAGNE (Frère), envoyé à Paris, 75 ; — à Bologne, 102 ; — sa déposition sur saint Dominique, 307.

JEAN DE BARASTRE, 76.

JEAN DE CALABRE (Frère), à Rome, 131, 132.

JEAN L'EVÊQUE vu au ciel par un Frère franciscain, 354.

JEAN DE MAGDEBOURG vu au ciel par un Frère franciscain, 354.

JEAN, enfant guéri par saint Dominique, 287.

JEAN DE VICENCE (B.). Ses prédications, ses miracles, 302 ; — son pacte avec un Frère Mineur, 349 ; — le Frère Mineur lui apparaît après sa mort, 350.

JEANNE D'AZA, mère de saint Dominique, 11.

JEANNE. Deux malades de ce nom guéries par saint Dominique, 284.

JEUNE de saint Dominique, 102, 227.

JOACHIM (L'abbé), de Flora, 58 (note).

JOURDAIN (B.). Son livre sur saint Dominique, 3 ; —

reçu par le B. Réginald, 160 ; — son éloge, 163 ; — reçoit la ceinture de fer de saint Dominique, 169, 244 ; — envoyé au chapitre général de Bologne, 182 ; — explique l'évangile de saint Luc à Paris, 184 ; — provincial de Lombardie, 211 ; — va à Bologne avec Fr. Everhard de Langres, 211-212 ; — voit mourir Fr. Everhard à Lausanne, 212 ; — est élu général de l'Ordre, 255 ; — assiste à l'exhumation de saint Dominique à Bologne, 295-296 ; — fait baiser à tous les Frères la tête de saint Dominique, 297 ; — vu au ciel par un Frère franciscain, 354.

JUSTINE DE MICHA obtient la résurrection de son esclave noyé, 325.

K

KYRITZ. Guérison miraculeuse d'un Frère franciscain par saint Dominique, 353-356.

L

LADISLAS obtient la résurrection de son petit enfant à Sumlu, 326.

LANGRES (Everhard, archidiacre de), 211.

LANGRES (Don des) accordé à saint Dominique avec des pèlerins allemands, 151-152 ; — avec un homme de Dieu en voyage, 38, 154 ; — péchés de la langue, saint Dominique les évite, 225.

LARMES de saint Dominique, 220, 225, 227, 308, 309 ; — des Frères à la mort de saint Dominique, 237 ; — dans la prière, 261-263.

LATRAN (IVᵉ concile de), 61 ; — la basilique de Latran soutenue par saint Dominique, 62 ; — la recluse Boine auprès de la porte de Latran, 118-119.

LAURENT (B.) d'Angleterre, 48 (note), 75.
LAUSANNE. Everhard de Langres y meurt, 212.
LAVAUR, guérison de l'étudiant Guillaume, 287.
LELEI. Résurrection d'un enfant, 327.
LENSEVA, femme Uvanet, guérie, 334.
LIMOGES. Un vieux Frère y est guéri par saint Dominique, 312, 313.
LORCH. Prédication des Frères-Prêcheurs, 318
LOUIS (Frère) le Teutonique, 357.
LUCIE la Recluse guérie par saint Dominique, 120.

M

MAGDEBOURG. Frère Conrad y meurt, 207.
MALADES. Vin multiplié pour eux, 168 ; — saint Dominique malade jeûne cependant, 192.
MANÈS (B.), 10 (note), 75.
MANFREDINUS de Manzolino guéri par saint Dominique, 283.
MARIE supplie Dieu pour le monde et obtient l'institution des Frères-Prêcheurs, 59-60 ; — présente à son Fils saint Dominique et saint François, 66 ; — apparaît au B. Réginald, lui montre l'habit de l'Ordre et le guérit, 104-105 ; — fait une onction au B. Réginald en présence de saint Dominique, 106 ; — bénit les Frères de Sainte-Sabine, 112-114, 117 ; — cache les Frères sous son manteau, 115-116 ; — apparaît au Fr. Rodolphe à Bologne, 120 ; — sa lampe renversée par le démon, 146 ; — apparaît à saint Dominique à N.-D. de Paris, 156 (note) ; — enlève au ciel saint Dominique avec Notre-Seigneur, 240, 241 ; — dévotion des premiers Frères pour elle, 264, 271 ; — sa bonté pour les premiers Frères, 268-269 ; — reprend une femme qui soupçonnait deux jeunes Frères, 270 ; — tient un livre

ouvert devant un Frère qui prêche, 275 ; — met les paroles dans la bouche à un Frère, 275 ; — règne au ciel avec son Fils, 348.

MARIE AU DELA DU TIBRE (Sainte-). Image miraculeuse transportée à Saint-Sixte, 84, 96, 97.

MARIE DU MONT (Sainte-), à Bologne. S. Dominique y est porté, 236.

MARIE (Sœur), de Tripoli, guérie par saint Dominique, 343-346.

MARSILIUS de Suavitis, guéri par saint Dominique, 286.

MARTYRE. Saint Dominique le désire, 39, 73 ; — les premiers Frères le désirent, 277.

MATTHIEU (Saint). S. Dominique porte toujours son Evangile, 155 ; — les premiers Frères portent toujours son Evangile, 276.

MATTHIEU (Frère), premier abbé de l'Ordre des Prêcheurs, 73, 74 ; — et le B. Réginald, 161, 162.

MAXIMILLA (Sœur) et le passereau, 146.

MESSE pour les pécheurs et pour les défunts, 133 ; — S. Dominique la dit toujours en voyage, 191, 220, 225 ; — Fr. Raon apprend en la disant la mort de saint Dominique, 242-243 ; — une femme veut en faire dire une en l'honneur de saint Dominique, 336 ; — un Frère ne veut pas la dire comme il faut en l'honneur de saint Dominique, 357.

MICHEL (Frère), envoyé à Paris, 74.

MICHEL (Frère), d'Espagne, 75.

MILAN. S. Dominique y est malade, 192 ; — il en revient pour mourir, 232.

MIRACLES du feu à Fanjeaux, 31 (note) ; — du feu à Montréal, 46 ; — des livres tombés dans l'Ariège, 36 ; — du denier donné à un batelier, 37 ; — du don des langues avec un religieux, 38, 154 ; — du démon sous la figure d'un chat, 43-44 ; — de l'église ouverte devant le Saint, 47 ; — des possédés délivrés, 47 ; — des pèlerins qui se noyaient, 48 ; — du Saint élevé en l'air à Castres, 50, 51 ; — d'un enfant ressuscité à Rome, 79 ; — d'un ouvrier ressuscité à Rome, 81 ; — du jeune Napoléon, 89-92 ; — d'une possédée délivrée, 98-99 ; — de trois Sœurs guéries, 100 ; — de Bonne la Recluse, 118-119 ; — de Lucie la Recluse, 120 ; — des pains apportés du ciel, 133, 135 ; — du vin multiplié dans un baril, 134 ; — du vin multiplié dans une coupe, 140 ; — en faveur du Fr. Henri de Rome, 138 ; — du Fr. Jacques guéri, 137 ; — du même, délivré, 143-144 ; — de la rentrée de saint Dominique à Sainte-Sabine, les portes fermées, 142 ; — du démon sous forme d'un lézard, 145 ; d'un passereau, 146 ; d'un singe, 147 ; — de l'eau changée en vin, 149 ; — de l'allemand parlé avec des Allemands, 151-152 ; — d'un orage qui ne mouille pas, 155 ; — d'habits séchés après une grande pluie, 155 ; — d'un enfant tombé ressuscité, 156 ; — des pains multipliés à Bologne, 166-167 ; — des pains et des figues apportés par les anges, 167 ; — du vin multiplié pour les infirmes, 168 ; — du démon chassé du corps d'un Frère, 188 ; — de la vocation de Maître Conrad, 206 ; — de la délivrance de Fr. Thomas d'Apulie, 208 ; — de la mort prédite au Prieur Albert par le corps mort de saint Dominique, 245 ; — de saint Dominique après sa mort, 279-291 ; — un écolier délivré du vice impur par l'odeur de la main de saint Dominique, 300 ; — de saint Dominique après sa canonisation, 312-316 ; en Hongrie, 317, 323-336 ; en Sicile, 337-341 ; — de cierges brûlant d'eux-mêmes, 336 ; — d'une femme punie pour un blasphème, 337 ; — d'une vigne protégée pendant un orage, 342 ; — d'une religieuse de Tripoli guérie, 343-346 ; — d'un enfant ressuscité, 347-348 ; — d'un Frère lépreux guéri, 353-356.

Modène. S. Dominique à Modène, 204.

Moneta (Frère), maître ès-arts, 130 ; — prête sa cellule et une tunique à saint Dominique, 237.

Montfort (Simon de), 34, 45, 52, 55, 71 ; — sa mort, 72.

Montfort (Amaury de), 55.

Morith. Son fils muet guéri, 333.

Mort de Simon de Montfort prédite, 72.

Mort ressuscité, 60 ; — un enfant, un ouvrier, morts, rendus à la vie, 79, 81 ; — le jeune Napoléon, mort et ressuscité, 89, 92 ; — mort de Fr. Grégoire et de Fr. Albert, 136 ; — de Fr. Conrad à Magdebourg, 207 ; — de Fr. Everhard de Langres à Lausanne, 212 ; — de saint Dominique prédite par lui, 230-231 ; récit de cette mort, 232-239 ; — du duc Bernborch, 323 ; — morts ressuscités en Hongrie, 324-329, 348 ; — un Frère Mineur mort apparaît au B. Jean de Vicence, par suite d'un pacte, 350.

Mortification de saint Dominique, 214, 218, 189, 192, 185, 165, 158, 222, 24, 16 ; — des premiers Frères, 265.

N

Napoléon Orsini ressuscité, 89-92.

Néhémie fait rechercher le feu sacré, 278 (note).

Nicolas Boccasino, plus tard Benoît XI, pape, notes sur le titre de la lettre dédicatoire.

Nicolas, évêque de Tusculum (Frascati), cardinal, 83 ; — assiste à la résurrection du jeune Napoléon, 89-92 ; — accompagne saint Dominique portant la Madone miraculeuse de Sainte-Marie au delà du Tibre à Saint-Sixte, 96.

Nicolas, maître ès-arts à Salamanque, prend l'habit de l'Ordre, 108-109.
Nicolas (Saint-) de Bologne. Les Frères s'y établissent, 122 ; — saint Dominique s'y fixe, 157 ; — apparaît au Frère Rodolphe, 129.
Nicolas de Busc guéri par saint Dominique, 280.
Nicolas de Giovenazzo. Vision sur S. Dominique, 293.
Nicolas de Vérone puni pour avoir mal parlé de saint Dominique, 351-352.
None (L'heure de), 92 (note).
Novices. Ferveur des premiers novices, 258.
Nubia (Sœur) et le vin multiplié, 140.
Nuit. Saint Dominique la consacre à la prière, 170, 218-219 ; — il prend trois fois la discipline, 229 ; — il visite ses Frères endormis, 219 ; — comment les premiers Frères la passaient, 261-264.
Nympha (Sœur) guérie, 100.

O

Obéissance de saint Dominique à son compagnon en voyage, 191.
Odéric Gallicani offre ses biens à saint Dominique, 157.
Odeur exhalée par le tombeau de saint Dominique, 250, 305 et suiv. ; — exhalée par son corps, 296-299 ; vivant, 300.
Odon (Frère), ou Othon, à Rome, 80 ; — prieur des Sœurs de Saint-Sixte, 141-142.
Office divin. Comment saint Dominique le récite, 191, 225, 261 ; — comment les premiers Frères le récitent, 261, 262, 264.
Olderand, notaire impérial, 303.
Onction du B. Réginald par la T. Ste Vierge, 105-

106 ; — de Sœur Marie de Tripoli par saint Dominique, 343-346.

ORAGE. Préservation miraculeuse d'un orage, 155 ; — habits séchés miraculeusement après un orage, 155 ; — protection de saint Dominique pendant un orage, 342.

ORANGE (Guillaume d') prédit les Frères-Prêcheurs, 56.

ORDRE des Frères-Prêcheurs. Il commence, 56 ; — il est annoncé, 57-59 ; — il est accepté par Innocent III, 61-62 ; — il choisit la règle de saint Augustin, 63 ; — Marie l'obtient de son Fils, 59-60 ; — ses premiers Pères se dispersent, 71-75, 199 ; — il s'établit à Saint-Sixte (pour les femmes), 84-96 ; — il se fixe à Sainte-Sabine, 93 ; — la T. Ste Vierge lui donne un habit, 105, 107, 111 ; — il ressemble à l'Ordre angélique, 110 ; — il est sous le manteau de la T. Ste Vierge, 115-116 ; — il s'établit en Espagne, 140 ; — développement que lui donne le B. Jourdain, 255 ; — sa ferveur dans les premiers temps, 256-278 ; — son triple but : louer, bénir, prêcher, 272-273 ; — fruits qu'il produit après la mort de saint Dominique, 302 ; — son établissement en Hongrie, 318-323 ; — sa mission et son excellence, sa durée, 389-391.

ORODI. Guérison d'une femme muette, 333 ; — guérison du serviteur du prévôt, 335.

ORVIETO. Une vigne protégée par saint Dominique, 342.

OTHIER (Frère) envoyé à Paris, 75.

OUDON. Guérison d'un enfant muet, 333.

P

PAINS apportés du ciel, 133, 135, 166 ; — donnés à

un ange, 131 ; — multipliés, 166, 167 ; — donnés à saint Dominique, qui en remercie à genoux, 180.

PALENCIA. Saint Dominique y étudie, 16.

PALMERIO, de l'église de Campagnol, chargé de l'enquête sur saint Dominique, 303.

PARIS. Les Frères s'y établissent, 74, 75, 76 ; — saint Dominique y vient, 156 ; — le B. Réginald y est envoyé, 161 ; — il y meurt, 162 ; — le B. Jourdain y est élu général, 255.

PARLOIR. Péchés qu'on y commet, 175.

PAROLE de Dieu. Saint Dominique la prêche partout, 189, 192 ; — comment il la prêche, 193, 194, 216 ; — comment un prêtre est appelé à la prêcher, 196-197 ; — saint Dominique la fait prêcher à ses Frères, 199, 201 ; — il la tire du livre de la charité, 217 ; — la prêcher est le but des Prêcheurs, 273 ; — ferveur des premiers Frères à l'annoncer, 273, 276 ; — la sainte Vierge la fournit à un Frère, 272 ; — parler toujours de Dieu ou à Dieu, 288.

PAUL (Epîtres de saint). S. Dominique les porte toujours, 195.

PAUL (Maître) de Hongrie, 211 ; — se rend en Hongrie, 318-323.

PAUL (Frère) de Venise. Sa déposition sur saint Dominique, 309.

PAUL, aveugle, guéri, 334.

PAUVRES. Saint Dominique les aime, 19.

PAUVRETÉ. Saint Dominique l'aime, 158, 157, 169 ; — dans les habits, 177, 178, 180 ; — dans les édifices et les églises, 176, 222 ; — trois sortes de pauvreté : commune, philosophique, évangélique, 179 ; — décrétée au chapitre général de Bologne, 183 ; — imposée par saint Dominique à tous ses religieux, 226, 228, 235, 305 ; — pourquoi on en a dispensé plus tard, 235 (note).

PÉCHÉS. Fr. Bertrand pleure les siens, 153 ; — saint Dominique lui fait pleurer ceux des autres, 153 ; — le démon lit les péchés des Frères, 173 ; — que l'on commet dans différents lieux, 174-175 ; — accusés par le démon qui se confesse, 415-416.

PÉROUSE. Grégoire IX y canonise saint Dominique, 311.

PÉTRINUS de Tornello, guéri, 288.

PÉTRIOLUS, guéri par saint Dominique, 285.

PHILIPPE (Frère) de Verceil, procureur dans l'enquête pour la canonisation de saint Dominique, 303.

PIAZZA. Guérisons qu'y opère saint Dominique, 339, 341.

PIERRE (Saint) et saint Paul apparaissent à saint Dominique à Rome, 70.

PIERRE (Frère) envoyé en Espagne, 74.

PINAR. Résurrection d'un enfant, 329 ; — cierges brûlant miraculeusement, 336.

PITA, muette guérie, 333.

PLAISANCE (Placicia), 339, 340, 341.

PONS (Le Vén. Alonzo de), 14 (note).

PORTRAIT (Véritable) de saint Dominique, conservé à Bologne, 416 (note).

POSSÉDÉE (Une femme) guérie, 98-99.

PRIÈRE de saint Dominique, 24 ; — pendant la nuit, 170, 218, 219 ; — sans distraction, 171 ; — en voyage, 189, 190, 191 ; — pour les Frères qu'il envoie en mission, 56, 201 ; — obtient tout de Dieu, 205-209 ; — avec larmes, 220, 261, 263 ; — les bras en croix, 408 (note) ; — différentes sortes, 398-416.

PRIÈRE continuelle des premiers Frères, 261-264.

PRIÈRE feinte du démon, 172.

PROSTRATION, 402 (note).

PROPHÉTIES de la mort du roi d'Aragon, 52, 53 ; — de la conversion d'un albigeois, 54 ; — sur l'Ordre des Frères-Prêcheurs, 56-59 ; — de la mort de Simon de Montfort, 72 ; — de l'arrivée des Frères à Bologne, 122 ; — de la mort de deux Frères, 136 ; — à un Frère Cistercien qu'il survivrait à saint Dominique, 206 (note) ; — de la mort de saint Dominique, 229, 230, 231 ; — de la mort du prieur Albert de Bologne, 245.

Prouille. Sa fondation, 32 (note) ; — chapitre général de 1217, 73 (note) ; — précède Saint-Sixte, 98 (note).

Pureté de saint Dominique, 214, 215, 234, 305, 309 ; — comment la conserver, 234 ; — des premiers Frères, 256, 257, 268 ; — virginale de plus de cent Frères, 268 ; — de deux jeunes Frères défendue par la sainte Vierge, 270.

Purgatoire (Prière pour les âmes du), 152, 153, 220.

R

Rafanélus (Guérison de), 284.

Raon (Frère) voit saint Dominique avec une couronne, 242 ; — il apprend le jour et l'heure de sa mort, 243.

Ravenne (L'archevêque de) assiste à la mort de saint Dominique, 301.

Réfectoire. Péchés qu'on y commet, 175.

Refend. Guérison d'un enfant sourd, 334.

Réginald (B.), doyen de Saint-Aignan, 103 ; — sa guérison miraculeuse, 104-106 ; — il reçoit de la sainte Vierge l'habit de l'Ordre, 106 ; — il visite la Terre-Sainte, 121 ; — il s'installe à Bologne, 121 ; — il reçoit beaucoup de sujets, 121 ; — il punit un Frère qui avait reçu une étoffe sans permission, 125 ; — il guérit un Frère qui voulait quitter l'Ordre, 126 ; — il prie pour ses Frères tentés de défiance, 127-129 ; — il est envoyé à Paris, 160 ; — il reçoit Fr. Jourdain et Fr. Henri, 160 ; — il se trouve trop heureux dans l'Ordre, 161 ; — il reçoit l'Extrême-Onction et meurt, 162.

RÈGLE. Zèle de saint Dominique pour son observation, 159, 165, 226.

RELIGIEUX. Vénération qu'a pour eux saint Dominique, 226.

RÉSURRECTION d'un enfant mort à Rome, 79 ; — d'un ouvrier, 81 ; — du jeune Napoléon, 89-92 ; — d'un enfant à Sumlu, 324 ; — d'un serviteur noyé, 325 ; — d'un petit enfant, 326 ; — du jeune Thomas, 327 ; — du fils d'un père incrédule, 328 ; — du fils de Gent, 329 ; — d'un mort en Hongrie, 347-348.

RÉVÉLATIONS (Voir *Visions, Prophéties*) sur saint Dominique après sa mort, 240-254 ; — sur la gloire de saint Dominique, 293 ; — sur des prières à faire pour les Frères-Prêcheurs, 274.

RIOCHALDINA de Serra, guérie, 289.

ROCAMADOUR. Saint Dominique y passe la nuit, 150.

RODOLPHE JUCELIN, guéri, 289.

RODOLPHE (Frère), chapelain de Saint-Nicolas à Bologne, 122 ; — la sainte Vierge lui apparaît, 129 ; — il fait exhausser les cellules, 158 ; — et la pitance des Frères, 165-166 ; — confère avec saint Dominique à son retour de Milan, 232 ; — assiste saint Dominique à sa mort, 237 ; — retire la ceinture de fer de saint Dominique, 244 ; — fait faire un coffre de bois pour l'ensevelir, 247 ; — assiste à l'exhumation du Saint, 295 ; — sa déposition sur saint Dominique, 307.

ROGER (Frère), cellérier, et le miracle du vin multiplié, 139, 140.

ROLAND (Frère), de Crémone, entre dans l'Ordre, 128 ; — professeur de théologie à Paris, 130.

ROMAIN (Couvent de Saint-), 63.

ROME. S. Dominique s'y rend, 61 ; — résurrections

qu'il y opère, 79, 81, 89-92 ; — guérisons qu'il y op 98-99,ère, 100 ; — pains apportés du ciel, 133-135 ; — vin multiplié dans un baril, 134 ; dans une coupe, 140 ; — vénération qu'on y témoigne à saint Dominique, 80 ; — il menace de la quitter, 79 ; — couvents de Saint-Sixte et de Sainte-Sabine, 101.

Rosaire (Le mois du), Préface ; — son institution par saint Dominique, exergue, ii, 45 (note).

S

Sabine (Sainte-). S. Dominique y établit ses Frères, 93 ; — corps des martyrs qui y reposent, 94 ; — les cardinaux Hugues de Saint-Cher, 94 ; Hugues de Billom, 95 ; — la sainte Vierge y bénit les Frères, 112-114, 117 ; les abrite sous son manteau, 115, 116 ; — saint Dominique y rentre les portes fermées, 141, 142 ; — le démon lui jette une pierre à l'église, 171.

Sadoch (Frère), 211 ; — sa vision à Lorch, 318.

Saints. Comment Dieu punit ceux qui en parlent mal, 337, 351-352, 358-360.

Salamanque (Maître Nicolas de), 108-109.

Salem (l'abbé de) et Fr. Jean le Teutonique, 202-203.

Sépulture de saint Dominique : il la veut sous les pieds des Frères, 236, 238 ; — le Cardinal Ugolin y préside, 246 ; — on lui en donne une plus honorable, 292-297.

Sérénité de saint Dominique, 213, 215, 216.

Services. Combien les Frères sont empressés à en rendre, 266-267.

Sicile (Miracles de saint Dominique en), 337-341.

Silence. Saint Dominique l'observe, 159, 180, 191 ; ainsi que les premiers Frères, 259 ; — son avantage pour conserver la grâce, 360.

SIMPLICITÉ de saint Dominique, 216.

SIXTE (Saint-). Miracles de saint Dominique, 78, 81 ; — compagnons de saint Dominique à Saint-Sixte, 80 ; — translation des religieuses à Saint-Sixte, 82-88 ; — la Madone miraculeuse de Saint-Sixte, 84, 96, 97 ; — une femme possédée, 98-99 ; — trois Sœurs guéries, 100 ; — pains apportés du ciel, 133-135 ; — vin multiplié miraculeusement, 134, 140 ; — le démon y est chassé sous forme de lézard, 145 ; de passereau, 146 ; de singe, 147.

SŒURS dominicaines à Prouille, 32 ; — à Saint-Sixte, à Rome, 82, 85, 88 ; — trois sœurs guéries par saint Dominique, 100 ; — vin multiplié pour elles, 140 ; — démon sous forme de lézard, 145 ; de passereau, 146.

SOIF. Comment saint Dominique l'apaise, 219 ; — comment les premiers Frères la mortifient, 265.

SOMUF. Résurrection d'un enfant, 327.

SUMLU. Miracles de saint Dominique, 324-336.

SUSATUM, Soest, 355 (note).

T

TANCRÈDE (Frère) à Rome, 80, 90 ; — prieur des Frères, 141-142 ; — assiste à la vision du Fr. Raon sur saint Dominique, 242-243.

TANCRÈDE, archidiacre de Bologne, chargé de l'enquête sur saint Dominique, 332.

TENDRESSE de cœur de saint Dominique, 186, 187, 210, 251, 252, 253, 254.

TENTATIONS. La discipline les chasse, 125-126 ; — de défiance des Frères à Bologne, 127-129 ; — du Fr. Jacques à Rome, 143-144 ; — d'un prêtre de ne pas entrer dans l'Ordre, 196, 197 ; — impures d'un doyen, 204 ; — vaincues par l'odeur de la main de saint Dominique, 300 ; — d'un novice de sortir de l'Ordre, 347-348.

Tequeren, guéri par saint Dominique, 332.

Testament (Un codex du Nouveau) détermine une vocation, 197.

Thédramia (Sœur), guérie, 100.

Théodora (Sœur), guérie, 100.

Théodule (Saint) à Sainte-Sabine, 94.

Thierry d'Apolda. Son *Histoire de saint Dominique*, Préface, iii ; — mandat qu'il reçoit du Maître général de l'Ordre, Fr. Munio, vii ; — lettre au Général Nicolas Boccasino (B. Benoît XI), ix.

Thomas (Frère) d'Apulie, 208.

Thomas, fils de Gothard, ressuscité, 327.

Thomasina, de Bologne, guérie, 282.

Thyca. Guérison d'un fou furieux, 334.

Toulouse. Miracle au siège de Toulouse, 48 ; — Foulques, évêque de ce siège, 55, 61, 63 ; — les Frères s'y établissent, 56, 63 ; — ils y étudient la théologie, 64 ; — l'eau y est changée en vin, 149.

Tripoli (Une religieuse de) guérie, 343-346.

Tybi (Le fils de) guéri, 334.

Tytulia (Guérison d'un homme de), 332.

U

Ugolin (Le cardinal), plus tard Grégoire IX. (Voir *Grégoire IX*.)

Uvanet. Guérison d'une femme, 334.

V

Venia, 282, 402 (note).

Venise. Saint Dominique y visite le cardinal Ugolin, 282 (note).

Vers qui sortent des yeux d'une blasphématrice, 337 ; — de Bonne la Recluse, 118-119.

Ventura (Frère), prieur de Bologne, 282, 305 ; —

saint Dominique se confesse à lui, 234 ; — constate l'odeur céleste qu'exhale le tombeau de saint Dominique, 250 ; — fait procéder à l'enquête sur sa vie, 303 ; — sa déposition sur la vie de saint Dominique, 305.

Vertus de saint Dominique, 213, 216 ; — louées par Notre-Seigneur, 251-254.

Vêtements qui brûlent un Frère, 208 ; —saint Dominique aime qu'ils soient pauvres, 177, 178, 189, 222 ; — on les lui coupe par vénération, 80.

Vicence (B. Jean de), 302 ; — son pacte avec un Frère Mineur, 349 ; — le Fr. Mineur mort lui apparaît, 250.

Vigne protégée pendant un orage, 342.

Vin multiplié dans un baril, 134, 341 ; dans une coupe, 140 ; — produit avec de l'eau, 149 ; pour les infirmes, 168.

Visions de saint Dominique et de saint François, 66 ; — du pape Innocent III, 62 ; — d'un saint moine, 59 ; — d'un professeur de Toulouse, 64 ; — de saint Pierre et de saint Paul, 70 ; — d'un arbre représentant Simon de Montfort, 72 ; — du B. Réginald à qui la sainte Vierge montre l'habit de l'Ordre, 104-106 ; — de Maître Nicolas qui avait ri de l'habit de l'Ordre, 108-109 ; — de la sainte Vierge bénissant les Frères, 112, 113 ; les abritant sous son manteau, 114-116 ; — d'un clerc qui rencontre la Justice, la Vérité, la Paix et la Miséricorde, 123, 124 ; — de Fr. Rodolphe : Notre-Seigneur, la sainte Vierge et saint Nicolas, 129 ; — des anges qui défendent les Frères à Bologne, 209 ; — de Frère Guala : saint Dominique enlevé au ciel, 240-241 ; — de Frère Raon : saint Dominique avec une couronne, 242-243 ; — d'un clerc de Bologne : saint Dominique assis, 249 ; — d'une femme qui doutait de la pureté de deux Frères, 270 ; — de Fr. Jacques : prières à faire pour les Frères-Prêcheurs, 274 ; — de la sainte Vierge et des Frères qui prêchent, 275 ; — du Fr. Nicolas de Giovenazzo sur saint Dominique, 293 ; — du Fr. Sadoch, à Lorch, 318 ; — d'un enfant dont saint Dominique décida la résurrection, 347-348 ; — d'un Frère franciscain guéri par saint Dominique, 353-356 ; — des récompenses du ciel, 392-397.

VITERBE. Saint Dominique y est malade, 192.

VOCATION d'un prêtre à l'Ordre des Prêcheurs, 196-197 ; — de Maître Conrad, 206 ; — de Fr. Thomas sauvegardée, 208 ; — d'un Frère bolonais défendue, 209 ; — de Fr. Etienne de Lombardie, 292.

VOYAGE. Comment s'y comporte saint Dominique, 189-192 ; — comment les Frères y sont reçus, 200-203 ; — de saint Dominique à Venise et à Milan, 232.

VRECHA. Guérison d'un aveugle, 334.

WICHMAN (Frère), de Repris, vu au ciel, 354.

Y

YVES (Frère), provincial de Terre-Sainte, 346 (note).

Z

ZACHARIE (Les chevaux du prophète) représentent les Frères-Prêcheurs, 203, 366.

ZACHARIE (Frère) d'Halberstadt vu au ciel, 354.

ZÈLE de saint Dominique pour la règle, 186 ; — pour l'âme de ses Frères, 187 ; — pour les âmes, 25, 26, 193, 194, 198.

FIN DE LA TABLE DES MATIÈRES
PAR ORDRE ALPHABÉTIQUE

TABLE DES CHAPITRES

	Pages
Dédicace....................................	V
Préface.....................................	VII
Mandat du Maître de l'Ordre des Frères-Prêcheurs Munio au Frère Thierry d'Apolda..	1
Lettre de Frère Thierry d'Apolda au Maître de l'Ordre Nicolas........................	3
Premier préambule........................	7
Second préambule.........................	15

Première partie.

Chap. Ier. — De l'état honorable et de la piété des parents de saint Dominique...........	19
Chap. II. — Comme quoi il fut suffisamment instruit dans les sciences physiques et théologiques....................................	29
Chap. III. — Du Vénérable Diégo, évêque d'Osma, qui fit le bienheureux Dominique chanoine régulier de son église...............	35
Chap. IV. — De son parfait esprit de religion et de son admirable sainteté..................	37
Chap. V. — De l'intimité et de l'affection mutuelle de l'évêque Diégo et de saint Dominique.....................................	42

	Pages
Chap. VI. — De la prédication contre les hérétiques, et d'un petit livre préservé de l'incendie............	46
Chap. VII. — De ce qui arriva après la mort de l'évêque et des miracles que Dieu fit par saint Dominique............	54
Chap. VIII. — De l'admirable patience du Saint, de sa charité fraternelle, de son désir du martyre et de ses actions merveilleuses....	62
Chap. IX. — De ses nombreux combats contre les hérétiques et de plusieurs miracles qu'il opéra............	70
Chap. X. — De sa glorieuse renommée et de son mépris des dignités............	77
Chap. XI. — De l'abstinence et de l'esprit de prophétie par lesquels s'illustra l'homme de Dieu............	79
Chap. XII. — Des révélations par lesquelles l'Ordre des Prêcheurs fut annoncé.........	87

Deuxième partie.

Chap. Ier. — De la confirmation de l'Ordre des Prêcheurs, obtenue par la B. Vierge.......	97
Chap. II. — De la dispersion des Frères dans l'Eglise de Dieu et de leurs projets........	105
Chap. III. — De la grâce de la prédication et de la vénération des peuples pour lui, et de la résurrection de deux morts...............	112
Chap. IV. — De la commission apostolique confiée au B. Dominique de réunir les religieuses de la ville............	120
Chap. V. — Des religieuses de Sainte-Marie au delà du Tibre............	122
Chap. VI. — De la résurrection d'un jeune homme	

	Pages
appelé Napoléon, fils du frère du cardinal Etienne	126
CHAP. VII. — Du passage des Frères-Prêcheurs à Sainte-Sabine, où ils demeurent maintenant	130
CHAP. VIII. — Du passage des religieuses de Sainte-Marie au delà du Tibre à Saint-Sixte.	133
CHAP. IX. — De l'instruction des Sœurs et des miracles qui furent opérés chez elles	139
CHAP. X. — De sa sollicitude pour le salut des âmes et pour la dilatation de l'Ordre	142
CHAP. XI. — De Maître Réginald, que la B. Vierge oignit et à qui elle montra l'habit des Prêcheurs	144
CHAP. XII. — Eloge de Maître Réginald et de l'Ordre	149
CHAP. XIII. — D'une révélation très sainte et très digne de toute croyance	155
CHAP. XIV. — De quelques miracles	162

Troisième partie.

CHAP. Ier. — De l'arrivée du Frère Réginald à Bologne	167
CHAP. II. — Des glorieux faits du Frère Réginald à Bologne	170
CHAP. III. — De la consolation des Frères après le trouble, et de quelques hommes illustres.	175
CHAP. IV. — Du pain et du vin qui furent apportés du ciel par les anges	180
CHAP. V. — De quelques prophéties et d'un jeune homme reçu dans l'Ordre	185
CHAP. VI. — D'un triple miracle glorieusement accompi	188

	Pages
Chap. VII. — Du pouvoir qu'il eut de Dieu de commander aux démons..................	193
Chap. VIII. — Des miracles qui furent opérés par le serviteur du Christ en voyage......	199
Chap. IX. — De l'arrivée de saint Dominique à Bologne..........................	208
Chap. X. — De la mort de Frère Réginald et histoire de deux Frères qui furent reçus par lui dans l'Ordre......................	213
Chap. XI. — De l'admirable esprit de religion de notre très saint Père..................	218
Chap. XII. — De la pauvreté de ses habits et de ses vêtements, et de l'austérité de sa couche.	223
Chap. XIII. — De son amour de la pauvreté et de l'humilité qu'il mettait à mendier.......	230

Quatrième partie.

Chap. Ier. — Du premier chapitre général célébré à Bologne..........................	237
Chap. II. — Du maintien de la religion, et de la douce correction des Frères..............	241
Chap. III. — Comment il se comportait saintement en voyage......................	245
Chap. IV. — De la fervente prédication de saint Dominique............................	250
Chap. V. — Du zèle des âmes et de l'envoi des Frères dans les différentes parties de l'Eglise.	255
Chap. VI. — De l'efficacité de l'oraison du Saint.	263
Chap. VII. — Du deuxième chapitre général tenu à Bologne, et de la mort de Frère Everhard.	270
Chap. VIII. — De la forme extérieure et de la disposition du corps du Saint..............	276
Chap. IX. — De la perfection de ses œuvres dans la vie active........................	280

Chap. X. — Du mépris de la gloire du monde, et du soin d'éviter les curiosités............ 285
Chap. XI. — De plusieurs choses qui ont été omises dans les chapitres précédents....... 290
Chap. XII. — Que le Seigneur l'ayant appelé, il prédit sa mort et le jour de sa mort........ 296

Cinquième partie.

Chap. Ier. — De la dernière maladie du saint Père, et de ce que dit et fit alors saint Dominique................................ 299
Chap. II. — De son dernier soupir............ 304
Chap. III. — Des révélations faites sur son passage à l'autre vie........................ 309
Chap. IV. — De l'ensevelissement du saint corps et des obsèques célébrées autour de lui..... 313
Chap. V. — De sa solennelle et dévote sépulture.................................... 316
Chap. VI. — De la première glorification du tombeau par des miracles................. 319
Chap. VII. — Des mérites de saint Dominique et de sa glorieuse récompense, d'après les révélations............................. 322

Sixième partie.

Chap. Ier. — Du premier état des saints Pères de l'Ordre des Prêcheurs.................. 327
Chap. II. — De la vie parfaite et de la vraie contrition du cœur....................... 329
Chap. III. — De la formation diligente des novices, et de la stricte observation du silence. 332
Chap. IV. — De la fréquentation de l'office divin, et de la prière continuelle............ 335

	Pages
Chap. V. — De l'abstinence des Frères et des services de leur charité mutuelle............	341
Chap. VI. — De la vénération des Frères pour la B. Vierge............................	34
Chap. VII. — De la fréquence et de la ferveur de leurs prédications.....................	
Chap. VIII. — Du commencement de l'Ordre. (Ce chapitre est emprunté à des révélations.)..	35

Septième partie.

Chap. Ier. — Des miracles du B. Dominique...	359
Chap. II. — Guérison des membres de plusieurs infirmes, à l'invocation du B. Dominique..	361
Chap. III. — De la guérison de diverses infirmités................................	368
Chap. IV. — Guérisons de muets, d'aveugles et de sourds...............................	37
Chap. V. — De ceux qui procurèrent la translation du corps de saint Dominique........	37
Chap. VI. — De ceux qui furent présents à l'ouverture du tombeau.....................	
Chap. VII. — De la très suave odeur qui sortit du tombeau.............................	
Chap. VIII. — Du placement des saints ossements dans le nouveau sépulcre...........	38
Chap. IX. — Résumé et réflexions sur ce qui a été dit................................	385
Chap. X. — Des enquêtes, des délégués, et des dépositions des témoins.................	395
Chap. XI. — De la canonisation solennelle du B. Dominique.........................	404
Chap. XII. — De quelques miracles qui eurent lieu après la canonisation................	408

Huitième partie.

	Pages
CHAP. Ier. — Du départ des Frères que le saint Père Dominique envoya en Hongrie	410
CHAP. II. — De la conversion d'un chef païen	416
CHAP. III. — D'un autre chef païen converti	419
CHAP. IV. — De la résurrection de quelques morts	421
CHAP. V. — De la résurrection d'autres	424
CHAP. VI. — De la guérison de quelques malades et de quelques estropiés monstrueusement contractés	428
CHAP. VII. — De la guérison de muets, de sourds et d'autres	432
CHAP. VIII. — D'un homme délivré du démon et d'un miracle accompli sur des cierges	434
CHAP. IX. — D'une femme qui blasphémait et d'une jeune fille guérie de la pierre	436
CHAP. X. — D'hydropiques guéris par le B. Père Dominique	439
CHAP. XI. — Du vin augmenté par les mérites du B. Dominique	442
CHAP. XII. — D'une religieuse que le saint Père guérit par une onction salutaire	445
CHAP. XIII. — D'un enfant ressuscité des morts	450
CHAP. XIV. — De ce que les Frères Mineurs écrivirent et racontèrent à nos Frères pour l'éloge de notre saint Père Dominique	453
CHAP. XV. — D'un Frère guéri	457
CHAP. XVI. — De l'abbé Dithmar, de l'Ordre de Cîteaux	467
CHAP. XVII. — Copie de la lettre que le Seigneur Pape Grégoire IX envoya dans toute l'Eglise	

	Pages
touchant la canonisation de notre très saint Père Dominique, vénérable confesseur.....	471
CHAP. XVIII. — Suite des révélations faites à des personnes dévotes, en différents endroits, sur les saints patriarches Dominique et François et sur les Ordres fondés par eux..	480
CHAP. XIX. — De révélations très vraies faites par des saints...................	492
CHAP. XX. — De l'excellente sainteté des premiers Pères et Frères de l'Ordre des Prêcheurs...................	499
CHAP. XXI. — De la gloire qu'ils doivent avoir dans la patrie...................	501
CHAP. XXII. — De quelle manière le B. Dominique reçoit les Frères défunts, et comment il les surpasse tous.................	504
CHAP. XXIII. — Du triple état des âmes privilégiées...................	507
CHAP. XXIV. — De la manière de prier corporellement de saint Dominique.............	510
Table des matières par ordre alphabétique...	535

FIN DE LA TABLE DES CHAPITRES

Bar-le-Duc. — Typ. de l'Œuvre de St-Paul. Schorderet et Cⁱᵉ — 1504

www.ingramcontent.com/pod-product-compliance
Lightning Source LLC
Chambersburg PA
CBHW070404230426
43665CB00012B/1231